beck'sche reihe

W0179447

b sr

Willy Sanders vermittelt in diesem Buch in knapper, klarer und gut lesbarer Form wesentliche Grundsätze guten deutschen Stils. Eine lockere, unstrapaziöse Darstellung, zahlreiche Beispiele und Zitate, dazu ein Hauch querdenkerischer Ungezwungenheit garantieren eine ebenso angenehme wie unterhaltsame und dennoch lehrreiche Lektüre. Es fehlt nicht an konkreten Ratschlägen zu einer sinn- und wirkungsvollen Umsetzung der Grundsätze guten Stils in der Schreibpraxis. Wichtigstes Ziel ist es, das persönliche Stilgefühl zu sensibilisieren und Leserinnen und Leser zu gutem Stil anzuleiten.

Willy Sanders war bis zu seiner Emeritierung Professor für Deutsche Sprache und Germanistische Linguistik an der Universität Bern. Er ist vielen Lesern durch seine sprach- und stilkritischen Werke bekannt geworden. Bei C.H. Beck ist von ihm erschienen: *Was die Wörter uns verraten* (2000). Willy Sanders lebt in Ascona, Tessin.

Willy Sanders

Gutes Deutsch

Stil nach allen Regeln
der Kunst

Verlag C.H. Beck

Die Deutsche Bibliothek – CIP-Einheitsaufnahme

Ein Titeldatensatz für diese Publikation ist bei
Der Deutschen Bibliothek erhältlich

Originalausgabe

© Verlag C. H. Beck oHG. München 2002
Satz: Fotosatz Reinhard Amann, Aichstetten
Druck und Bindung: Druckerei C. H. Beck, Nördlingen
Umschlagabbildung: © Christian Weiß
Umschlagentwurf: +malsy, Bremen
Printed in Germany
ISBN 3 406 47631 7

www.beck.de

Inhalt

Vorwort

Gutes Deutsch – nun ja, wer möchte wohl nicht stilsicher seine Sprache beherrschen, gerade wenn diese ihm nicht immer aufs Wort gehorcht? Aber der Untertitel ‹Stil nach allen Regeln der Kunst› ist eindeutig mehrdeutig. Es wird nicht von der Hand zu weisen sein, dass er sich in seinem Doppelsinn ausgesprochen wohl fühlt: Zum einen kennen wir «nach allen Regeln der Kunst» ja als geläufige Redensart, die nach Auskunft der Wörterbücher so viel bedeutet wie «in jeder Hinsicht gut und richtig»; andrerseits kann sich in der Formulierung ebenso gut aussprechen, dass Stil auch Können, Kreativität, ja Kunst ist – ein Aspekt, der sonst in den modernen Stilistiken wenig Beachtung findet.

Drei Gedanken waren maßgebend für diese sich kurz fassende Stillehre: Erstens scheint es doch recht viel Lesestoff, was uns die meisten marktgängigen Lehrbücher des Stils mit einem Umfang von durchschnittlich rund 250 Seiten zumuten. In unserer «buchvergessenen Zeit, deren allenfalls noch sporadisch vorhandene Lesekultur dabei häufig nur zum Zeilenfressen von Zeitungen, Zeitschriften und Kriminalromanen degeneriert ist» (so eine aktuelle kulturkritische Anmerkung), empfiehlt sich darum ein geraffter Überblick der wesentlichen Grundsätze in lesbarer Form. Zweitens erschöpft sich Stillehre keinesfalls in den üblichen grammatisch-stilistischen Schwarzweiß-Regeln und abschreckenden Negativexempeln, wie man sie durchweg in Hülle und Überfülle geboten bekommt. Wer attraktiv schreiben will, muss vielmehr wissen, dass die Regularitäten kreativen Sprachgebrauchs oft ganz anders funktionieren. Drittens schließt guter Stil, so meine feste Überzeugung, immer auch eine gehörige Portion Sprachkunstfertigkeit in sich. Unsere Dichter und Schriftsteller sind zwar als Sprachmeister und Stilvorbilder unerreicht, was jene «höheren Stilgesetze» angeht, von denen Nietzsche einmal spricht – aber manche ihrer beispielhaften Kunstgriffe haben durchaus auch in unser aller Schreiben Platz, wenn es anspruchsvoll ist.

Die Grundidee war sehr einfach: Über *Stil* gibt es so viele kluge Aussprüche und schriftliche Äußerungen wie sonst kaum über einen sprachlich-literarischen Begriff, ausgenommen vielleicht *Kunst* und *Kitsch* und einige andere «Lumpensammlerkategorien». Man braucht dergleichen Zitate nur zusammenzustellen und – in sinnvoller Ordnung, versteht sich – mit einem mehr oder weniger ausführlichen Kommentar zu versehen: Schon entwickelt sich, ohne Vollständigkeit anzustreben, eine lockere Folge stilistischer Ansichten, die hoffentlich lehrreiche Einsichten in die Kunst des Stils vermitteln. Eine systematische Darstellung findet sich in dem Buch ‹Gutes Deutsch – besseres Deutsch› (1996): Dort sind Stilprinzipien und praktische Regeln, sprachwissenschaftliche Begründungen, zahlreiche Beispiele und einschlägige Literatur wie auch alles sonst noch Wissenswerte über Stil gründlich behandelt – auf knapp 250 Seiten, eben. Wer noch wissbegieriger ist, sei verwiesen auf die umfassende Studienbibliographie ‹Stil und Stilistik› (1995).

Im Interesse einer möglichst angenehmen Lektüre besteht in und zwischen den einzelnen Kapiteln ein ungestörter Lesezusammenhang. Dafür bietet der Anhang ergänzende Anmerkungen und Literatur: Belegstellen, mit Ausnahme bekannter Dichtungszitate und eigener Beispiele, sind anmerkungsweise nachgewiesen (mit Rückbezug auf frühere Anmerkungen in eckigen Klammern). Zusätzlich dokumentiert eine knappe Auswahl spezieller, sachlich angeordneter Arbeiten kapitelweise die dort behandelten Themen. Häufiger herangezogene Titel werden in Kurzform zitiert: Name (Jahr), Seitenzahlen, und verweisen so auf das alphabetische Verzeichnis «Literatur zur neueren Stillehre» am Ende des Buches.

Literaturangaben wie Anmerkungen verstehen sich nicht als Respekt einflößender «wissenschaftlicher Apparat», sondern dienen einzig und allein zur weiterführenden Information der Lesenden. In diesem Zusammenhang sei klargestellt, dass *der* Schreiber (Sprecher, Autor usw.) und *der* Leser (Hörer, Adressat, auch Leserkreis usw.) lediglich als abstrakte Figuren in dem stilistischen Dreieck Textproduzent – Textrezipient – Text fungieren und daher, genauso wie entsprechende Exemplifizierungen, trotz ihres grammatischen Maskulinums als geschlechtsneutral zu betrachten sind. Die «echten» Leserinnen und Leser, Menschen also von Fleisch und Blut, werden selbstverständlich in der angemessenen Genusunterscheidung angesprochen.

Als Nachbemerkung sei noch die Hoffnung geäußert, dass erstens der verehrte Leser angesichts des abschließenden Musterstücks in Ironie – ausgerechnet am Schluss, wo jede Stillehre sonst ihr Herzblut zu verströmen pflegt – das Buch nicht gleich empört zugeklappt hat, und dass es zweitens der hochverehrten Leserin, ihrer Lektüre müde, nicht ergangen sein möge wie im folgenden Beispielsatz eines stilistischen Lehrbuchs: «Da fiel ihr das Buch aus der Hand, der Kopf auf den Tisch und die Lampe um.»

Zur Einführung

Nicht allein das ABC
Bringt den Menschen in die Höh';
Nicht allein in Schreiben, Lesen
Übt sich ein vernünftig Wesen, ...
Sondern auch *des Stiles* Lehren
Muß man mit Vergnügen hören.

Wilhelm Busch[1]

Gutes Deutsch also und Stil nach allen Regeln der Kunst.

Da höre ich Sie, verehrte Leserin oder lieber Leser, schon einwenden: «Stilkunst ja, aber Regeln?» Man kann es doch an allen Ecken und Enden lesen, dass Stil nicht lehrbar sei – die Stichwörter Musenkuss und Pegasus: Wen sie nicht geküsst hat, die Stil-Muse, der muss still sich bescheidener Stil-Schusters Rappen bedienen statt des geflügelten Dichterrosses. Und genau darauf zielt der Einwand ja: Wenn es denn in der Tat stimmen sollte, dass Stil nicht lehrbar ist, dann gibt es logischerweise auch keine Regeln.

Das trifft alles zu, Wort für Wort: Kunst kennt ohnehin keine Regeln, setzt sich über alle Regeln hinweg, schafft sich ihre eigenen Regeln – folglich auch die Stilkunst. Nichtsdestoweniger beschwört ein Stildidaktiker «die Einsicht, daß ‹Stil› etwas Gemachtes ist; daß der *stilus* ein Werkzeug ist und Kunst von Können kommt».[2] Alles Können jedoch will gelernt sein, und was man lernen kann, muss sich auch lehren lassen. Somit ist, als der Weisheit letzter Zirkelschluss, Stilkunst doch lehrbar...

Aristoteles, großer Philosoph, der zuerst du der Logik Gesetze beschrieben, verzeih diese Vorrede!

1. Sprachstilistigkeiten

> Nach 200 Jahren Ausdrucksstilistik ist es
> Zeit für eine Förderung sprachlicher Ein-
> drucksmittel. Der Stil der Zukunft soll
> weder zweckfrei noch witzlos sein.
>
> *Bernhard Asmuth*[3]

Verharren wir noch einen Augenblick beim Titel. «Eigentlich hatte ich ein anderes Buch schreiben wollen», bekennt Erich Kästner am Anfang seiner bekannten Jugenderzählung ‹Emil und die Detektive›. Indes kann man auch, so im vorliegenden Fall, dasselbe Buch schreiben, doch hätte es möglicherweise einen anderen Titel tragen sollen. Zum Beispiel ‹Über Prinzipien und Regularitäten stilistischer Darstellungskunst unter besonderer Berücksichtigung linguistischer Grundkenntnisse› – um aller Heiligen des Buchdrucks willen, lupenreiner Dissertationsstil! Dann vielleicht eher ‹Sprachstilistigkeiten›? – aha, hätte es da sofort geheißen: der ‹Sprachkritikastereien› zweiter Teil, ein Fortsetzungsband also![4] Ließen sich allerdings die *Kritikastereien* vom Wort her, auch wenn es nicht in unseren Wörterbüchern steht, wenigstens noch als vertretbarer Bestandteil der deutschen Sprache legitimieren, so wären die *Stilistigkeiten* reines, bestenfalls inhaltlich zu motivierendes Wortspiel gewesen.

Dazu ist es wohlweislich nicht gekommen, gelten Wortspiele doch in der Wissenschaft als verpönt oder, in schöner Verallgemeinerung, bewirken «geistreiche, ja witzige Formulierungen», dass wissenschaftliche Werke «in der Fachwelt hierzulande vollends suspekt erscheinen».[5] Wie dem auch sei, im Geiste der ‹Sprachkritikastereien› wäre als sozusagen unterbewusster Appendix mitzulesen «und was der ‹Fachler› dazu meint». Unverkennbar ist es ja auch hier der Sprachwissenschaftler, dessen Herz, Hirn und Hand die Feder führen. Mit einem geringfügigen Unterschied freilich: er *sagt* in diesem Falle nichts dazu, sondern vorsichtigerweise *meint* er nur; denn wo es um Stil geht, können nun einmal die Ansichten durchaus abweichen, die Einsichten divergieren – kurz, *Meinung* und *Deinung* auseinandergehen. Aber, wie gesagt, in der Wissenschaft sind Wortspiele verpönt, und immer noch gilt ein Buch, in dem auch gelacht werden kann, als «nicht seriös im deutschen Sinn».

Nach vorherrschender Auffassung hat die wissenschaftliche Darstellung objektiv in der Sache und klar in der Sprache zu sein. «Wissenschaftlicher Stil ist sachlicher Stil», führt Alfred Behrmann, selbst Literaturwissenschaftler, in einem Kapitel über die Schreibart der Gelehrten aus. Es gehe darum, eine Sache «möglichst klar, durchsichtig und knapp zu behandeln», und weiter: «kein sprachlicher Schmuck, keine rhetorischen Künste, kein Überreden und Verführen, sondern Logik, Evidenz, Folgerichtigkeit». Diesem Ideal wissenschaftlicher Ausdrucksweise entspricht ein Stil, der die Sprachform des Textes gleichsam wie eine klare Fensterscheibe erscheinen lässt, durch die des Lesers Blick sich nahezu ungehindert auf die exakten Tatsachen richtet. Daher das Gebot absoluter Sachlichkeit. Die Person des Verfassers bleibt ebenso ausgeblendet, wie die Darstellung sich darauf beschränkt, nur die Fakten selber sprechen zu lassen. Auch bildhafte Veranschaulichung verbietet sich wie überhaupt jede Art sprachlicher Ausschmückung: Die Eleganz überlasse er den Schneidern, hat Albert Einstein einmal geäußert. Sich diesen ehernen Gesetzen der Wissenschaftlichkeit zu entziehen, war in der Vergangenheit allenfalls möglich mittels einer besonders raffinierten Technik, die ihre hohe Formulierungskunst geschickt unter dem Deckmantel scheinbarer Unauffälligkeit zu verbergen trachtete – geradezu eine «Rhetorik der Anti-Rhetorik».

Derweil mehren sich Anzeichen und Stimmen, die eine Lockerung jener alten Vorschriften verheißen. Vor allem jüngere Wissenschaftler schreiben mitunter eine flotte Feder; auch vor griffigen Vergleichen und Bildern zeigen sie keine Scheu. Selbst Koryphäen wie beispielsweise Harald Weinrich pflegen, so scheint es, mit einem gewissen Kult die Ich-Perspektive. Vor unser aller Augen entfesselt sich der Wissenschaftsstil von traditionellen Zwängen. Und das ist gut so, nicht nur im Interesse einer Annäherung an die Normalsprachlichkeit, die allein ein allgemeines Verständnis gewährleistet, sondern auch einer größeren Attraktivität wissenschaftlicher Ideen in der weiteren Öffentlichkeit.

Die Stillehre fügt sich diesem Trend ein. Bernhard Asmuth, der eine moderne «Eindrucksstilistik» postuliert (im Motto), vermerkt kritisch, seit dem 18. Jahrhundert habe sich die Stilbildung im Deutschen «zu einer ernsten Angelegenheit» entwickelt, die für «Leichtigkeit, Wortspielerei, Anspielung, Ironie, Scharfsinn, Schlagfertigkeit, Witz und Ergötzlichkeit überhaupt» wenig Platz lasse:[6] Während Humor beim Schriftsteller als eine besondere Qualität geschätzt wird, erwartet man vom Wissenschaftler tierischen Ernst. «Der wissenschaftliche Ernst, der keinen Spaß versteht, ist oft die akademische Gestalt geistiger Dürre», scheint Gert Ueding zu kommentieren, und der Stillehrer Theo Stemmler seinerseits beschließt Überlegungen zum Verhältnis von gelehrter Seriosität und oft als diskreditierend angesehenem Humor mit dem forschen Bekenntnis: «Ich plädiere also für weniger Bierernst und für mehr humoristische Gelassenheit in wissenschaftlichen Texten.» Fröhliche Wissenschaft – die Zukunftsvision einer witzigen, humorvollen und somit attraktiven Stillehre?

2. Das Stil-Sachbuch

> Wissenschaft muß nicht nur ‹wissenschaftlich› sein, sie muß auch interessant sein: sie muß das jeweils Interessante an ihrem Gegenstand, dasjenige, worumwillen allein es sich lohnt, ihn zu erkennen, zu ihrem Thema machen.
>
> *Hans-Martin Gauger*[7]

Die moderne Form des Lehrbuchs, soweit es nicht der fachinternen Ausbildung dient, ist heute das Sachbuch. In den verschiedensten Wissensbereichen bietet es Lese- und Lernstoff für jeweils Interessierte in einer Darstellungsweise, die sachlich fundiert, informativ und instruktiv, nicht zuletzt auch für Nichtfachkundige verstehbar sein sollte. Dazu bedarf es – neben zuverlässiger und dem aktuellen Wissensstand entsprechender Sachinformation – einer allgemein verständlichen, interessanten Präsentation des Stoffes, die komplizierte Sachverhalte und schwierige Fachbegriffe eingängig erklärt:[8] «Wenn wirklich gelehrte Männer Bücher schreiben, die andere gelehrte Männer lesen sollen, haben sie das Recht, so viele gelehrte Wörter zu verwenden wie sie wollen», stellte seinerzeit Mark Twain fest, nicht nur ein humoristischer Erzähler von Format, sondern auch ein scharfsichtiger Sprachbeobachter; «aber ein Mann, der ein Buch schreibt, welches das allgemeine Publikum lesen soll, hat nicht das Recht, seine Seiten mit unübersetzbaren fremdsprachigen Ausdrücken zu entstellen.» Dass zudem klare Grundsätze der Wissensvermittlung unerlässlich sind, versteht sich. All dies sollte eigentlich auch für den Stil gelten: Wie ist es um das moderne Stil-Sachbuch bestellt?

Obwohl «von Amtes wegen» zuständig, entziehen sich die Sti-listen vom Fach der didaktischen Fragestellung, meint nochmals Stemmler:[9] «Zu der fast grenzenlosen Toleranz der Linguisten ge-genüber allem, was sprachlich sein *kann*, gesellt sich die allgemeine Scheu der Wissenschaft vor dem Urteil über das, was sein *soll*.» Daher hat man diese Pflicht, als eine offenbar lästige Aufgabe, mit einer gewissen Arroganz von sich gewiesen und weitgehend Wis-senschaftsjournalisten oder anderen Vertretern der schreibenden Zunft überlassen – nicht ohne diese dafür mit despektierlichem Überlegenheitsgehabe zu strafen: «Doch die Wissenschaft, man weiß es, | achtet nicht des Laienfleißes», so klagte schon Christian Morgenstern. Er konnte damals noch nicht ahnen, dass man in un-seren Tagen Sprachbelehrung dieser nichtfachlichen, gemeinver-ständlichen Art, die offenbar einem weit verbreiteten Bedürfnis nach sprachlicher und speziell auch stilistischer Weiterbildung ent-gegenkommt, als eine genuine Form von «Laien-Linguistik» aus-machen werde: eine Sachbuch-Literatur, geschrieben von Laien für Laien, wie Nichtfachleute auf dem geheiligten Boden aller Wissen-schaftszweige immer noch mit einem höchst antiquierten Aus-druck genannt werden.

Warum versäumt es die Wissenschaft ihrerseits, zu dieser inter-essierten, dankbaren Leserschaft Zugang zu suchen und zu finden? Ist es zu viel verlangt, dass Stilwissenschaftler selbst die Lehr- und Sachbücher ihres Faches schreiben? Freilich bestreitet Hans-Mar-tin Gauger, Linguist, Literat und ein führender Kopf in Stildingen, rundweg ihre Zuständigkeit:[10] «Die Sprachwissenschaft will wis-sen, was ist, und eben dies, zu sagen, was in der Sprache *ist*, ist ihre einzige Aufgabe ... Die Sprachwissenschaft will nicht anleiten zum guten Sprechen und Schreiben» – und er bezweifelt darüber hinaus ihre Befähigung dazu: «Die Frage ist übrigens, ob sie dies könnte.» Zugegeben: man sieht oft den Texten förmlich an, wie schwer es dem Gelehrten fällt, sich in die ungewohnte Rolle eines Didaktikers zu versetzen, gerade was die Darstellungsform angeht. Die fachliche Ausdrucksweise, in Abstraktion verdichtet und durch Unpersönlichkeit geprägt, muss verlebendigt, die wissenschaftliche Terminologie in verständliches Deutsch umgesetzt, ja der ganze Denkstil der neuen, wissensvermittelnden Zielsetzung angepasst werden. Eigenaussagen vieler Wissenschaftler, die man über ihren Schaffensprozess befragt hat, bestätigen diese Schwierigkeiten.

Am schwersten ist es erfahrungsgemäß, den richtigen Ton zu treffen: jene «halbpopuläre» Schreibart, die als Kennzeichen der Sachbuchliteratur gilt. Bemerkenswerterweise handhaben namentlich französische und angelsächsische Fachgelehrte diese klare, lockere und eingängige Art der Darstellung vielfach mit großer Meisterschaft – offensichtlich aus dem einfachen Grund, weil sie in anderen Wissenschaftstraditionen stehen. Im deutschen Kulturraum war die Geistes- und Bildungsgeschichte noch bis in die jüngere Vergangenheit prägend von einer philosophisch-historischen Denkart bestimmt, in der vor lauter Philologie die Logophilie zu kurz kam. Immerhin, ein Wandel scheint in der Luft zu liegen: «Wissenschaft fängt nicht erst da an, wo man sich im Fußnotengestrüpp verirrt, und ein journalistischer Schreibstil ist nicht per se unwissenschaftlich», äußerte unlängst ganz sachbuchkonform der Kulturwissenschaftler Hermann Bausinger.[11]

Zum attraktiv geschriebenen Sachbuch, das auch stofflich interessant ist, gehört aber noch ein Drittes: sich bündig zu fassen, oder umgekehrt ausgedrückt, die allzu ausschweifende Darlegung trockenen Expertenwissens zu vermeiden. Man sei «kein Lexikon. Das haben die Leute zu Hause», bemerkte Kurt Tucholsky zu solcher meist mit ermüdender Langeweile gepaarten Länge. Zumal Stil ist ein so komplexer Gegenstand, Stillehre ein so kompliziertes Geschäft, dass hier der Hang zu akribischer Vielseitigkeit buchstäblich in gedruckter Vielhundertseitigkeit endet: Beispiele sind die Reiners'sche ‹Stilkunst› mit ihren rund 800 Seiten (in der gekürzten Neubearbeitung immer noch 542) oder Eduard Engels ältere ‹Deutsche Stilkunst›, die mehr als 500 großformatige, eng bedruckte Seiten umfasst («nach heute üblichem Satzspiegel wären es wohl 1000»). Kürze ist also gefragt, oder wie jüngst – nicht ohne einen leisen Anflug von Paradoxie – in einem stilistischen Überblick zu lesen war: «umfassend in einem knappen Bändchen». Wenn diese zweifellos erstrebenswerte Kürze dann auch noch mit unterhaltsamer Kurzweil gepaart sein soll, klingt das nicht wie die Quadratur des Kreises?

3. «Mit Vergnügen», sagt Wilhelm Busch

> Lehrbücher sollen anlockend sein; das werden sie nur, wenn sie die heiterste, zugänglichste Seite des Wissens und der Wissenschaft hinbieten.
>
> *Johann Wolfgang Goethe*[12]

In der Wissenschaft ist man sich einig: Der Versuch, die Lehre vom Stil allgemeiner Aufmerksamkeit, Einsicht und Nachvollziehbarkeit zugänglich zu machen, bedeutet eine Sisyphus-Arbeit, schlichter ausgedrückt: «ein mühsames Unterfangen». Diese Aussage lässt sich ohne weiteres noch steigern, denn die Lehre vom Stil ist nicht Stillehre: Stil an sich mag schwierig sein, schwieriger noch die Stilistik, die es mit der Untersuchung von Stil in Texten zu tun hat; die schwierigste aller Schwierigkeiten aber – um es in der reizvollen Figur einer ‹Klimax› zu formulieren – ist die Stillehre. Sie unternimmt ja nicht nur das Kunststück, die von vielen ohnehin als nicht lehr- und lernbar angesehene stilistische Kunstfertigkeit in die Form instruktiven Wissens und Könnens umzugießen. Erschwerend kommt noch der Umstand hinzu, dass allem Lehren und Lernen der Ruch des Trockenen, Unbequemen, Mühevollen anhaftet. Wohl ist schon mancher stilistisch aus allen Wolken, jedoch noch kein Stil-Meister vom Himmel gefallen.

In diesem Buch geht es um praktische Stillehre, wie sie allein sinnvoll erscheint: ohne fixe Normen, aber mit flexiblen Grundsätzen; ohne rigide Regeln, aber mit klaren Ratschlägen; schließlich auch ohne den Anspruch auf Vollständigkeit, aber das Wichtigste vom Stil in lesbarer Auswahl – ein Querschnitt. ‹Stil nach allen Regeln der Kunst› legt, wie es im Untertitel zum Ausdruck kommt, nicht zuletzt Gewicht darauf, dass Stil auch Können,

Kreativität, ja Kunst bedeutet, und so werden einige Aspekte hervorgehoben, die im Rahmen der herkömmlichen Stillehre kaum eine Rolle spielen. Aus dieser Akzentuierung erklärt sich auch, warum in theoretischen Äußerungen wie in der Praxis der Beispiele unsere anerkannten Meister der Sprachkunst häufiger als üblich zu Wort kommen – nicht nur Dichter und Schriftsteller, die sich vorbildhaft darauf verstehen, «das Trockene lebendig, das Abstrakte anschaulich und das Prosaische poetisch zu vermitteln», wie eine neuere Anthologie rühmt,[13] sondern auch Denker wie namentlich Arthur Schopenhauer oder Friedrich Nietzsche, große Stilisten beide und zugleich Stillehrer, deren kernige Regeln und griffige Formulierungen bis heute nichts von ihrer Eindrücklichkeit verloren haben. Ziel und Zweck aller Bemühungen ist ein stilvoller Sprachgebrauch, ein Sprechen und vor allem Schreiben mit Qualitätsanspruch: Nicht nur um gutes Deutsch oder gar noch besseres Deutsch geht es, sondern um anspruchsvolles, gewissermaßen bestes Deutsch, unseren «Sonntagsstil».

Versprochen werden keine «goldenen Regeln»,[14] die schon des Goldes wegen wie guter Rat besonders teuer sind, sondern allenfalls Denkanstöße. So wie diese sich nicht unbedingt im Sinne Dieter E. Zimmers als «eine Art geistiger Tritt in den Hintern» verstehen, sollten auch unsere Rat-schläge keinesfalls wörtlich genommen werden, selbst wenn sie ein-schlägig sind. Nicht verschwiegen sei, dass insgesamt eine eher kritische Sicht gilt. Hat nicht auch der Stilfachmann Wolfgang Fleischer kürzlich die landläufigen Vorschriften der Stillehrtradition mit kräftigen Fragezeichen versehen? Er behauptet sogar, viele der herkömmlichen Regeln ließen sich umkehren; beispielsweise seien Genauigkeit und Verständlichkeit eines Textes durchaus relative Größen, und «in der Kürze» liege nicht immer «die Würze». Entsprechend werden auch manche der folgenden Grundsätze und Hinweise durchaus gegen den Strom der traditionellen Stillehre schwimmen: Passend zum Querschnitt empfiehlt sich hin und wieder stilistisches Querdenken.

Neuerdings hat der Schriftsteller Ernst A. Rauter das Wort *Querdenker* kritisch «hinterfragt», wie es modewörtlich heißt:[15] Der als Querdenker Gelobte könne mit diesem Kompliment nicht glücklich sein, «betont es doch nicht so sehr das Denken als vielmehr das Quer, das Quer zum Allgemeingültigen». Genau dies ist aber gemeint: Die deutsche Stillehre des 20. Jahrhunderts tradiert seit langer Zeit viele Stilanschauungen, die – trotz ihres unverkennbaren Grauschleiers allmählichen Veraltens – den Rang unanfechtbarer stilistischer Gemeinplätze beanspruchen. Der Querdenker wird in diesem Fall eher der Einsicht Kurt Tucholskys huldigen: «Laß dir von keinem Fachmann imponieren, der dir erzählt: ‹Lieber Freund, das mache ich schon seit zwanzig Jahren so!› – Man kann eine Sache auch zwanzig Jahre lang falsch machen.» Und wem das noch nicht Grund genug zum Querdenken ist: hat nicht auch ein Philosoph wie Friedrich Nietzsche seinerzeit den «Zauber der entgegengesetzten Denkweise» beschworen?

Aber wie auch immer, mit Sprache und Stil wird dem angesprochenen Leserkreis gebildeter «Laien» ein Lernstoff zugemutet, doch auch zugetraut, der nicht nur als schwierig gilt, sondern dies wirklich ist – und außerdem noch in hohem Maße langweilig. Da hilft nur eine möglichst kurzweilige Darbietungsform, die Auflockerung und Leseanreiz bewirkt, nach der probaten Sachbuch-Devise: Je trockener der Stoff, desto flüssiger die Darstellung! Seriöser klingt das in einer Bemerkung Nietzsches, wo er sich ‹Zur Lehre vom Stil› geäußert hat: «Je abstrakter die Wahrheit ist, die man lehren will, um so mehr muß man die *Sinne* zu ihr verführen.» Verführen hin oder her, selbst die größte Heiterkeit der Stil-Kunst, wie sie Goethe im Motto beschworen hat, vermag den Ernst der Sprachunterweisung bestenfalls zu mildern – an der mit jeder Lehre verknüpften unbequemen Anstrengung des Lernens ändert sie nichts. Wie verstehen sich da Wilhelm Buschs Worte, die Lehren der Weisheit, des Lebens und entsprechend auch des Stils «mit Vergnügen» zu hören?

Sicher haben Sie irgendwann einmal Tom Sawyers Abenteuer gelesen. Dann erinnern Sie sich wahrscheinlich, wie dort Tom, der Pfiffige, die lästige Aufgabe des Zaunstreichens am Ende so löst, dass seine Kameraden voller Begeisterung diese Arbeit verrichten, während er selbst vergnügt zuschauen darf. Mark Twain knüpft hieran als geistiger Vater die kommentierende Betrachtung:[16] «Wäre Tom ein tiefgründiger Philosoph gewesen wie der Verfasser dieses Buches, so hätte er daraus gelernt, daß man unter Arbeit alles versteht, was man tun muß, dagegen unter Vergnügen das, was man aus freien Stücken unternimmt. Und es wäre ihm klar geworden, weshalb zum Beispiel das Anfertigen künstlicher Blumen und die Bedienung einer Tretmühle als Arbeit gelten, während es ein Vergnügen ist, Kegel zu schieben oder auf den Montblanc zu klettern.»

In diesem Sinne auch allen Leserinnen und Lesern, wenn es in den folgenden Kapiteln um mühevolle Fragen des Stils geht: Viel Vergnügen!

Erstes Kapitel:
Wie man sich «stilt», so ist man

> Man kann einem Menschen sagen: Schreib nicht
> so, sondern so, das ist besser. Man kann ihm
> einen Katalog von Stilsünden vorsetzen, die er
> meiden soll, ihm zwei Dutzend Winke geben,
> deren Beachtung seinen Ausdruck zu bessern
> verspricht. Das mag, Fleiß und Gewissenhaftig-
> keit vorausgesetzt, dem Belehrten helfen. Daß
> auf diesem Weg ein guter Stilist aus ihm wird, ist
> alles andre als sicher.
>
> *Alfred Behrmann*[17]

Über dem Portal einer alten Klosterschule stehen, in Stein ge-
hauen, die drei für Generationen früherer Zöglinge inhaltsschwe-
ren Wörter: AUDIO. VIDEO. DISCO. Wer wird sie, in unserer
Zeit nur noch rudimentärer Lateinkenntnisse, richtig zu überset-
zen wissen («Ich höre, ich sehe, ich lerne») oder gar im Sinne des
horazischen *prodesse*, ihres didaktischen Nutz und Frommens,
verstehen? Heute zählt das *delectare*, und aus den einstigen Vokabeln humanistischer Geistesbildung werden unversehens Begriffe
der modernen elektronischen Unterhaltungskultur. Der anerken-
nende Kommentar eines Touristen: «Donnerwetter, die waren damals ja schon ganz *up to date!*» – was Kurt Tucholsky ironisch als
«immer auf dem Datum» verdeutlicht hat. Wie wir auch hören, sehen und lernen: die Zeiten haben sich geändert und mit ihnen der
Mensch, seine Welt und unsere Sprache. Auch der Stil.

Unter gutem Stil hat man in der Tat nicht zu allen Zeiten dasselbe verstanden. Besonders drastisch im Falle jenes bekannten ho-
merischen Attributs der «kuhäugigen» Hera oder «eulenäugigen»
Athene: Was damals Ausdruck eines weiblichen Schönheitsideals
war, würde heute sicherlich keine Frau im Sinne eines Kom-
pliments auffassen, sondern es als grobe Unhöflichkeit und damit
stilistischen Fauxpas entrüstet von sich weisen. Wir halten zunächst einmal fest: Guter Stil ist zugleich immer zeitgemäßer,
«moderner» Stil.

1. Stil heute

> Modern schreiben heißt die Sprache seiner
> Zeit benutzen, gut schreiben heißt aber die-
> ser Sprache mißtrauen ... Entscheidend für
> die Qualität eines Stils ist nicht, durch wieviel
> Schmiß er vom Stil einer früheren Epoche
> absticht, sondern mit wieviel Bewußtsein die
> Sprache gebraucht worden ist.
>
> *Alfred Behrmann*[18]

Wer modern spricht oder schreibt, benutzt die Sprache seiner Zeit.
Aber diese «Sprache der Zeit» gilt als ein höchst bedenkliches Ve-
hikel unserer Gedanken, so dass es stilistisch entscheidend darauf
ankommt, in welcher Weise man von dieser Sprache Gebrauch
macht. In den Stillehren spielt der Gesichtspunkt sprachlicher Modernität bemerkenswerterweise kaum eine Rolle, und wenn doch
einmal, dann meist mit negativem Vorzeichen. Ein Stilwörterbuch
etwa verbucht das Stichwort *Modernismus* (eigentlich sinn-
gemäßes Gegenstück zum *Archaismus*), in unseliger Verquickung
des Modernen mit dem Modischen, als «zusammenfassende Bezeichnung für sprachliche Modeerscheinungen» – dies ein finsteres Kapitel aller Sprachkritik. Dabei ist Modernität nach allge-
meinem Verständnis doch ein durchaus positiver Begriff, der in
Bejahung des herrschenden Zeitgeschmacks ein Streben nach Aktualität und Fortschrittlichkeit kennzeichnen soll. In diesem Sinne
wäre stilistische Modernität schlicht eine zu den heutigen Lebens-
und Denkformen stimmende Ausdrucksweise, die mit dem Anspruch zeitgemäßer Attraktivität auftritt. Wer das nicht bedenkt,
schreibt nicht nur an seiner Zeit, sondern vor allem auch an seinen
Lesern vorbei.

Kein Zweifel, ‹Stil› ist ein höchst komplizierter Begriff: «einer
der schwierigsten Begriffe, die in diesem Buch gebraucht werden»,
bekräftigt David Crystal, der britische Sprachenzyklopädist.[19] Das
hat etwas mit der immer weitere Kreise ziehenden Anwendung
dieses Grundworts der Ausdruckskunst zu tun. Hatte schon seit
Winckelmanns Tagen namentlich in der Kunstgeschichte sowie in
bildender Kunst, Musik und Malerei die Konzeption des Stils von
seiner ursprünglichen sprach- und literaturwissenschaftlichen

Domäne aus auf die übrigen Künste und Wissenschaften über-
gegriffen, so setzte sich diese Ausweitung später ständig fort: in
Architektur und Technik, Sport und anderen sozialen Alltagsbe-
reichen, besonders der «Mode» in Kleidung, Haartracht, An-
standsformen usw. bis zum umfassenden *Lifestyle*, wie sich die
moderne, amerikanisierende Lebensart gerne etikettiert. Die Philosophen entwickelten eigene *Denkstile*, die Soziologen pflegen
nach wie vor ihre *Stilisierung*, und im Wirkungsbereich der De-
signer regiert das *Styling*, ja, man spricht von einer allgemeinen
Verstilung der Welt. Sogar als bloßes Steigerungselement gibt es
den Stil: etwas «in großem Stil» ausführen (und sei es ein Verbrechen) oder als ebenso viel wie nichts sagende Comic-Banalisie-
rung: «Viel Stil am Nil.» Der Begriff hat in seiner historischen
Entwicklung einen grandiosen Bogen geschlagen vom antiken
Schreibgriffel (*stilus*) zum neuzeitlichen Allround-*Stil*, vom ele-
mentaren Schreibgerät und Schreiben also zum heutigen «kulturwissenschaftlichen Diskurselement»: von der ursprünglichen
sprachlich-literarischen Schreibart zur universalen Machart.

Und wir, was haben wir alle mit Stil zu tun? Auch wir stehen inmitten der Wandlungen, die sich stilistisch fortwährend im Verlauf
der Zeiten vollziehen. Wenn ehedem ein barocker Cavalier, in Al-
longeperücke und *à la mode* gekleidet, mit galanten Complimen-
ten und courtoisem Plaisier im Kreise der Damen Conversation
machte, so zeigte er sich damit auf der Höhe seiner geschichtlichen
Epoche. Nicht anders sind auch wir bestrebt, vom modegerechten
«Outfit» unserer äußeren Erscheinung bis zum perfekten «Styling» unseres öffentlichen Auftretens, in Haltung und Verhalten
stets unserer Zeit gemäß, also modern zu erscheinen. Was für unsere Lebensformen und unsere Lebenswelt im Allgemeinen als
selbstverständlicher Ausdruck von Modernität angesehen wird,
gilt gleichermaßen für unsere Sprache. Zumal wenn diese mit dem
Anspruch von Aktualität und stilistischer Attraktivität auftritt,
wird sie in dem Sinne «stilisiert», das heißt bewusst stilvoll gestal-
tet, wie es ein Stil-Lehrbuch beschrieben hat:[20] «Das Stilisieren ist
Ausdruck des Bemühens, mit Hilfe der sprachlichen Mittel bestimmte stilistische Wirkungen zu erzielen. Dieses Bemühen zeigt
sich vor allem beim Schriftsteller.» Bei uns, den gewöhnlichen
Sprachbenutzern, zeigt sich dasselbe Bemühen, wenn es um den
eigenen guten Stil geht: Wie man sich «stilt», so ist man eben.

Betrachten wir einen guten Stil als die persönliche Visitenkarte jedes Einzelnen, so ist die Sprachkultur ein untrüglicher Spiegel der Denkart und Bildung einer menschlichen Gemeinschaft. Offensichtlich geht von diesem Begriff der ‹Sprachkultur› angesichts seiner derzeit weiten Resonanz eine Faszination aus, die ihn zu einer «Zauberformel unserer Geistesgegenwart» hat werden lassen.[21] In Wissenschaft und Öffentlichkeit heiß diskutiert, stehen sich zwei Auffassungen gegenüber: eine «egalitäre», derzufolge alle Mitglieder einer Sprachgemeinschaft für die Beschaffenheit ihrer Sprache verantwortlich sind, und eine «elitäre», die sprachästhetische Leitvorstellungen als ein Kennzeichen jeglicher Sprachkultur voraussetzt. Ist das unbedingt ein sich ausschließender Gegensatz? Wenn man die sprachkritischen Klagen über unser miserables Gegenwartsdeutsch ernst nimmt, sollte es sich eigentlich von selbst verstehen, dass Sprachkultur uns alle angeht. Jeder ist sich Rechenschaft schuldig über die Art seines Umgangs mit der Sprache, seinen Stil. Denn ein hohes Sprachniveau der Allgemeinheit verdankt sich stets besonderen stilistischen Qualitäten, und diese sind es wiederum, die umgekehrt beim Einzelnen zur Förderung der angestrebten Sprachkultur maßgeblich beitragen.

Der gute persönliche Stil, dem dieses Plädoyer für Sprachkultur gewidmet war, hat ungewollt einen Ahnherrn von hohem Rang und Namen. Es handelt sich um den französischen Grafen Georges Louis Leclerc de Buffon, von dem berichtet wird, er habe seine große Ehrerbietung vor der Kunst des Stils dadurch bekundet, dass er zum Schreiben Handschuhe anzuziehen pflegte.[22] Als der angesehene Naturforscher am 25. August 1753 seine Antrittsrede vor der Academie Française hielt, ahnte niemand und am wenigsten wohl er selbst, dass sein ‹Discours sur le style› einen nur fünfwortigen Satz enthielt, der ihn weltberühmt machen sollte: *Le style est l'homme même* ... – das «Fahnenwort» aller künftigen Stilistik. Ein Satz, der, seither tausendfach zitiert, referiert und kommentiert, zum Stiltopos schlechthin geworden ist. Ein Satz auch, der das eigentliche Lebenswerk des Comte, seine im 18. und 19. Jahrhundert sehr geschätzte, immerhin 44 Bände umfassende Naturgeschichte (‹Histoire naturelle›, 1749–1804) mit der Zeit völlig in den Schatten stellte. Ein Satz schließlich, der – augenzwinkernde Ironie des Schicksals – praktisch von Anfang an im Sinne eines subjektiven Personalstils und damit falsch verstanden wurde: Gibt es etwas Fataleres als Berühmtheit, die sich einem Irrtum verdankt? Wie dieser problemträchtige Satz auch immer richtig gemeint war und fehlinterpretiert worden ist, zumindest aus heutiger Sicht wird ihm das sprichwörtliche Körnchen Wahrheit kaum abzusprechen sein: «Der Stil ist der Mensch selbst», sagte Buffon.

2. Über die Schwierigkeit, guten Stil zu lehren

> Stil ist eben nicht von Grund auf lehr- und
> lernbar. Wie musikalisches Talent kann auch
> stilistisches nicht erworben werden – doch
> kann man es ausbilden.
> *Theo Stemmler*[23]

Wenn sich die Stilisten in einer Frage einig sind, dann darin, dass nach wie vor über den Stil keine Einigkeit herrscht – erst recht, wenn es auch noch um die Kunst des Stils gehen soll! Hören wir Alfred Behrmanns, des Literaturprofessors, Antwort auf seine Titelfrage ‹Was ist Stil?›: «Stil ist vor allem ein Werkzeug, ein Präzisionsinstrument. Er dient dazu, den Ausdruck zu schaffen, der dem Auszudrückenden die höchste mögliche Wirkung gibt.» Die Sprache als Werkzeug, das ist eine Sehweise mit langer Tradition: Bei Platon und Aristoteles einsetzend, zieht sich die instrumentale Auffassung der Sprache durch Antike, Mittelalter und Neuzeit bis zum aktuellen Höhepunkt in der Sprachhandlungstheorie unserer Tage.

Was der Sprache recht ist, sollte dem Stil billig sein, dies umso mehr, als nach Ansicht des Philosophen Ernst Cassirer das Herz der Sprache eher in der Stilistik als in der Grammatik schlägt. Nur, Stil ist ein noch viel feineres Instrument als die Sprache – ob allerdings ein «Präzisionsinstrument», das bleibe dahingestellt; denn unter den stilistischen Tugenden steht die Genauigkeit nicht gerade an oberster Stelle (S. 122f.). Aber Behrmann fährt ja auch fort: «… ein Höchstes – je nachdem – an Schärfe, Klarheit, Plastizität, an Ton, Farbe, Schattierung», darin liege die Präzision und Wirkungskraft von Sprache, die uns als Inbegriff des Stils erscheine. In der Tat ist es Sinn und Leistung des Stils, uns als Ausdrucksmittel zu dienen, somit als Werkzeug zu dem Zweck, unsere

Ausdrucksabsicht in die bestmögliche Ausdruckswirkung umzusetzen.

Richtigkeit in der Sache und gedankliche Klarheit vorausgesetzt, fällt die stilistisch entscheidende Rolle der Treffsicherheit unserer Sprachgestaltung zu. Es bedarf dazu, auf eine Kurzformel gebracht, dreier methodischer Schritte: Um unsere Ausdrucksabsicht zu verwirklichen, müssen wir erstens eine zwingende Textstrategie entwickeln, zweitens die passenden Wörter und Wendungen dazu auswählen, drittens diese in aussagekräftiger Weise verknüpfen. Gar nicht so einfach, wenn man bedenkt, dass uns die deutsche Sprache mehr als 400 000 Wörter zur Wahl stellt und einige hundert Grammatikregeln beachtet werden müssen, um mit ihnen einwandfreie Sätze zu bilden! Aber selbst dann ist noch fraglich, ob die Formulierungen auch stilistisch treffend sind, und wie schließlich ein rundum überzeugender Text zustande kommt, wer weiß das schon schlüssig zu sagen? Auf jeden Fall: die im Sinne unserer Ausdrucksabsicht wirksame, in der Ausdrucksform ebenso angemessene wie attraktive und in ihrer ganzen Art charakteristische Handhabung aller Sprachmöglichkeiten – das ist es, was wir leichthin «Stil» zu nennen pflegen.

Wie bei der Lernäischen Schlange, der jeder abgeschlagene Kopf sofort doppelt nachwuchs, stehen wir, kaum dass die Frage nach dem Stil erledigt ist, alsbald vor der nächsten, womöglich noch schwierigeren, nämlich der Frage, ob überhaupt und wie sich stilistisches Können vermitteln lässt. Denn fatalerweise ist der gute persönliche Stil, über den wir alle natürlich sehr wohl verfügen möchten, keine Selbstverständlichkeit. Kurt Tucholskys lakonischer Befund:[24] «Mit dem Stil ist das wie mit so vielen Dingen: man hat ihn, oder man hat ihn nicht.» Wer ihn nicht von vornherein hat, wird sich darum bemühen, ihn zu erwerben, zu erlernen – aber wie? In Eduard Engels voluminöser ‹Deutscher Stilkunst› wird kategorisch festgestellt: «der gute Stil ist unlehrbar»; Ludwig Reiners, der erfolgreichste Stilpräzeptor aller Deutschen, fügt hinzu, gerade was die Lernwilligen am meisten brauchten, könne die Stillehre ihnen nicht bieten: «feste Regeln und sichere Kunstgriffe». Aber weder Engel und Reiners oder sein derzeitiger Nachfolger in der Publikumsgunst, Wolf Schneider, noch all die anderen Stillehrer haben sich davon abhalten lassen, zum Ersten Hunderte von stilistischen Lehrbüchern zu verfassen, denen es zum Zweiten an griffigen Regeln nicht ermangelt. Eine mehr als graue Theorie also, die durch ihre eigene Praxis widerlegt wird?

Als eine individuelle Begabung, die oft mit Musikalität verglichen wird, scheint stilistisches Talent auf den ersten Blick allenfalls in geringem Maße beeinflussbar. Andrerseits können sogar beste Anlagen, wie unsere Erfahrung lehrt, ohne die notwendige Förderung leicht verkümmern. Nach einer biographisch verbürgten Anekdote kam im Jahre 1887 ein Tertianer zu seinem Deutschlehrer:[25] «Ach, Herr Professor», sagt er, «mir ist es so leid, daß ich gar so schwach im Deutschen bin … ich habe keinen Stil; und darum möchte ich Sie bitten, mir ein Aufsatzbuch zu empfehlen, aus dem ich den deutschen Stil lernen könnte» – so der dreizehnjährige Karl Kraus, dem heute der Ruhm eines der größten Sprachvirtuosen deutscher Zunge nachgeht. Kein Einzelfall, wie sich an jenem jungen Leipziger Studenten erweist, der 1867 brieflich beklagte, dass ihm etwas Sorge und Mühe mache: «mein deutscher Stil» – es ist niemand anders als Friedrich Nietzsche, nachmals ein glänzender Stilist, der unter den deutschen Philosophen als deren bester gilt. Mit Berufung auf die Stilvorschriften Lessings, Lichtenbergs und Schopenhauers fährt er in seinem Brief fort: «Ein Trost war mir immer, daß diese drei Autoritäten einstimmig behaupten, es sei schwer, gut zu schreiben, von Natur habe kein Mensch einen guten Stil, man müsse arbeiten und hartes Holz bohren, ihn zu erwerben.» Kurz und gut, es entbehrt keineswegs der Überzeugungskraft, wenn Ludwig Börne seinerzeit behauptet hat: «Gibt es ein Talent, das durch Fleiß ausgebildet werden kann, so ist es das des Stils.»

Eine Schlüsselrolle in der Frage der Lehr- und Lernbarkeit guten Stils kommt anscheinend dem ‹Stilgefühl› zu. Für die Linguistik, die als Sprach*wissenschaft* verständlicherweise einem Begriff wie Gefühl argwöhnisch gegenübersteht, ist die oberste Leitinstanz allen sprachlichen Handelns die ‹Sprachkompetenz›, in Entsprechung dazu stilistisch die ‹Stilkompetenz›. Aber auch ohne übermäßige Geistesanstrengung darf man schließen, dass sich hinter diesem Fachausdruck kaum etwas anderes verbirgt als ebenjenes genannte Stilgefühl. Es ist die feiner gesponnene Form des normalen Sprachgefühls und unterscheidet sich von diesem dadurch, dass ihm über die Beurteilung grammatisch-textlinguistischer Sprachrichtigkeit hinaus als weitaus schwierigere Aufgabe zufällt, über die stilistische Angemessenheit und Wirksamkeit von Texten zu befinden. Nach alltagssprachlicher Vorstellung ließe sich das Stilgefühl als eine Art «Fingerspitzengefühl» in Sprachfragen umschreiben. Jeder Mensch besitzt es in stärker oder geringer ausgeprägtem Maße; da es zudem mit unterschiedlichem Bewusstheitsgrad gehandhabt wird, kann leicht der Eindruck entstehen, der eine habe es, der andere nicht.

Mit dem scharfen Seziermesser sprachwissenschaftlicher Begriffsobduktion untersucht, erweist das Stilgefühl sich als eine individuelle Mischung aus angeborenem Sprachtalent, erworbenem Sprachwissen und lebenslanger Spracherfahrung. Es entscheidet in allen Fällen, wo nicht Richtig oder Falsch die Frage ist, also Grammatik und allgemeiner Sprachgebrauch zu sagen haben, sondern wo es um Passend oder Unpassend, Wirkungsvoll oder Wirkungsschwach und auch Schön oder Unschön geht – der sprachästhetische Aspekt. In einem kernigen Satz zusammengefasst:[26] «Grammatik ist Wissen, Sprachgebrauch ist Erfahrung, Stil ist Kunst.» Einsichtigerweise lassen sich sowohl eine grammatikgerechte Sprachbeherrschung wie auch die individuelle Spracherfahrung in mancher Hinsicht üben, schulen, verbessern. Und das stilistisch ausschlaggebende Sprachtalent? Da sich dieses um so markanter ausprägen wird, je mehr und bessere Impulse es vom Stilgefühl erhält, folgt daraus als Ansatzpunkt für die Stillehre: Ein Weg zum guten Stil, wenn nicht gar der wichtigste Weg, führt über die gezielte Förderung, Verfeinerung und ‹Sensibilisierung› unseres Stilgefühls – dieses modische, «vogelzwitscherartige» *sensibilisieren* kann uns übrigens, wenn nicht als praktischer Testfall für den Schärfegrad unseres Sprachgewissens, so doch immerhin zur ungezwungenen Überleitung dienen.

In der Praxis heutigen Stillehrens werden nämlich unter Überschriften wie ‹Fehler-Abc›, ‹Stilkrankheiten› oder ‹Schludereien und Marotten› bestimmte Einzelheiten, Besonderheiten, ja Spitzfindigkeiten des Sprachgebrauchs traktiert – der «Katalog von Stilsünden» des Kapitel-Mottos. Da findet sich auf sehr geduldigem Papier fast alles von A bis Z, was irgendwie Sprachinteresse beanspruchen könnte: vom *Aha-Erlebnis*, einer Erfindung des Sprachpsychologen Karl Bühler, die Wolf Schneider neuerdings zu Stil-Ehren gebracht hat, bis zum Plural *Zwänge*;[27] eine derartige Mehrzahlbildung zu Abstraktbegriffen sei nicht erlaubt, urteilt der Sprachkritiker Hans Weigel in apodiktischer Strenge: «Mit dem Plural Zwänge hört alles auf» – alles, auch sein Buch ‹Die Leiden der jungen Wörter›. Und der Nutzen solcher stilkritischen Fingerübungen? Schaden mag es nicht, auch in derlei Subtilitäten Bescheid zu wissen; aber als praktikables Lehrstück guten Stils ist damit kein Staat zu machen: lauter Quisquilien (was ein nicht ungefällig klingender Ausdruck ist, der wörtlich so viel bedeutet wie «Irgendwelchigkeiten»), also Nebensächliches.

Hingegen stehen die stilistischen Vorzüge gut gewählter Beispiele außer Zweifel. Als illustrative Muster zeigen solche Exemplifizierungen, wie man es machen, besser machen oder besser nicht machen sollte. Der unbestrittene Meister des Stilbeispiels war Ludwig Reiners, von dem der programmatische Satz stammt:[28] «Die Beispiele des Falschen dienen als Warnung, die des Guten als Vorbild.» Wohl wissend, dass der lehrhafte Wert des Falschen nur dann abschreckend wirken kann, wenn die Folie des Richtigen allgemein bekannt ist, liebte Reiners vor allem die überspitzte Kontrafaktur von Sprichwörtern, Redensarten oder landläufigen Zitaten. Selbst die Bibel umzuformulieren, hat er sich nicht nehmen lassen:

Am Anfang erfolgte seitens Gottes sowohl die Erschaffung des Himmels als auch die der Erde. Die letztere war ihrerseits eine wüste und leere und ist es auf derselben finster gewesen, und über den Flüssigkeiten fand eine Schwebung der Geistigkeit Gottes statt.

Derartige Sprachkarikaturen – stilistisch von provokanter Negativität – verfehlen zwar ihr erklärtes Ziel, weil die Leser darüber genüsslich schmunzeln, was dem pädagogisch unterstellten Abschreckungseffekt hohnlacht; aber sie erfüllen ihren untergründigen Zweck der Unterhaltung: Amüsant zu lesen, bilden sie eines der Erfolgsrezepte aller neueren Stillehren. Anders die Deutschlehrer, wenn sie sich ins Getümmel der Stildidaktik stürzen. Ihre durchweg aus Aufsatzheften stammenden und daher authentischen Exempel fehlerhafter oder stilistisch anstößigen Sprachgebrauchs münden meist in vernünftige Verbesserungsvorschläge, so auch die folgenden Beispiele für Umständlichkeit des Ausdrucks, Fremdwortstil und modischen Schwulst:[29]

Wenn wir den Frosch im Hinblick auf seinen Schwanz betrachten, so stellen wir fest, daß er keinen hat – *Der Frosch hat keinen Schwanz.*

Die Intelligenzkapazität des Homo sapiens variiert interindividuell – *Es gibt kluge und weniger kluge Menschen.*

Dieses Jahr wiesen meine schulischen Leistungen ein Erfolgsdefizit auf, weil ich an Motivationsproblemen litt – *Ich bekam in der Schule schlechte Noten, weil ich keine Lust zu lernen hatte.*

Übrigens bedient sich auch ‹Stemmlers kleine Stil-Lehre› neuerdings dieses methodischen Vorgehens, insofern dort reihenweise «unklare, unverständliche, unschöne Sätze» aufgespürt werden, um sie penibel zu verbessern. Aus einem linguistischen Lexikon:

Die im Spracherzeugungsprozeß durchgeführte Wahl der sprachlichen Mittel manifestiert sich in der Äußerung, die das Produkt dieses Prozesses bildet, als Stil.

Der in ausgeprägtem Nominalstil verfasste Satz müsse in die flüssige Konsistenz des Verbalstils überführt werden, fordert der Stillehrer, und nachdem er den überflüssigen Relativsatz gestrichen, 14 unnötige Wörter entfernt und die Wortfolge geändert hat, präsentiert sich die verblüffende Lösung: «Stil ist das Produkt eines sprachlichen Auswahlprozesses.» Besser? – ja, aber selbst wenn das noch derselbe Satz ist, wem hilft diese Verbesserung in konkreten Formulierungsnöten, da doch jeder Text seine eigene Stilproblematik hat? Ungeachtet aller Fragezeichen, mit denen die Lehrmethode der Negativexempel und ihrer Korrektur grundsätzlich zu versehen ist, bilden Beispiele jedoch ohne Zweifel ein vortreffliches, überzeugungsträchtiges Stilmittel, das zudem einem besseren Textverständnis zustatten kommt: Leser und Schreiber verstehen sich oft deshalb nicht richtig, weil der Schreiber sein Thema zu gut kennt und darum Erläuterungen für überflüssig hält; der Leser aber ist der Sache fremd und findet diese ohne alle anschauliche, exemplarische Erklärung womöglich schlecht begründet. In der Schreibpraxis gilt jedenfalls die Behrmann'sche Devise: «Viel eindrucksvoller als jede Definition ist ein Beispiel» – und möglichst ein positives, bitte!

3. Stilkunst – keine Regel ohne Ausnahme

> Wie auch immer man die gerade gültigen
> Stilkonventionen festzulegen sucht: der
> Stil-Grundsatz der Wahlmöglichkeit und
> Polyvalenz aller Stilmittel, die stets auch
> anders eingesetzt werden können, wider-
> spricht regelhaften Formulierungen zu-
> mindest in ihrer Ausschließlichkeit – gibt
> es nicht immer viele stilistische Wege, die
> zum Rom eines guten Stils führen?
> *Willy Sanders*[30]

Wer sich auf dem Buchmarkt umschaut, wird sehen: Es wimmelt
heute geradezu von Stillehren, Stilkunden, Stilfibeln usw., von
Rede- und Schreibanleitungen, Kommunikations- oder Top-Trai-
nings und Sprachratgebern jeder Art – älteren wie topmodernen,
eher bescheidenen oder solchen mit hohem Anspruch, kurz- und
langweiligen. All diese Lehrbücher werden professionell «gemacht»: von Schriftstellern, die lehren, von Lehrern, die schriftstellern, und von Journalisten, die lehren und schriftstellern – diese
oft die (ein)gebildetsten aller Stillehrer, weil sie beides von Berufs
wegen sind. Sie alle vereint das löbliche Ziel, ihr eigenes, perfektes
Deutsch umzumünzen in guten Stil für die Allgemeinheit. Dazu
bedient man sich mit großer Selbstverständlichkeit, selbst wenn
gelegentlich etwas Skepsis mitzittert (S. 26f.), des heiklen stildi-
daktischen Mittels der Regel.

Im Gegensatz zur dudenstrengen Grammatik als dem «Reich
der Regeln», wo von der Rechtschreibung bis zur Satzbildung das
Richtig oder Falsch im Großen und Ganzen eindeutig feststeht,
gilt für die Stilistik jener markante Gegen-Satz Hans Jürgen
Heringers:[31] «Die Stilistik ist das Reich der Freiheit.» Diese Unterscheidung hat ihren Grund: Stil existiert nicht einfach wie Sprache,
sondern formt sich erst von Fall zu Fall aus durch die besondere
Art, wie etwas zum Ausdruck gebracht wird oder ist. Jeder Mensch
wählt beim Sprechen und Schreiben mehr oder weniger bewusst
aus den vielfältigen, von der Sprache dargebotenen Ausdrucksmöglichkeiten in charakteristischer Weise aus. Diese stilistischen
Präferenzen, die im Wesentlichen der Entscheidung des persön-

lichen Stilgefühls unterliegen, entziehen sich einer Beurteilung durch die Duden-Brille richtiger oder falscher Sprachverwendung.

Die stilistische Freiheit, von der zuvor die Rede war, ist nicht die «dichterische», der kraft eigener Macht- und Sprachvollkommenheit alles erlaubt ist, was gefällt. Wohl aber liegt auch der Reiz eines anspruchsvollen Stils nicht zuletzt im freien Spiel mit der Sprache, vor allem sprachlichen Irritationen: in der überraschenden, nicht alltäglichen Formulierung, im Durchbrechen gewohnheitsmäßiger Erwartungen und althergebrachter Konventionen, ja, im kühnen Hinwegsetzen über die gültigen Sprachregeln, sofern dies einer eigenwilligen, sinnvoll verwirklichten Ausdrucksabsicht entspricht – ‹Abweichung von der Norm› nennen dies die Fachleute. Im Stilbereich jedenfalls versteht sich die Redensart «Keine Regel ohne Ausnahme» wortwörtlich in dem Sinne, dass gerade die Ausnahmen nicht selten als stilistische Kunstmittel über alle Regularitäten triumphieren und diese damit in ihrer regelhaften Verbindlichkeit außer Kraft setzen.

Gleichwohl stellen Regeln nun einmal das Kernstück jeder Lehre dar, und so kommt auch die Stillehre nicht ohne Regelformulierungen aus. Symptomatisch, dass diese häufig als «Anweisungen, Instruktionen, Empfehlungen, Vorschläge» usw. verklausuliert werden, oder man spricht von einer Regel, die sich selber nicht ganz ernst nimmt, als «Faustregel». Es macht geradezu das Wesen stilistischer Regeln aus, dass sie sich strikter Festlegung entziehen: Immer kann auch etwas anderes, oft genug das Gegenteil genauso gut oder sogar besser sein. Die Folge sind entweder Rezepturen von oberflächlicher Allgemeinheit der Art:[32] «Fasse dich kurz!» oder solche, die sich wie Gummi in die Länge oder Breite ziehen lassen: «Die Sparsamkeit mit Wörtern, im allgemeinen eine der goldenen Stilregeln, sollte man im besonderen Fall durch einen kontrollierten Überfluss ersetzen» – na, bitte!

Trotzdem liegt der Kern des Problems weniger in dieser oder jener Formulierungsweise als vielmehr in der Eigentümlichkeit des stilistischen Regelbegriffs: Stilregeln sind im Grunde weder richtig noch falsch, sondern immer in fataler Weise ambivalent: Ein und dieselbe Regel kann unter den Bedingungen des jeweiligen Sprech- oder Schreibakts einmal voll treffen, das andere Mal ein grober Fehlgriff sein. Da ergeht es uns, stilistisch wie im Leben, nicht anders als jenem «Menschen» Eugen Roths, der sich als Liebhaber eine Vielzahl in bester Absicht erteilter Ratschläge eingeholt hatte:[33] «Zwar stimmte jeder Rat genau, | doch jeweils nicht für jede Frau.» Wir lernen daraus, dass sinnvolle Stilregeln den Charakter von Ratschlägen haben, auf deren «passenden» Einsatz es entscheidend ankommt; über diese Form von «flexibler» Regelhaftigkeit, beschreibbar als Angemessenheit in der Situation, befindet von Fall zu Fall wiederum unser Stilgefühl. Und wem das zu unsicher bleibt, der sei immerhin auf die nun wirklich hieb- und stichfeste, ausnahmslos gültige und universale Regel von Karl Kraus verwiesen: «In zweifelhaften Fällen entscheide man sich für das Richtige.»

Wenn schon keine festen Regeln, gibt es dann wenigstens eine stildidaktische Leitvorstellung? Guter Stil ist keine Kleinigkeit, die sich nach dem Vorbild des berühmten «Nürnberger Trichters» (Georg Philipp Harsdörffers ‹Poetischer Trichter›, um 1650) gewissermaßen in einem mehrstündigen Schnellkurs vermitteln lässt. Will man jenes eindrucksvolle Symbol didaktischen Erfolgsstrebens dennoch bemühen, dann ist nach Harald Weinrich[34] «eher der umgedrehte Trichter, in den der Lehrer äußerst behutsam wohldosierte Mengen Lehrstoff eingießt, damit dieser sich in einem größer werdenden Volumen ausbreitet, Ausdruck eines adäquaten Rezeptes für Didaktik». Wie ist dieses Bild des umgekehrten Trichters im Falle des Stils zu verstehen? Offenbar verspricht nicht ein Übermaß stilistischer Fakten, das Lernenden gleichsam eingetrichtert wird, den angestrebten Lernerfolg; diesen Zweck erfüllt eher ein «Stilkonzentrat», das seine Wirkung erst in einem geistigen Verarbeitungsprozess expansiv entfaltet. Nicht also stilistische Einzelfragen, heißt das konkret, auch nicht wirkungslos abschreckende Beispiele und in ihrem Anspruch auf Allgemeingültigkeit irreführende Regeln. Wenn die Stillehre Erfolg versprechen soll, muss es vielmehr das Ziel sein, die stilistischen Einzelfälle aus der Scheuklappensituation ihrer isolierten Betrachtung zu lösen, Einsicht in die wesentlichen Grundsätze und Zusammenhänge des Stils zu vermitteln, vor allem das persönliche Stilgefühl auf ein festes Fundament gesicherten Stilwissens zu stellen.

Unser guter Stil, der im Mittelpunkt dieser Überlegungen stand, wird greifbar in den mündlichen und schriftlichen Äußerungen, die wir von uns geben – in ‹Texten›, sagt die Fachwissenschaft.

Packen wir also im nächsten Kapitel den Stil geradewegs bei den Hörnern mit der Behauptung: Die Grundgröße moderner Stilistik ist der Text.

Zweites Kapitel:
Der Text – ein «Gewebe» besonderer Art

> Das Verb ‹texere› war für eine Metapher gut. Cicero und Quintilian haben sich ihrer bedient – in einem scheinbar modernen Sinn: ‹textus› scheint auf die «Verwebung», die «Verkettung» eines Werks hinzuweisen. Doch in Wirklichkeit ist etwas ganz anderes damit gemeint als die Konnexion oder Kohärenz, nämlich die «Webart» eines Werks. Der ‹textus› eines Werkes ist nicht sein «Text», sondern sein «Stil».
>
> *Konrad Ehlich*[35]

Es gibt einen allgemeinen Lehrsatz, der besagt, das Ganze sei mehr als die Summe seiner Teile. Nimmt man zum Beispiel die Elemente des menschlichen Körpers: rund 60 Prozent Sauerstoff, 18 Prozent Kohlenstoff, 10 Prozent Wasserstoff (was zusammen einen Anteil von gut 70 Prozent Wasser ausmacht), ferner etwas Stickstoff, Kalzium, Phosphat, Natrium und Chlor, so ist das für sich genommen kein großer Wert – dennoch «verkörpern» dieselben Elemente, in ihrer spezifischen Auswahl und Verbindung, den Menschen.

Auch für die Sprache hat der Satz: «Das Ganze ist mehr als die Summe seiner Teile» seine Berechtigung. Normalerweise verständigen wir uns ja nicht mittels Wörtern, nicht einmal mit Sätzen, sondern in jenem meist größeren Äußerungszusammenhang, den die Linguisten als ‹Text› bezeichnen. Sie verstehen darunter nicht nur alles Geschriebene oder Gedruckte von der beiläufigen Bleistiftnotiz bis zum mehrbändigen Roman, sondern auch Reden und Gespräche, also Mündliches. Das Wort selbst, lateinisch *textus,* bedeutete ursprünglich «Geflecht, Gewebe» (genauer die «Webart») – aber dieses Sprachgewebe ist von eigener Art und Gesetzlichkeit. Im harmonischen Zusammenspiel von Wörtern und Wortgruppen, Sätzen und Satzverbindungen entsteht, der Verschmelzung von Einzelelementen in einem chemischen Prozess gleich, ein Gesamtgebilde mit neuer Stilqualität: der Text.

Der Text als «Gewebe» ist ein altes Bild. Von ihm ausgehend gelangt man aber unschwer zur modernen Metaphorik, die im Grunde dasselbe aussagt: Sie sieht unsere Sprache eher als Spinne, die einen Text in jedem seiner Teile, in den Beziehungen der Teile untereinander und im Ganzen kunstvoll «vernetzt».

1. Die makrostilistische «Adlerperspektive»

> Während man ein einzelnes Wort sucht, unter drei sich anbietenden Worten wählt, zugleich den ganzen Satz schmiedet, während man die gewählte Konstruktion ausführt und die Schrauben des Gerüstes anzieht, zugleich den Ton und die Proportionen des ganzen Kapitels, des ganzen Buches irgendwie auf geheimnisvolle Weise stets im Gefühl gegenwärtig zu haben: das ist eine aufregende Tätigkeit.
>
> *Hermann Hesse*[36]

Der Text ist die Grundgröße moderner Stilistik. Schon seit Jahren haben Sprachwissenschaftler diese Tatsache angemahnt, beispielsweise der vormalige Basler Germanistik-Professor Heinz Rupp, der in seinem Artikel ‹Über die Notwendigkeit von und das Unbehagen an Stilbüchern› das völlige Fehlen textlinguistischer Gesichtspunkte in der heutigen Stillehre kritisierte:[37] «Aber kann man darüber reden, wie Sprache verständlich gemacht werden soll, wenn man nur von Wörtern und Sätzen redet und über Textstrukturen, Herstellen von verständlichen Texten gar nichts zu sagen weiß?» Bereits früher hatte der Literaturwissenschaftler Bernhard Asmuth vor der «Froschperspektive» der traditionellen Stilistik gewarnt, die in ihrer fast ausschließlichen Beschränkung auf Wortwahl und Satzbau die großen Gestaltungsfaktoren vernachlässige. Die Moskauer Stilforscherin Elise Riesel war es dann, die erstmals eine systematische Unterscheidung von ‹Mikro- und Makrostilistik› vornahm. Mikrostilistisches Aufgabenfeld bleibt nach wie vor der lexikalische und grammatisch-syntaktische Bereich; neu hingegen ist die makrostilistische Sicht auf das Textganze, die ihrerseits der übergreifenden, ganzheitlichen Organisiertheit eines Textes gilt – die «Adlerperspektive», wie Ulrich Püschel sie getauft hat.

Nimmt man die Bildlichkeit der stilistischen Frosch- und Adlerperspektiven ernst, dann gibt es eine Stilistik «von unten» und eine Stilistik «von oben». Traditionell führte der Weg immer von unten nach oben (‹Bottom up›, wie das auf Linguistisch heißt): von den «Bausteinen» Wort und Satz zum «Gebäude» – diese übergeordnete Sehweise galt im Übrigen nicht einmal dem Textganzen, sondern widmete sich allenfalls gewissen ästhetischen Darstellungsaspekten. Der umgekehrte Weg von oben nach unten (linguistisch gesprochen das ‹Top down›) wurde nicht beachtet, geschweige denn behandelt. Dabei hatte schon Wilhelm von Humboldt, der große Sprachdenker des 19. Jahrhunderts, grundsätzlich klargestellt:[38] «Wenn wir gleich gewöhnt sind, von den Lauten zu den Wörtern und von diesen zur Rede überzugehen, so ist im Gange der Natur die Rede das Erste und Bestimmende. In der Wirklichkeit wird die Rede nicht aus ihr vorangegangenen Wörtern zusammengesetzt, sondern die Wörter gehen umgekehrt aus dem Ganzen der Rede hervor.» Dieses Ganze der Rede ist natürlich, modern ausgedrückt, der Text.

Auch beim Stil geht es zentral um die Wechselwirkung zwischen der globalen Textorganisation und den sie konstituierenden Einzelelementen (beileibe keine neue Erkenntnis, vielmehr der altbekannte «hermeneutische Zirkel» der Philosophie wie auch der Interpretationslehre). Wechselbeziehung bedeutet, dass jede Einzelheit ihren Sinn vom Ganzen her erhält und dieses sich wiederum, Teil für Teil, aus jenen Einzelheiten aufbaut. Eine Art sprachliches Zusammensetzspiel? – keineswegs. Wie eine Menge grammatisch einwandfrei konstruierter Wörter durchaus nicht ohne weiteres eine sinnvolle Äußerung ergibt, so stünde es um den Text schlecht, der als eine Menge stilistisch noch so geschickt kombinierter Wörter und Sätze nur den Charakter eines zusammengestückelten Konglomerats hätte. Den Unterschied verdeutlicht sinnfällig jene Anekdote von einem Kind, dem eine Reise versprochen worden war, und als man ihm nun fern der Heimat immer neue Städte, Berge, Seen usw. zeigte, da sagte es nur:[39] «Ja – aber wo ist die Reise?» Wie sehr es, wenn wir schreiben, bei jeder Einzelheit darauf ankommt, den Zusammenhang des Textganzen im Auge zu haben, zeigt uns eindringlich Hermann Hesses Nachzeichnung des dichterischen Schaffensvorgangs (im Motto). Es ist einsichtig, dass er darin den Weg beschreibt, den der Schreiber zu gehen hat. Der

Weg des Lesers durch den Text verläuft hingegen genau umgekehrt: vom Aufnehmen der Einzelheiten zum Verstehen des Textsinns, wie er sich nach und nach erschließt. Gleichwohl ist *texten*, ein jugendfrisches Verb letzter Stunde, nicht nur jene poetisch aufregende, sondern allgemeiner auch die stilistisch entscheidende Tätigkeit schlechthin – «guthin» sollte es besser heißen.

Vorausgesetzt, wir wissen genau, worüber wir schreiben wollen, sollen oder müssen: dann bedarf es, bevor auch nur der erste Buchstabe aufs Papier kommt, eines Innehaltens, eines geistigen Atemholens. Auf diesen Vorteil, den das Schreiben im Gegensatz zum spontanen Sprechen bietet, sollte niemand ohne Not verzichten. Es ist die sprichwörtliche «Ruhe vor dem Sturm», heute meist in anglophiler Attitüde *Brainstorming* genannt. Ebenso schlicht wie gut deutsch sind das Vorüberlegungen, die der stilistischen Elementarregel folgen: Erst denken, dann schreiben! «Ist der Geist einmal Herr der Dinge», hat der französische Rechts- und Staatsphilosoph Montesquieu im 18. Jahrhundert bemerkt (wenn auch nur als Rekapitulation eines alten Catonischen Spruches),[40] «folgen die Worte von selbst» – stilistisch eine höchst fragwürdige Behauptung. Häufig genug bereitet ja nicht das gedankliche Konzept, wohl aber dessen klare, überzeugende Ausformulierung die größeren Schwierigkeiten. Was bleibt, ist der auf jeden Fall zu beherzigende Grundsatz: Das sachlich-gedankliche Problem im Griff haben, um es sprachlich auf den Begriff bringen zu können.

Textgestaltung, die diesen Namen verdient, setzt immer eine «strategische» Planung voraus. Erster und wichtigster Bestandteil eines solchen makrostilistischen Ausführungsplans, der den Denkrahmen des intendierten Textes festlegt, ist eine klare Zielvorstellung, die wir seine ‹Stilperspektive› nennen wollen. Stil versteht sich ja im allgemeinen Sprachgebrauch nie als Selbstzweck, sondern stets als ein Mittel zum Zweck: Wann immer wir reden oder schreiben, verbinden wir mit dem, was wir äußern, eine bestimmte Äußerungsabsicht, die von einem festen Standpunkt ausgeht, eine spezielle Akzentuierung vornimmt und damit die Zielsetzung des Textes maßgebend bestimmt. Es gebe keine gute Arbeit, so Alfred Behrmann,[41] «deren Stilzüge nicht aus einem Zentrum hervorgehen, und dieses Zentrum ist die Absicht, die der Autor mit seinem Schreiben verfolgt». Diese Stilperspektive als sprachliche, genauer makrostilistische Darstellungsoptik verkürzt und verdichtet zugleich die Gesamtheit des Darzustellenden. Sie richtet die Darstellung auf ein bestimmtes Darstellungsziel als Fluchtpunkt des Schreibens und zwingt so den Leser auf den Standpunkt des Schreibers. Insofern die Stilperspektive in gezielter Strategie die makrostilistische Textplanung steuert, ist sie bis in die mikrostilistischen Einzelheiten hinein mitbestimmend. Konkret wird dies in zwei Punkten greifbar: erstens nach außen in einer durchdachten, wohlproportionierten Gliederung, die den Text als eine planvoll aufgebaute Darstellungseinheit erkennen lässt; zweitens inhaltlich in den logisch-semantischen und pragmatischen Textzusammenhängen, die eine durchschaubare Sinnkontinuität für alle Lesenden schaffen.

Zugegeben, es ist keinem Menschen übel zu nehmen, wenn er das alles ziemlich trocken, wenn nicht gar schulmeisterlich belehrend gefunden hat, und darum unverzüglich die kühne Behauptung: Guter Stil ist dreidimensional. In den Lehrbüchern der Stilistik liest man, Stil habe wie andere Spracheinheiten eine strukturelle und eine funktionale Seite, mithin zwei Dimensionen.[42] Als stilistische Strukturen lassen sich die markanten Eigenschaften der sprachlichen Formulierung erfassen, so etwa Reim, Rhythmus, stilhaltige Wörter, Stilfiguren usw. Stilistische Funktionen, die selbstverständlich ebenfalls über die Textstruktur vermittelt werden, wären beispielsweise ausgeprägt individueller Ausdruck oder unpersönliche Sachlichkeit, Abstraktion, Bildhaftigkeit, Humor und ähnliche Stilzüge. Insgesamt ergeben sie einen stilistischen Sinn und – auf einer möglichst eindrucksvollen, zielbewussten Umsetzung der Stilperspektive fußend – stilistische Wirkung. Diese Wirkung, die durchweg ins Auge gefasst, aber längst nicht immer nachweisbar erreicht wird, sucht man üblicherweise rein mikrostilistisch mit Hilfe effektiver Sprachmittel zu erzielen. Von mindestens ebenso großer Wirksamkeit sind jedoch auf der makrostilistischen Ebene die im Letzten psychologisch motivierten Reizmittel der Steigerung und Spannung. Sie verleihen dem Stil, über alle formalen und inhaltlichen Aspekte hinaus, seine zusätzliche «expressive» und damit dritte Dimension: die ausdrücklich angestrebte Wirkung, wie sie gemeinhin der Rhetorik zugewiesen wird.

In dem magischen Dreieck von Schreiber, Leser und Gegenstand (Thema) bedarf es, um diese Wirkung auch tatsächlich zu erreichen, dreier Erfordernisse, die noch im Einzelnen erläutert werden: erstens einer zielbewussten ‹Fokussierung› des Textes, seiner brennpunktartigen Konzentrierung also auf das Wesentliche des Sachverhalts, wie dies im Sinne der Wirkungsabsicht liegt, zweitens des strategischen Blicks auf den Erwartungshorizont des Lesers, der als ‹Adressat› des Textes von entscheidender Bedeutung ist, und drittens der Überzeugungskraft des Schreibers selbst:[43] «Die kommunikative Kraft des Geschriebenen ist um so stärker, je stärker die Schreibweise, der Stil den Eindruck vermittelt, daß hinter dem Gesagten der Mensch ist: der ganze Mensch.»

2. Unsere persönliche Stilnote

> Jeder Mensch hat eine bestimmte Sprachart, einen individuellen Stil, so wie er ganz besondere Gesichtszüge, besondere Fingerabdrücke usw. hat.
>
> *Philipp Aronstein*[44]

Es bedarf nur eines Buchstabens, und aus der sattsam bekannten Stil*not*, in der wir uns alle von Zeit zu Zeit einmal befinden, wird die höchst erstrebenswerte persönliche Stil*note*. Sie ist es, die jeden von uns auszeichnet: «Guter Stil kann nur unsere eigene Art sein, Erlebtes, Empfundenes und Gedachtes durch die Sprache anderen mitzuteilen»; was so ein Stillehrer angemerkt hat, ergänzt der ‹Jedermann›-Dichter Hugo von Hofmannsthal: «Man kann nur individuell schreiben, oder man schreibt schon schlecht.» Aber im Gegensatz zu früheren Zeiten, als man nur der Dichtung einen schöpferisch geprägten Persönlichkeitsstil zuerkannte, herrscht heute die Ansicht: Wir alle sind, zumindest bei bewusstem, besonders also schriftlich-anspruchsvollem Umgang mit der Sprache, stilistisch kreativ. Daher hat jeder Text, nicht nur der literarische, seinen besonderen Stil: von ‹Individualstil› spricht die Fachwissenschaft.

Stil, persönlicher Stil, beruht auf den subjektiven, eben «individuellen» Entscheidungen, wie jeder Mensch sie in der Handhabung der vielfältigen Möglichkeiten unserer Sprache trifft. Die Folge ist: Wenn zwei dasselbe ausdrücken wollen, wird das dennoch auf jeweils andere, verschiedene Weise geschehen. Diese Unterschiedlichkeit unseres Formulierens beruht keineswegs auf Zufall, sondern findet ihre einfache Erklärung: Wir alle bedienen uns bestimmter Sprachmuster, die sich typisch wiederholen und daher unserem Ausdruck ein charakteristisches Gepräge verleihen – eine Eigenart vor allem unseres Schreibens, die vom Leser erkannt, gleichsam identifiziert und in der Folge fest erwartet wird. Wer schreibt, sollte wissen, dass er außer Zeichen auf dem Papier auch so etwas wie seinen stilistischen Fingerabdruck hinterlässt.

Namentlich unsere großen Dichter und Schriftsteller zeigen als Sprachgestalter meisterlichen Zuschnitts eine derart wesenseigene, von ihrer ganzen Persönlichkeit geprägte Schreibart, dass jeder sie auf Anhieb wiedererkennt. Aus wessen Feder stammt wohl, wenn dieses kleine Fragespiel gestattet ist, der nachstehende Textausschnitt?

Der Spross des kriegerischen Geschlechtes nordischer Fürsten, das schwächlich kraftvolle Kind einer königlich leidenschaftlichen und gewissermaßen durch einen Überschwang schicksalhaften Geschehens jähe auseinandergerissenen Ehe, der prinzliche Scholar und Freund der Komödie, der Urheber auch jener Kriegszüge, Feste, Raufhändel und blutig ernsten Disputationen über Kirche und Gott, die den westlichen Norden Europas durch Jahrzehnte in Atem zu halten vermochten: Hamlet von Dänemark, um es kurz zu sagen – usw.

Mein lieber Mann, was für ein Satz! Und da dieser sich nochmals über die gleiche Zeilenzahl erstreckt, ehe er im erlösenden Punkt sein Ende findet, dürfte der Fall klar sein: Thomas Mann, der unbestrittene Meister neudeutscher Langsatzarchitektur, heißt der Verfasser. Wer gleichfalls zu diesem Schluss gelangt ist, hat Recht – und auch wieder nicht: Es handelt sich um eine gelungene Parodie von Robert Neumann, der es wie kein Zweiter verstand, «mit fremden Federn» zu schreiben und seine parodistischen Texte «unter falscher Flagge» segeln zu lassen.[45] Von der Parodie sagte er, sie schieße «auf einen Mann mit der Waffe seiner eigenen Form»: Hier war es unverkennbar nicht ein, sondern eben Thomas Mann, den er treffsicher aufs Korn genommen hat.

Es gibt kein überzeugenderes Indiz für das Vorhandensein von persönlichem Stil, als dass man ihn imitieren und parodieren kann. Imitation bedeutet ja Nachahmung, Parodie überspitzende Nachahmung gewisser auffallender Stileigentümlichkeiten. Offenkundig zeigt jeder Text eine eigene, unverwechselbare «Handschrift», wobei dieser Vergleich mit der Graphologie, die das Wesen eines Menschen aus seinen Schriftzügen deutet, schon deswegen hinken muss, weil die stilistische Ausdrucksform in ihrer Charakteristik erheblich aussagekräftiger erscheint als die äußere Schreibform. Der ganze Horizont unseres Denkens, Könnens und Wissens, die Weite unseres Geistes spiegelt sich in der Art, wie wir sprechen und schreiben: Unser Stil kennzeichnet uns.

Verständlicherweise liegt es im Bestreben jedes sprachbewussten Menschen, zu einer eigenen, gewissermaßen sein Ich widerspiegelnden Ausdrucksweise zu finden. Das hat jedoch nichts mit angelernter Manier oder gar rhetorischem «Make-up» der Sprache zu tun, dafür umso mehr mit gutem «Geschmack», der unsere Instanz für subjektive Werturteile ist. Da wir uns alle in Geschmacksfragen grundverschieden verhalten, gilt dies auch stilistisch, und so steht jedem von uns ein weiter Spielraum individueller Sprachgestaltungsmöglichkeiten offen. Unter der Obhut des Stilgefühls, das seinerseits ja auf Sprachwissen und Spracherfahrung beruht, prägt sich fast unmerklich ein eigentümlicher Stil aus: dieses oder jenes Wort, die eine oder andere Art der Satzbildung, bestimmte Gestaltungsformen eines Textes, die wie selbstverständlich bevorzugt werden. Geschieht das mit der Zeit in sicherer, einheitlicher und somit charakteristischer Weise, dann haben wir sie: unsere persönliche Stilnote.

Der Stil wäre aber nicht Stil, wenn es nicht doch noch einen Haken gäbe: So sehr ein individueller Stil unser Schreiben im Allgemeinen auszeichnet, er ist nicht immer am Platze. Dies hängt von der Art des jeweiligen Textes ab; denn Texte können sehr verschieden sein, und sogar ein und derselbe Sachverhalt lässt sich unterschiedlich darstellen. Nehmen wir als Beispiel die Lebensgeschichte eines Menschen von einiger Bekanntheit: in üblicher Form als ‹Lebenslauf›, in Raffung der wesentlichen Daten als ‹Lexikonartikel›, unter Verwertung von Quellenmaterial als wissenschaftliche ‹Biographie› oder in eher feuilletonistischer Darstellung als buntes ‹Lebensbild›, vielleicht sogar – auf menschlich Interessantes beschränkt – als ‹Anekdotensammlung›. Je nach Dar-

stellungsabsicht werden immer auch Darstellungsform und stil-
perspektivische Akzentuierung des Textes wechseln. Wie sich in
den Kennzeichnungen als Lebenslauf, Lexikonartikel, Biographie,
Lebensbild oder Anekdoten schon andeutete, führt das im Endergebnis zu sehr verschiedenen Arten von Texten. Die Linguistik hat
sich daran gewöhnt, diese mit einem kleinkrämerisch anmutenden
Fachbegriff als ‹Textsorten› zu deklarieren, ein Ausdruck, den
sprachsensible Geister unschön finden, vor allem nicht angemessen:[46] Er lasse «eher an Käsesorten oder an ‹sortentypische› Merk-
male (von Kartoffeln etwa)» denken – besser also ‹Textarten›?

So oder so, gemeint sind die profanen Gegenstücke jener Gestaltungsformen der Literatur, die wir seit eh und je als «Gattungen» kennen. Wie diese den traditionellen Gesetzlichkeiten der
Poetik verpflichtet sind, so unterliegen die normalsprachlichen
Textarten durchaus vergleichbaren Regularitäten, die sich durch
verfestigte Konventionen unseres Sprachgebrauchs und eine nahezu obligatorische Lesererwartung mit der Zeit herausgebildet
haben. Nun gibt es Texte, wie Telefongespräch, Brief oder Erleb-
niserzählung, die individualstilistischer Entfaltung weithin offen
stehen; andere hingegen, etwa Gebrauchsanweisung, Lebenslauf,
Lehrbuch usw., sind im Rahmen ihrer kulturellen Überformtheit
an relativ strenge Gebrauchsbedingungen gebunden. Derart bilden die meisten Textarten hochgradig geregelte Schreibmuster für
bestimmte Schreibsituationen, und wer nicht gerade vom Stil-Teu-
fel geritten wird, tut gut daran, sich an ihre mehr oder weniger fest
vorgegebene Form zu halten. Überspitzt ausgedrückt, schreibt unser Ich selten ganz allein: Öfter als wir uns dessen bewusst sind,
führen Zeit, Konventionen, Lesererwartungen, vor allem aber die
Zwänge der Textarten unsere Hand mit – doch auch das gehört zur
Eigenart von Texten.

Grundvoraussetzung anspruchsvollen Schreibens, um kurz zusammenzufassen, ist der Wille zum guten Stil. Hat ein Mensch außerdem ein persönliches Stilgefühl, auf das er sich verlassen kann,
so bedarf es nur noch eines sprachpraktischen Stilvermögens, das
ihn dazu befähigt, seine Ausdrucksabsicht stilgerecht in Worte,
Sätze, Texte umzusetzen. Das angestrebte Ziel ist stilistische Per-
fektion – ein großes Wort fürwahr, behauptet doch eine bekannte
englische Redewendung, niemand sei vollkommen (*Nowbody is
perfect*). Auf die Sprache bezogen hat der Schriftsteller Hans Rei-

mann diese Feststellung seinerzeit auf die klassische Formel ge-bracht:[47] «Unfehlbar ist keiner, zuweilen schläft auch Homer, und die Sprache hat es in sich.» Im Falle solcher sprachlichen Unvoll-kommenheiten aber, die auch wieder menschlich sind, tröstet im-merhin der ebenso verheißungsvolle wie «schillernde» Satz des Stillehrers Wilhelm Emanuel Süskind: «Es wächst der Mensch mit seinen größren Zwecken, und seine Sprache wächst mit ihm.»

3. Der «gute Ton» in allen Stil-Lagen

> Jedes geschriebene Stück, wie überhaupt jedes Werk der Kunst, soll eine bestimmte Tonart haben und durchhalten. Diese Regel ist dem Musiker eine Selbstverständlichkeit, für die Schriftkunst ist sie bisher noch nicht aufge-stellt ... Die großen Meister der Feder haben unbewußt dieses Soll-Gesetz befolgt.
>
> *Broder Christiansen*[48]

Spielen wir forsch weiter auf der musikalischen Begriffsklaviatur: nach der persönlichen Stil*note* nun der gute *Ton*, auf den unser Text im Ganzen gestimmt sein soll. Wolf Schneider, prominenter Stil-Profi, hat folgende Rezeptur für einen interessanten Text zu-sammengestellt:[49] «Nur eine überschaubare Menge von Details und niemals eines, das nichts ‹bedeutet›; eine auf Anhieb erkenn-bare Gliederung; der kalkulierte Verstoß gegen eingerastete Er-wartungen; dazu treffende Wörter, transparente Sätze, gefällige Variationen in der Satzmelodie.» Ohne Zweifel professionelle Grundregeln, auf journalistische Effektivität berechnet, aber letz-ten Endes nur Details, Wörter, Sätze – an der Schwelle zum Text verabschiedet sich der Stil-Kenner.

Was an einem stilvollen Bauwerk, Gemälde oder Musikstück besticht, darüber besteht Einmütigkeit: Es ist die vollendete Har-monie im äußeren Gesamteindruck wie in der inneren Ausge-wogenheit aller baulichen, malerischen oder kompositorischen Einzelheiten. Nichts anderes erwarten wir auch vom stilistisch perfekten Text. *Harmonie* bedeutet Zusammenklang. Musik und Sprache haben gemeinsam, dass es auf den «guten Ton» ankommt, sprachbezogen zu verstehen als jene stilistische Feinabstimmung des Textes, die jederart anspruchsvolles Schreiben kennzeichnet. Wer schreibt, heißt das nach Broder Christiansens hochrangigem «Gesetz der gleichen Tonart», muss seinen Text zu einer geschlossenen, eben auf einen Ton gestimmten Stileinheit verschmelzen. Es gibt Stilisten, die dementsprechend «Stil als die *Einheitlichkeit*» definieren, «die einen Artikel, ein Buch, einen Brief *zu einem Ganzen* macht».

Unbestreitbar haben auch die Details, Wörter und Sätze für sich ihren Wert. Dieser bemisst sich jedoch letztlich danach, wie jede dieser Einzelheiten sich dem Textganzen bruchlos einfügt und zu seiner Bedeutung sinnvoll beiträgt: Alles, was in irgendeiner Hinsicht aus dem engeren Textumfeld (Kontext) herausfällt oder ohne Beziehung zum Gesamtzusammenhang bleibt, verletzt als Stilbruch oder blindes Motiv dessen Geschlossenheit. Diese Forderung nach Einheit und Einheitlichkeit des Textes versteht sich nicht nur im Sinne logischer Konsequenz und sprachlicher «Konnexion oder Kohärenz», wie es im Motto formuliert ist, sondern auch als stilistische Konsistenz. All diese Fremdwörter meinen ja letztlich dasselbe, nämlich so viel wie «Zusammenhalt»: ein harmonisches Zusammenwirken aller Stilelemente auf den verschiedenen sprachlichen Ebenen. Dass im besonderen Fall der überraschende Stilwechsel ein umso wirkungsvolleres Stilmittel sein kann, entspricht wiederum dem ambivalenten Wesen des Stils und ändert nichts am grundsätzlichen Postulat einer wie auch immer konkret gearteten Stileinheit.

Was spricht dagegen, von unseren großen Sprachmeistern zu lernen, wie man den jeweils richtigen Ton trifft? Nicht nur «gehören ihre Bekundungen … zum Tiefsten und Schönsten, was je über die Sprache gesagt wurde», heißt es vorweg in einer Sammlung derartiger Bekundungen von Dichtern und Schriftstellern,[50] sie seien auch echte Vorbilder nach Buchstaben und Geist ihres Sprachschaffens. Beachtenswert, wie in den nachstehenden, weiterhin «musikalisch» kommentierten Beispielen, die ausnahmslos Textanfänge sind, schon der Auftakt die Stilatmosphäre bestimmt. Beginnen wir mit Goethe (1749–1832), dem Souverän klassisch abgeklärter Sprachtonkunst, – Klassiker erkennt man übrigens daran, dass sie keines Vornamens bedürfen: Goethe ist eben Goethe. Er lässt sein autobiographisches Alterswerk «Aus meinem Leben», besser bekannt und auch wohl angemessener überschrieben als ‹Dichtung und Wahrheit›, in gleichsam streng chronologischer Schilderung mit seiner Geburt anfangen:

Am 28sten August 1749, mittags mit dem Glockenschlag zwölf, kam ich in Frankfurt am Main auf die Welt. Die Konstellation war glücklich: die Sonne stand im Zeichen der Jungfrau und kulminierte für den Tag; Jupiter und Venus blickten sie freundlich an, Merkur nicht widerwärtig, Saturn und Mars verhielten sich gleichgültig; nur der Mond, der soeben voll ward, übte die Kraft seines Gegenscheins um so mehr, als zugleich seine Planetenstunde war ... Wenn man sich erinnern will, was uns in der frühesten Zeit der Jugend begegnet ist, so kommt man oft in den Fall, dasjenige, was wir von andern gehört, mit dem zu verwechseln, was wir wirklich aus eigener andauernder Erfahrung besitzen.

Als ein Virtuose dramatischer Akkorde gilt Heinrich von Kleist (1777–1811), der oft genug in seiner meisterhaften Erzählkunst – hier aus dem Eingang der Novelle ‹Das Erdbeben von Chili› – die Grenzen menschlichen Schicksals, doch auch der deutschen Sprache zu sprengen droht:

In St. Jago, der Hauptstadt des Königreichs Chili, stand gerade in dem Augenblicke der großen Erderschütterung vom Jahre 1647, bei welcher viele tausend Menschen ihren Untergang fanden, ein junger, auf ein Verbrechen angeklagter Spanier, namens Jeronimo Rugera, an einem Pfeiler des Gefängnisses, in welches man ihn eingesperrt hatte, und wollte sich erhenken ... Eben stand er, wie schon gesagt, an einem Wandpfeiler, und befestigte den Strick, der ihn dieser jammervollen Welt entreißen sollte, an eine Eisenklammer, die an dem Gesimse derselben eingefügt war als plötzlich der größte Teil der Stadt, mit einem Gekrache, als ob das Firmament einstürzte, versank, und alles, was Leben atmete, unter seinen Trümmern begrub.

Ganz anders der Freiherr Joseph von Eichendorff (1788–1857). Einen Eindruck von seiner lyrisch-sanften, ruhig dahinfließenden Melodienführung gibt die Erzählung ‹Aus dem Leben eines Taugenichts›, eines der am meisten gelesenen Werke der Romantik, und es beginnt so:

Das Rad an meines Vaters Mühle brauste und rauschte schon wieder recht lustig, der Schnee tröpfelte emsig vom Dach, die Sperlinge zwitscherten und tummelten sich dazwischen; ich saß auf der Türschwelle und wischte mir den Schlaf aus den Augen; mir war so recht wohl in dem warmen Sonnenscheine.

Um auch die Kunst der Komik oder besser satirischen Witzes zu ihrem Recht kommen zu lassen, schließlich noch Heinrich Heine (1797–1856). Er war, nicht nur in seiner oft gebrochenen Lyrik, ein Meister der literarischen Kontrapunktik, wie schon die ersten Sätze seiner Reiseschilderung ‹Die Harzreise› deutlich machen:

Die Stadt Göttingen, berühmt durch ihre Würste und Universität, gehört dem Könige von Hannover... Im allgemeinen werden die Bewohner Göttingens eingeteilt in Studenten, Professoren, Philister und Vieh; welche vier Stände doch nichts weniger als streng geschieden sind. Der Viehstand ist der bedeutendste. Die Namen aller ordentlichen und unordentlichen Professoren hier vorzuzählen, wäre zu weitläufig; auch sind mir in diesem Augenblick nicht alle Studentennamen im Gedächtnisse, und unter den Professoren sind manche, die noch gar keinen Namen haben –

locker, lässig, leicht lasziv: Kein anderer deutscher Dichter hat den gewollten Stilbruch derart als charakteristischen Kunsteffekt seines Schreibens eingesetzt. Sehr zum Missfallen übrigens eines im höchsten Maße ästhetisierenden Sprachkritikers wie Karl Kraus,[51] der Heine zynisch attestierte, er habe «der deutschen Sprache so sehr das Mieder gelockert, daß nun alle Kommis an ihren Brüsten fingern» könnten.

Das war nur eine kleine Auswahl literarischer Textanfänge, nicht mehr als eine Momentaufnahme «um 1800», und sprachlich allenfalls einige Facetten aus dem weiten Spektrum möglicher Stilhaltungen. Bei aller Verschiedenartigkeit der Texte im Einzelnen, auch wenn dieser Eindruck für uns durch den zeitlichen Abstand mitbedingt sein mag, tritt gleichwohl das im Verschiedenen Einheitliche deutlich hervor: eine harmonische Wahl der Sprachmittel, Einhaltung der persönlichen Darstellungsperspektive, Wahrung des intellektuellen Niveaus wie der stilistischen Qualität – kurz, eine gedanklich-sprachliche Einheitlichkeit, die den Schreiber selbst mit dem Anfang, ja oft schon dem ersten Satz für den weiteren Textablauf bindet. Denn dieser erste Satz «gibt sozusagen die Tonart an für alle folgenden Sätze», bestätigt uns der Schriftsteller Ernst Penzoldt in seinem Essay ‹Über Glück und Geheimnis des ersten Satzes›.[52] So entsteht, was die Sprachwissenschaft an Stelle der bisherigen Umschreibungen «Ton» und «Tonart» fachlich als ‹Stilebene› bezeichnet – um die Begriffs-Katze endlich aus dem Sack zu lassen: Eine Stilebene ist keine Sprachniederung, sondern die verbindliche, in sich homogene und geradlinige Stillage eines Textes.

Wer die richtige Stilebene verfehlt, von dem sagt die Redensart, er habe sich im Ton vergriffen. «Sich im Ton vergreifen» bedeutet gegen den Grundsatz der stilistischen ‹Angemessenheit› verstoßen, auch dies ein Kernbegriff aller Stilistik. Er besagt, dass es keinen Stil gibt, der für alle Gelegenheiten passt; dieser muss vielmehr in vielerlei Hinsicht «angemessen», das heißt, den aktuellen Umständen des Schreibens angepasst sein. Der Gegenstand, von dem der Text handelt, die Person oder Personen, an die er sich richtet, die spezielle Situation, um die es geht – all das und mehr gilt es gebührend zu berücksichtigen. Und wer sich nicht um dieses Gesetz der Angemessenheit kümmert?

Schon vor über 200 Jahren hat kein Geringerer als Matthias Claudius seine eigene schlichte Sprechweise, nicht ohne ein anzügliches Augenzwinkern, dem wortgewaltig-enthusiastischen Pathos seines Zeit- und Dichtergenossen Klopstock gegenübergestellt:[53] «Ich sage: Johann, zieh mir die Stiefel aus! Klopstock sagt: Du, der Du weniger bist als ich und dennoch mir gleich, nahe Dich mir und befreie mich, Dich beugend zum Grunde unserer Allmutter Erde, von der Last des staubbedeckten Kalbfells!» Das Beispiel zeigt sehr schön, wie man ein und dasselbe Thema auf gänzlich verschiedenen Stilebenen abhandeln kann. Der krasse Gegensatz lässt zugleich aber auch die Unangemessenheit von Klopstocks übertrieben feierlichem Ton und damit seinen stilistischen Fehlgriff deutlich werden: ein eklatantes Missverhältnis zwischen banalem Gegenstand und hohem Sprachstil – so wie es nach einem bekannten Lessing-Wort unangemessen wäre, über Flöhe in erhabenem Stil zu schreiben.

Wenn im Vorherigen die wiederholte Verwendung musikalischer

Metaphorik aufgefallen sein mag: sie hat ihren guten Grund. Ein gekonnter Sprachstil, von Sprachkunst nicht zu reden, erzeugt im harmonischen Zusammenspiel von Klangwirkung und rhythmischer Bewegung eine Eleganz des Sprachflusses, die sich mit der Melodienführung eines Musikstücks vergleichen lässt. Nicht von ungefähr lesen wir also bei einem so sprachsensiblen Dichter wie Hermann Hesse:[54] «Und die Musik, ganz besonders die Musik der Prosa, ist eines der wenigen wahrhaft magischen, wahrhaft zauberischen Mittel, über welches auch heute noch die Dichtung verfügt.» Nicht allein Gedichten, was uns wohl noch am ehesten plausibel erscheinen mag, eignet mithin diese innere Musikalität, sondern auch guten Prosatexten. Sie manifestiert sich in klangvoller Lautgebung, rhythmisch pulsierender Satzgestaltung und harmonisch gegliederten Textabläufen, die insgesamt eine unverwechselbare Sprachmelodie ergeben. Ihre farbige, lebendige Ausdruckskraft ist Musikalität: Sprache für «das *dritte* Ohr», wie Nietzsche dieses feinnervige Stilgespür umschrieben hat. Wer es besitzt, dem werden sich im scharfen Hinhören auf jene Sprachmelodie auch alle Ober- und Untertöne des Textes erschließen, die – über das schwarz auf weiß Ausgedrückte hinaus – nur Anklänge, Andeutungen oder Anspielungen hörbar machen: die hohe Kunst des «Lesens zwischen den Zeilen».

4. Eine Stil-Symphonie ohne Paukenschlag

> Ob Dur oder Moll, Trommelwirbel oder Paukenschlag, Flötenklang oder Trompetenstoß – je nach seinem Stoff wird der Autor sich so oder so entscheiden, und legt er damit seinen Lesern die Schlinge um den Hals, so hat er recht.
>
> *Wolf Schneider*[55]

Der Stoff, aus dem ein Text gemacht wird, ist von eigener Art: Man hört ihn, sieht ihn, erfährt oder liest ihn, weiß ihn ... Alle Einzelheiten, die man auf diese Weise findet – sofern man sie nicht *erf*indet – ergeben zusammengenommen ein zunächst wirr erscheinendes Konvolut von Fakten, Ideen, Argumenten usw., das Zweifel aufkommen lassen kann, wie daraus jemals eine straffe Gedankenordnung und Textgliederung werden soll. Das aber ist von höchster Wichtigkeit: Stilistische Kunst äußere sich nicht erst in den Formulierungen des Autors, sie könne schon in der Anlage seiner Arbeit stecken, ihrem Aufbau, in ihrer Gliederung, meint Alfred Behrmann: «Wer Stil von Grund her verstehen will, kommt ihm hier zuerst auf die Spur.»

Es ist wahrhaftig keine leichte Aufgabe, das anfangs eher verworrene Knäuel unserer Vorüberlegungen in einen geraden Textstrang zu verwandeln, den obendrein sogar der berühmte rote Faden einer durchgängigen Grundidee durchzieht. Die Linearität aller Sprache – der gesprochenen als einer Folge von Lauten, der geschriebenen von Buchstaben – bewirkt eine Zwangslage: Der im Kopf simultan vorhandene Gedankenkomplex muss sukzessiv, also in einem Nacheinander geordneter Denk- und Sprachschritte, zum Text verarbeitet werden. Bevor es dazu kommt, ist aus der Fülle des Stoffes eine sinnvolle Auswahl zu treffen: Wichtiges gehört zu den Leitgedanken, Nichtiges in den geistigen Papierkorb – die sprichwörtliche Beschränkung, in der sich erst der Meister zeigt. Auf diese Weise entsteht zunächst einmal, was als Grunderfordernis jedes guten Textes gelten kann: Ordnung und Klarheit.

Die Umsetzung der nunmehr geordneten Gedanken in ebenso klare Formulierungen hat vor Jahren ein bekannter Germanist, zwar nur das Wortverständnis betreffend, doch ohne weiteres auf Textgestaltung und Textverstehen übertragbar, sehr sinnfällig dargelegt:[56] «Die Kunst aber, unzweideutig klar zu sprechen oder zu schreiben, besteht darin, Wörter und Wendungen so zueinander zu fügen, daß sie sich gegenseitig eindeutig machen, daß sie den Hörer und Leser zwingen, jeden Ausdruck nur im gewollten Sinn aufzufassen.» So ist für die Stillehren denn auch die zur Pflicht des Schreibers erhobene Klarheit weniger diejenige logischer Denkgesetze als vielmehr Eingängigkeit und Verständlichkeit, Schlüssigkeit und Überzeugungskraft im Fortschreiten des Textes. Es geht ja um sein Verstehen durch den Leser, der sich auf genau umgekehrtem Weg aus der Abfolge der einzelnen Gedanken und Formulierungen wieder eine komplexe, sinnvolle Gesamtvorstellung bilden muss. Von der Aufmerksamkeit und dem stilistischen Einfühlungsvermögen ebendieses Lesers hängt es somit ab, ob er beispielsweise ein Wortspiel erkennt, Metaphern nachvollzieht, die Ironie einer Äußerung durchschaut oder dies alles übersieht.

Ein vergleichender Blick auf ein ähnliches Phänomen bildlicher Darstellung: Im Falle jener raffinierten Doppelperspektiven des niederländischen Graphikers und Zeichners Maurits Cornelis Escher ist darauf hingewiesen worden, es gebe «Betrachter, die die Merkwürdigkeit nicht bemerken, und andere, die nur eine Verwirrung spüren und sich abwenden.» Auf der folgenden Seite zur eigenen Anschauung Eschers Holzschnitt ‹Tag und Nacht› (1938).[57] Wie in diesem Fall der Bildbetrachter, so ist es bei der sprachlichen Rezeption der Leser, der eigentlich erst selber den Stil schafft – oder auch nicht schafft. Zwar führt der Schreiber den Leser durch seinen Text, aber dieser Text ist letztlich nur so gut und wirkungsvoll, wie ihn der Leser versteht!

Die Figur des Lesers gilt es folglich stets klar vor Augen zu haben, da er allein über Erfolg oder Misserfolg unseres Schreibens entscheidet. Ihn im wahrsten Wortsinn zu «fesseln», wie Kurt Tucholsky das fürs Buch fordert, hat für alle Formen anspruchsvollen Schreibens Geltung:[58] «Das Richtige ist: das intensive Buch. Das Buch, dessen Autor dem Leser sofort ein Lasso um den Hals wirft, ihn zerrt, zerrt und nicht mehr losläßt – bis zum Ende nicht, bis zur Seite 354.» Wenn ein Text wirklich fesseln soll, dann sagt uns schon der gesunde Menschenverstand, dass dies schwerlich mit einer trockenen Gliederung gelingen wird, die bieder Punkt für Punkt abhakt – nein, dieser Text muss nach allen Regeln der Stilkunst «komponiert» sein. *Komposition* (abermals ein Begriff aus der Tonkunst) bedeutet, die einzelnen Gestaltungselemente werden gemäß der Gestaltungsabsicht, unserer Stilperspektive, zu einem sinnvoll oder sogar kunstvoll konzipierten Textganzen gruppiert. Dass es dabei kaum etwas Folgenreicheres gibt als den Anfang, ja den ersten Satz, wissen wir bereits und auch, dass sich jeder fesselnde Auftakt rechtfertigt, wie es das Motto beschreibt. Nicht weniger wichtig ist jedoch, den damit übernommenen Anspruch im Fortgang des Textes auch tatsächlich einzulösen. Der Hollywood-Filmboss Samuel Goldwyn soll seinen Drehbuchautoren ans Herz gelegt haben: «Mit einem Erdbeben beginnen und dann langsam steigern» – in Kleists Erzählung ‹Das Erdbeben von Chili›, da ist es buchstäblich so gemacht!

Wir erinnern uns an die dritte Dimension guten Stils: Steige-

rung und Spannung, die als Hauptingredienzien wirkungsvoller Textgestaltung in der Tat auch makrostilistisch für Eindruckskraft und Lesestimulanz sorgen. In fast allen Arten der Darstellung empfiehlt sich eine logisch fortschreitende, psychologisch steigernde Komposition der Einzelzüge im Blick auf das Textganze. Dabei kann die Gewichtung, abgesehen von den Erfordernissen der Textart, je nach persönlichem Naturell recht unterschiedlich ausfallen; denn zwei Stil-Seelen wohnen, ach! in jeder Brust: eine, die den realistisch-nüchternen Sachmenschen vertritt, und als sozusagen zweites Ich das des phantasievoll-kreativen Sprachmenschen. Normalerweise regelt die Logik oder jedenfalls das, was unsere Schulweisheit sich unter Logik vorstellt, in gedanklich-sprachlicher Folgerichtigkeit den inhaltlichen Fortschritt des Schreibakts. Im Sinne der Phantasie scheint es hingegen angeraten, über diese Normalität hinaus wieder einmal quer zu denken: Ein phantasievoller Text erhält seine Würze nicht zuletzt durch gewisse, die logischen Gesetzlichkeiten bewusst missachtende, ja ihnen widerstreitende Reizstellen. Wenn nämlich der logisch-verlässliche Weg tugendhafter Geradlinigkeit – «Schreibt doch geradeaus!» fordert ein Stillehrer – nur darin besteht, dass wir in allem, was wir reden und vor allem schreiben, immer folgerichtig und klar verfahren, gibt es dann für den verdrossenen Leser wohl etwas Langweiligeres als diesen Ochsentrott der Selbstverständlichkeiten?

Vorausgesetzt, die Art des Textes steht dem nicht entgegen, können gelegentliche Abweichungen sehr viel unterhaltsamer sein: zum Beispiel Aussparungen, die den Text buchstäblich auflockern, oder umgekehrt Exkurse, die den geraden Weg natürlich nicht in breiter, sinnloser Abschweifung, wohl aber zu einem kleinen, leserfreundlichen Seitensprung verlassen. Solche raffinierteren Formen der Darstellung lassen sich bei allen namhaften Prosaschriftstellern studieren, die ein ganzes Sortiment künstlerischer Kompositionstechniken bereithalten. Aber so löblich dieses Prinzip abwechslungsreicher Textgestaltung an sich ist, allzu mutwillige Kapriolen verbieten sich: Niemand wird seinen Leser ungestraft mittels dauernder Vor- und Rückgriffe, Einschübe oder Abschweifungen um immer neue Ecken hetzen, bis er in einem solchen Textlabyrinth den Ariadne-Faden des Verstehens völlig verloren hat – und schon gar nicht sollte er ihn unbedacht über geistige Trampelpfade, in

Sackgassen des Textes oder auf sonstige Irrwege führen: Gezielt falsche Fährten zu legen, gehört allein zum Handwerk des Kriminalschriftstellers.

Womit wir bei dem Stichwort «Spannung» wären. Die psychologischen Wirkelemente der Steigerung, die diese Spannung beim Leser letztlich erzeugt, bestimmen nachhaltig den Eindruck eines Textes. Praktisch bedeutet das, die Stimulanzmittel des Anfangs konsequent weiterzuführen und im Textfortgang leicht, aber stetig zu verstärken. Auch der Leser ist ja nur ein Mensch, der nach längerer Vertiefung in seine Lektüre dem Gesetz zunehmender Ermüdung von Sehnerven und Gehirnzellen unterliegt. Durch dieses Nachlassen seiner geistigen Spannkraft wird die dem Text gewidmete Aufmerksamkeit geringer, und dem sollten stärkere Anreize in der Darstellung entgegenwirken. Mit der Länge eines Textes werden infolgedessen die stilistischen «Attraktivmacher» immer notwendiger, ja entscheidend, um den Leser in Spannung zu halten: Das kann eine unvorhergesehene Wendung der Dinge sein, ein glänzender Gedanke oder eine brillante Formulierung, die für Überraschung sorgen und Wolf Schneiders nachdrückliche Forderung eines stilistischen Aha-Erlebnisses erfüllen.[59] Der so überraschte Leser sieht sich für seine Lesemühe entschädigt, er wird mit neuer Aufmerksamkeit weiterlesen – in die nächste Spannung hinein, dem nächsten «Aha!» entgegen.

Über dieses Wechselverhältnis von Aufmerksamkeit und Spannung hat bereits Wilhelm Scherer, einer der großen Geisteswissenschaftler des 19. Jahrhunderts, gehandelt: «Spannung, kann man sagen, ist der höchste Grad der Aufmerksamkeit, sie besteht in der Ungeduld, welche fragt: wie gehts weiter? Gewiß ist dann keine Gefahr, daß der Leser das Buch wegwirft»; von dieser handgreiflichen Spannung unterscheidet er «die edlere stille Aufmerksamkeit, das Gefesseltsein, welches doch nicht durch drastische Mittel bewirkt ist». Kurz, wohldosierte Spannung, die sich in maßvoller Überraschung löst, und behutsame Steigerung zum Schluss hin, das sind psychologisch motivierte Stilmittel, die jeden Text attraktiver machen. Denn auch der langweiligste Gegenstand gewinnt durch eine gekonnte, fesselnde Form seiner Darbietung, versichert uns Arthur Schopenhauer, bekannt als Philosoph des Pessimismus, ausnahmsweise einmal sehr optimistisch: «Wie behauptet wird, ein guter Koch könne sogar eine harte Schuhsohle genießbar herrichten, so kann ein guter Schriftsteller den trockensten Gegenstand unterhaltsam machen» – die dem zugrunde liegende Behauptung Voltaires hat weltweite Berühmtheit erlangt durch Charly Chaplins pantomimischen Nachvollzug in dem Film ‹Goldrausch› (1925).

Kommen wir zum Schluss. Fest steht, dass er als Letztes, das erfahrungsgemäß am ehesten im Gedächtnis haftet, einen bleibenden Eindruck bewirken kann – wenn er wirkt. Und gleich dem ersten Satz am Anfang ist es am Schluss oft der letzte, der entscheidet. Wie sich dort einleitende Zitate hoher Beliebtheit erfreuen, so auch hier am Ende zugespitzte Formulierungen, eigene oder fremde, sei es in Form geistvoller Aperçus, Bonmots, Aphorismen, Sentenzen oder anderer Zitate – all dies Kunstmittel gelungener Textabrundung. Bei besonderem Witz solcher Zuspitzung sprechen wir von einer Pointe, die freilich nicht für alle Texte statthaft oder auch nur angebracht ist. Was heißen soll, dass Schlussformulierungen keineswegs immer mit einem sprachlichen Knalleffekt enden müssen: Eine gut komponierte Stil-Symphonie braucht nicht zuletzt den Paukenschlag! Trotzdem ist immer ein deutlich markiertes Ende nötig; denn ein Text, der unvermittelt abbricht, hinterlässt ebenso ratlose wie unbefriedigte Leser. Doch wie immer, als exquisites Kunstmittel gibt es auch den «offenen Schluss» literarischer Werke, der durch seinen in der Schwebe bleibenden Ausgang Fragen, Weiterdenken, Auseinandersetzung provozieren will. Friedrich Nietzsche hat, in bewusster Überspitzung dieses Prinzips, eines seiner Werke (‹Morgenröte›, 1881) in einer höchst offenen Frage auslaufen lassen:[60] «Oder, meine Brüder? Oder? –» Eine spätere Bemerkung zeigt übrigens, wie stolz er darauf war: «Dies Buch schließt mit einem ‹Oder?› – es ist das einzige Buch, das mit einem ‹Oder?› schließt…»

Aufs Ganze gesehen, entpuppt sich der Text als ein ebenso vielförmiges und buntes wie modegerechtes Sprachgewebe. Doch auch die textilen Gewebe, um unsere Analogie abzurunden, entsprechen ja in Zuschnitt, Musterung, Farben usw. den Kleidungsgewohnheiten und dem gerade herrschenden Geschmack, eben der «Mode» ihrer Zeit. Modische Muster und Farbgebung betreffen das äußere Erscheinungsbild, der Zuschnitt ist dagegen eine Frage der Form. Nicht anders nimmt der Sprachtext im großen Wurf seiner kompositorischen Formgebung makrostilistisch Gestalt an, und diese erfährt ihre Ausführung durch die Mikrostruktur von Wörtern und Wendungen, Sätzen und Satzsequenzen. Mit anderen Worten: wir wechseln nunmehr von der «Adlerperspektive» des Textes insgesamt zur nicht minder interessanten «Froschperspektive» seiner Einzelheiten, und da gilt unser Augenmerk als Erstes dem Satz.

Drittes Kapitel
Die Syntax als Metrum der Prosa

> Wenige schreiben, wie ein Architekt baut,
> der zuvor seinen Plan entworfen und bis
> ins Einzelne durchdacht hat; – vielmehr die
> Meisten nur so, wie man Domino spielt...
> Kaum daß sie ungefähr wissen, welche Ge-
> stalt im Ganzen herauskommen wird, und
> wo das Alles hinaus soll.
> *Arthur Schopenhauer*[61]

Satzbau ist Spracharchitektonik. Schopenhauer kritisiert, dass nur
wenige schreiben, wie ein Architekt baut; dem Dilettanten fehle
eben die erschaffende, bildende, konstruierende Kraft der «Architektonik im höchsten Sinne», meinte Goethe. Doch werden wir,
mit den Worten eines Schweizer Gegenwarts-Schriftstellers, kon-
kreter: «Ein Architekt, der ein Haus bauen will, ... beginnt bei der
Idee, der Vorstellung, wie das Haus als Ganzes in der Landschaft
erscheinen soll. Dann zeichnet er vielleicht mit ein paar Strichen
den Umriss, und erst zum Schluss befasst er sich mit den Einzelheiten, den Fenstersimsen, Wasserleitungen, Treppengeländern.
Genauso ist es beim Schreiben eines Textes.» Und genauso haben
wir im vorigen Kapitel das Wesen des Textes beschrieben und eine
Gestaltungsstrategie entworfen.

Nun aber geht es darum, wie aus den Wörtern und Wendungen
als «Bausteinen» in konstruktiver Satzarchitektur ebenjenes «Bauwerk» des Textes entsteht. Der kleinste Rahmen, in dem sich die
Textbildung abspielt, ist der Satz. Die alten Griechen haben von
Syntax (wörtlich «Zusammenstellung, Ordnung») gesprochen,
dies schon ein Fachbegriff der antiken Grammatik, und die Entwicklung verläuft von der sprachrichtigen Verbindung der Wörter
im Satz zur heutigen Lehre vom Satzbau, wie sie uns allen seit
Schultagen vertraut ist. «Ein Satz ist die gedankliche Einheit sinnvoll aufeinander bezogener Wörter... Wer mit einem anderen
spricht, wer einen Brief schreibt, wer still für sich einen Gedanken
faßt, der spricht, schreibt oder denkt in Sätzen», illustriert Edith

Hallwass die zentrale Bedeutung des Satzes, wie sie auch sonst hervorgehoben wird.[62] «‹Am Anfang war der Satz› beginnt das Evangelium der Sprache», so Franz Thierfelder, ein Stillehrer der fünfziger Jahre, und Eduard Engel meinte, unter Rekurs auf den weltbekannten Ausspruch Buffons (S. 24 f.): «Der Stil ist der Mensch, der Satz ist der Stil, dann schon der Satz der Mensch.»

1. Was tun die Wörter miteinander im Satz?

> Nicht Kleider – ‹Wörter machen Leute›! Zweifellos hängen Treffsicherheit und Eleganz des Ausdrucks von jedem einzelnen Wort einer Äußerung ab. Die Wörter ihrerseits besitzen diese Eigenschaften aber nicht isoliert, sondern entwickeln sie erst im Rahmen der gesamten Äußerungssituation.
>
> *Willy Sanders*[63]

Durch die Brille des Sprachstatistikers gesehen, sind gut die Hälfte aller deutschen Wörter Substantive, ein knappes Viertel Verben und rund ein Achtel Adjektive. An die 90 Prozent unseres Wortschatzes entfallen demnach auf diese drei Haupt-Wortarten, und sie stehen nicht nur nach dem Gesetz der Zahlen an der Spitze, sondern auch unter dem Gesichtspunkt ihrer Leistung: Sie allein genügen, um zwar nicht gerade «schnittige», doch jedenfalls vollständige Sätze im Sinne grammatischer Korrektheit zu bilden. Das heißt jedoch nicht, die übrigen, weniger hochrangigen Wortarten (nach der Schulgrammatik Artikel und Pronomen, Zahlwörter, Adverbien, Präpositionen, Konjunktionen und Interjektionen) hätten nicht gleichfalls ihre Aufgabe im Sprachzusammenhang: Rein numerisch machen sie, und das ist die Kehrseite der Rechnung, immerhin mehr als die Hälfte der täglich von uns gebrauchten Wörter aus. Aber während die drei Grundwortarten die eigentlichen Bausteine liefern, mit deren Hilfe der Satzbau erstellt wird, sorgen jene «Kleinwörter» sozusagen als Verbindungsteile wie Fugen oder Mörtel mehr für Aufbau und Zusammenhalt des Ganzen. Auch sie sind folglich Sprachelemente, ohne die wir grammatisch nicht auskommen: Im Satz spielt jede Wortart ihre besondere Stil-Rolle.

Die Beziehungen in und zwischen Sätzen, ihre logische Verkettung, regelt eine eigene Wortart, die ‹Konjunktionen› («Bindewörter»). Aber mit ihnen ist das stilistisch so eine Sache: Nimmt man es mit der Satzlogik bitterernst, führt das häufig zu einer pedantisch-schwerfälligen Überlogisierung der Zusammenhänge. Wir kennen ja die schlichten Volkslied-Verse von den zwei Königskindern, die nicht zueinander kommen konnten: «Zwei Königskinder, obwohl dieselben einander sehr lieb hatten, konnten, weil das Wasser ein viel zu tiefes war, nicht zusammenkommen» – derart in «logische» Prosa umgeformt, ergeben sie steifstes Papierdeutsch und damit eine Todsünde wider den lebendigen Satzbau. Sprachpedanterie dieser Art wiegt schwerer als die eine oder andere Unzulänglichkeit, meinte schon Friedrich Theodor Vischer, ein angesehener Literat des 19. Jahrhunderts:[64] «Es kommt auf ein paar Nachlässigkeiten und Härten, auf ein Wärzchen nicht an, wenn nur der Satz rote Backen hat.»

Als besonders anfällig für eine konjunktionsreiche, komplizierte Formulierungsweise gilt die Sprache der Wissenschaft, weil sie nicht nur auf sachliche Exaktheit höchsten Wert legt, sondern diese oft auch noch in all ihren gedanklichen Differenzierungen nachvollziehen will. Handelt es sich, da viele Gelehrte anderer Nationen eleganter schreiben, um deutsche Gründlichkeit und somit um eine Eigenart unserer erdenschweren Mentalität? Dies jedenfalls hat bereits vor knapp anderthalb Jahrhunderten der ‹Quickborn›-Dichter Klaus Groth diagnostiziert: «Zwang und Mühe sitzen immer mit dem Deutschen an seinem Schreibpult, seine Sprache ist nie ganz wie gesprochen, seine Sätze reihen sich nicht leichthin aneinander, sie sind immer verkettet, verschlungen.» Und dies komme, äußerlich genommen, von unserem Überfluß an logisch bestimmten Konjunktionen, die Gründe zu denken bewirkten, wo keine nötig oder vorhanden seien, wodurch Gedanke und Rede schwerfällig würden. Seit den Tagen Groths hat sich in der deutschen Konjunktionen-Landschaft einiges verändert, nicht zuletzt ist ihre Zahl mit dem Rückgang des Gebrauchs abhängiger Sätze deutlich geschrumpft: So wird, immerhin bemerkenswert, ein stilistischer Kritikpunkt durch den Sprachgebrauch selbst korrigiert.

Schwerfälligkeit und Umstandskrämerei im Satz – wer wird da nicht sofort an einige Pronomen der sprachpedantischen Art denken? Das Pro-nomen («Fürwort»), seinem Namen nach der natürliche Stellvertreter des Nomens, meist also von Substantiven, hilft deren störende Wiederholung zu vermeiden. Nicht alle erfüllen diese Aufgabe jedoch in stilistischer Hinsicht gleich gut: zum Beispiel *derjenige – welcher*, ja schon *welcher* allein (auch nachgestelltes *als solcher*), nicht minder *derselbe, selbiger* oder *welchselbiger* gelten als altmodisch und steif, wenn nicht gar völlig unzeitgemäß. Lautet das Sprichwort etwa: «Derjenige, welcher anderen eine Grube gräbt, fällt selbst in dieselbe»? Die unwiderstehliche Komik solcher Pronominalformen haben Sprachkritiker seit langem aufs Korn genommen und Humoristen für ihre Zwecke genutzt; so der sich gegen übertriebene Derselberei richtende «amtsdeutsche» Sprachspott Bernt Engelmanns:[65] «In der Strafsache gegen die minderjährige *Ley,* Lore, wegen Transportgefährdung, konnte diesbezüglich ermittelt werden, daß die L. zur Tatzeit auffällig langes gelbblondes Kopfhaar und ebensolchfarbigen Kamm in Besitz hatte, und kämmte dieselbe dasselbe mit demselben...» Wer sich zu dem Bekenntnis genötigt sehen sollte: «Ich weiß nicht, was soll es bedeuten», der liegt ganz richtig mit der zwischenzeitlich allerdings in die Jahre gekommenen Lorelei Heinrich Heines.

Kaum weniger kritisiert und noch mehr gebraucht werden die nicht-eineiigen Zwillinge *ersterer – letzterer,* gegen die bereits Schopenhauer als sprachkritischer Philosoph gewettert hat:[66] «Die Deutschen verrennen sich in ihr Ersteres und Letzteres bisweilen dermaßen, daß man nicht mehr weiß, was hinten und was vorne ist.» Dabei verdankt dieses Paar sein Dasein dem an sich löblichen Drang nach Eindeutigkeit, insofern die Wortbezüge im Satz genauestens klargestellt werden. «Sprachkritik also und Sprachwissenschaft sind prinzipiell verschieden. Zu Recht hält sich die letztere aus der ersteren heraus», präzisieren Wissenschaftler in gleicher Weise wie Schriftsteller: «Sich verständlich zu machen und andere verstehen ist nicht dasselbe; wenigstens ist das letztere schwieriger als das erstere.» Ob man auf *der eine – der andere, dieser – jener* oder *erst-* und *letztgenannter* ausweicht, immer hat es Formulierungen von bestenfalls hölzernem Sprachcharme zur Folge. In diesbezüglichem Sinne zusammengefasst: Derjenige, welcher trotz allem selbige Ausdrucksweisen als solche für akzeptabel hält, sei hinsichtlich derselben an sein Stilgefühl verwiesen, welch letzteres zweifellos vom Gebrauch der ersteren abraten wird.

Neben den Konjunktionen spielt die Wortstellung im Satzrahmen eine nicht unwesentliche Rolle, das heißt, es kommt auf eine gezielte Platzierung der Satzglieder an. Dazu müssen wir genau wissen, was besonders betont werden soll: Das betreffende Satzglied stellen wir dann gemäß seiner Gewichtung an die Spitze des Satzes – oder an seinen Schluss. Anfang und besonders Ende sind die speziellen Tonstellen, die es erlauben, den Sachverhalt in unterschiedlicher Weise hervorzuheben. Gefühlsbetont Formuliertes steht meistens vorne, weil das die Eindringlichkeit natürlichen Sprechens, die «Ausdrucksemphase», am besten wiedergibt. Karl Valentin soll einmal gesagt haben, als er zur Verwunderung der Leute eine Brille ohne Gläser trug:[67] «Besser is schon wie gar nix» – mündlich expressiv? Der Kern einer verstandesmäßigen Äußerung rückt demgegenüber eher nach hinten, weil dadurch die Zielstrebigkeit einer Argumentation klarer hervortritt – der Satzschluss zugleich als Höhepunkt. Solch geschliffene Pointierung findet sich in vielen Aphorismen Lichtenbergs: «Wenn ein Buch und ein Kopf zusammenstoßen, und es klingt hohl – ist das allemal im Buch?» Grammatische Sprachbeschreibungen unterscheiden dementsprechend eine ‹Ausdrucksstellung› in der Spitzenposition und eine ‹Eindrucksstellung› am Satzende.

Jede Aussage lässt sich sprachlich in die Form eines Hauptsatzes (*der Tag brach an*), eines Nebensatzes (*als der Tag anbrach*) oder eines Präpositionalausdrucks fassen (*bei Anbruch des Tages*). «Posito, gesetzt den Fall», sagt Tucholsky: wenn wir die genannten Möglichkeiten ausgewogen im Text nutzen, ergibt das einen abwechslungsreichen, gewandten Satzbau. Die Sprachwirklichkeit sieht aber, wie so oft, anders aus. Aus welchen Gründen auch immer bevorzugen wir, ob unbewusst oder unserem Stilgefühl folgend, die eine oder andere dieser Formulierungsweisen, und jede solche Vereinseitigung kann unerwünschte Konsequenzen haben: Ein ausgeprägter Hauptsatzstil verfällt leicht in einfache, wenn nicht gar eintönige, ja manierierte Kurzsatzmuster (S. 70f.). Die Bevorzugung von Nebensatzbildungen nimmt einen womöglich komplizierten, überlogisierten Periodenbau in Kauf – unter ‹Perioden›, eigentlich kunstvoll gegliederte Satzgefüge, versteht man heute meist unter negativem Vorzeichen jene langen, verwickelten und weitschweifigen Satzgebilde, die schlimmstenfalls in einem «Schachtelsatz» gipfeln. Präpositionalausdrücke schließlich gehören mit weiteren Nominalbildungen und Funktionsverbgefügen zum hauptsächlichen Inventar des so genannten Nominalstils, der ebenso sehr ein leidiges Kapitel aller Sprachkritik wie in der Stillehre verpönt und daher Hauptthema des übernächsten Abschnitts ist. Bevor wir uns fragen, wie denn nun ein guter Satz aussehen soll, ein keineswegs überflüssiger Seitenblick:

Exkurs über Satzzeichen

> Von den Regeln der Interpunktion soll hier nicht die Rede sein, sondern von einigen Satzzeichen, die einen Text deutlicher gliedern und sein Verständnis erleichtern.
>
> *Theo Stemmler*[68]

Satzzeichen, so unscheinbar sie sind, können dennoch maßgeblich die äußere wie innere Ordnung des Satzbaus gewährleisten und für die nötige Klarheit sorgen. Gliedern nämlich Kapitel, Abschnitte, Absätze und andere Unterteilungen den Text im Großen, so legt die ‹Interpunktion› (eben die Zeichensetzung) im Kleinen nicht nur den grammatischen Aufbau der Sätze fest, sondern auch die Sinnabschnitte und Sinnbezüge innerhalb des Satzes und zwischen Satzsequenzen. Kurz, Satzzeichen sind unschätzbare Signale, die ein glattes Verstehen erleichtern und vor allem unsere Ausdrucksabsichten deutlich machen. Kein Wunder, wenn wir von namhaften Schriftstellern hören, wie sehr sie um Punkt und Komma gerungen haben.[69] Ihm liege auch dreißig Jahre nach seinem Tod «mehr an einem Komma, das an seinem Platz steht, als an der Verbreitung des gesamten übrigen Textes», hat Karl Kraus einmal angemerkt, und Kurt Tucholsky spricht von der «Schriftstellerkrankheit» der «Korrektur-Masern», dass «aus einem Semikolon ein Komma und wieder ein Semikolon und aus einem Ausrufungszeichen ein Punkt gemacht» werden.

Die Kunst des Schreibens bedarf einsichtigerweise gewisser Ersatzmittel, um spezielle Ausdrucksmöglichkeiten des gesprochenen Wortes auch in der Schrift sichtbar zu machen, als da sind Pausen, Betonung, Stimmführung, Lautstärke und mehr. Geschriebenes lässt sich allenfalls zur optischen Hervorhebung unterstreichen (im Druck auch Fettbuchstaben oder Sperrung) – was für ein plumper Ausweg, meint Nikolas Benckiser: «Wortwahl, Wortstellung und Fügung des Satzes, das sind die legitimen Mittel, mit denen der gleichmäßige Fluß der geschriebenen Worte dem Lesenden den Inhalt nahebringt.» Hier hat nun auch die Strukturierung durch Satzzeichen ihren Platz. Wie sehr diese inhaltliche Veränderungen bewirken, ja zu völliger Sinnentstellung führen kann, demonstriert der folgende Satz mit seinen mehrdeutig «verrückten» Kommas:

Plötzlich stand ein Mensch vor mir auf dem Kopf, einen steifen Hut an den Füßen, zerrissene Schuhe in der Hand, einen dicken Stock im Mund, eine erloschene Zigarre in finsteres Schweigen gehüllt.

Aber im Ernst, es soll tatsächlich Schulaufsätze geben, in denen nach Zufallsprinzip oder gefühlsmäßiger Einschätzung gewisser Abstände, innerhalb derer bestimmte Satzzeichen aufzutreten pflegen, die Punkte und Kommas wahllos über den Text gestreut sind.

Im Blick auf die Satzgliederung empfehlen sich über den korrekten Gebrauch unserer Haupt-Satzzeichen hinaus einige Feinheiten der Zeichensetzung. Beachtung verdient besonders der von Justus Georg Schottel im 17. Jahrhundert als *Strichpünctlein* für das zugrunde liegende, schon antike ‹Semikolon› ins Deutsche übernommene Strichpunkt, der neuerdings von Wolf Schneider als «intellektuell» (und somit negativ) eingestuft worden ist – wahrlich ein Satzzeichen für Kenner! Indem der Strichpunkt zwei selbstständige und doch in engerer Beziehung zueinander stehende Aussagen gleichzeitig trennt und verbindet, das heißt schärfer als ein Komma, aber nicht so scharf wie ein Punkt unterbricht, wird er bildlich zur Taille eines Satzkörpers mit Ober- und Unterleib: «Manche Leute braucht man nicht zu parodieren; es genügt, daß man sie zitiert», ein Beispiel von Robert Neumann.[70]

Dramatischer untergliedert der einfache Gedankenstrich. Ohne den Satzzusammenhang strikt abzubrechen, erlaubt er die überraschende Sinnwendung: «Im Anfang war das Wort – am Ende die Phrase» (Stanislaw Jerzy Lec).[71] Weil eingestandenermaßen nicht jeder Satz voller Überraschungen steckt, verbietet sich die übertriebene Anwendung von selbst: «Je mehr Gedankenstriche in einem Buch, desto weniger Gedanken», schulmeisterte Schopenhauer, sarkastisch wie immer, und sein gelehriger Schüler Eduard Engel versäumte nicht hinzuzufügen, übermäßiger Gebrauch von Gedankenstrichen gelte den Irrenärzten als «Anzeichen krankhafter Schreibwut». Der Gedankenstrich kann auch unvermittelte Abbrüche oder Auslassungen im Text markieren. Von dieser Art ist einer der spektakulärsten Gedankenstriche der Weltliteratur, er steht in Heinrich von Kleists Novelle ‹Die Marquise von O...›. Bei der Erstürmung einer Zitadelle durch russische Truppen, so wird dort berichtet, eilte ein Offizier der arg bedrängten Marquise zu Hilfe:

> Er stieß noch dem letzten viehischen Mordknecht, der ihren schlanken Leib umfaßt hielt, mit dem Griff des Degens ins Gesicht, daß er, mit aus dem Mund vorquellendem Blut, zurücktaumelte; bot dann der Dame, unter einer verbindlichen, französischen Anrede den Arm, und führte sie, die von allen solchen Auftritten sprachlos war, in den anderen, von der Flamme noch nicht ergriffenen, Flügel des Palastes, wo sie auch völlig bewußtlos niedersank. Hier – traf er, da bald darauf ihre erschrockenen Frauen erschienen, Anstalten, einen Arzt zu rufen ...

Der Gedankenstrich signalisiert eine höchst kunstreiche Aussparung: In dieser «Leerstelle» muß das Ungeheuerliche geschehen sein, das die Marquise alsdann in den Zeitungen nach dem Vater ihres Kindes suchen lässt, dem Urheber also jener mysteriösen Umstände, deren Aufklärung im weiteren Verlauf der Erzählung folgt.

Bleibt noch die Wunderwaffe unserer Zeichensetzung: der Doppelpunkt. Am ehesten, weil üblicherweise, erwartet man ihn vor wörtlicher Rede, Aufzählungen oder Beispielen. Doch als hochgradig stilistisches Satzzeichen ermöglicht er auch den konjunktionslosen Anschluss von Begründungen, Folgerungen, Verdeutlichungen usw., womit er umständliches *nämlich, das heißt, wie folgt* oder ganze Nebensätze überflüssig macht. Aber immer noch nicht genug: Der Doppelpunkt sorgt zudem, als Vorbereitung eines Überraschungseffektes, für Spannung im Satz. «Es gibt nichts

Gutes, | außer: ...» – so beginnt ein gern zitiertes Verspaar Erich Kästners.[72] Nicht nur schlichte Neugier veranlasst uns zu der Frage, was denn dieses Gute wohl sein werde; vielmehr ist es der Doppelpunkt an ungewohnter Stelle, der unsere Erwartung bis zur Hochspannung steigert: «... außer: Man tut es.» Noch um einen Tick wirkungsvoller, aus dem einfachen Grund, weil keine Erwartung aufgebaut wird und die Pointe daher um so unvermittelter kommt, kann übrigens der einfache Punkt sein. Und zwar meist vor einem eindrücklichen Kurzsatz, oft nur Satzfragment. Nochmals Kästner, der in seinem Gedicht ‹Pädagogik spaßeshalber› den Paradefall deutscher Rechtschreibkunst beschwört: «... ein schwieriges Diktat. Mit Das und Daß.»

Doch zurück zu der Frage, wie ein guter Satz aussehen soll. Die Schwierigkeit, sie zu beantworten, verdeutlicht uns ein launiger Walter Jens am Beispiel des geplagten Schreibers: «Läßt er Parataxen kolonnenweise aufmarschieren, heißt es: der schreibt aber hölzern, der Mann, ein Hemingway- oder Wolfgang-Borchert-Epigone wahrscheinlich. Schwelgt er hingegen in ciceronianischen Perioden, glänzt (oder versucht zumindest zu glänzen) mit Hypotaxen der Hypotaxen, sagen die Kritiker: epigonal und maniriert (oder das Allerschlimmste: elegant). Tut er aber weder das eine noch das andere, ... dann lautet das Urteil: Dieser Mensch hat überhaupt keinen Stil.»

2. Der moderne Nominalstil

> Viele Verben im Text gilt allgemein als guter Stil. Verben machen den Text lebendig, als Prädikate geben sie dem Satz eine klare Gliederung. Dagegen gilt es als Stil-Krankheit, wenn man zu viele Substantive verwendet, besonders wenn man Verben zu Substantiven macht.
>
> *Hans Jürgen Heringer*[73]

Was die Rangfolge der Wortarten angeht, so galten im Altertum nicht die Substantive als die privilegierten «Hauptwörter» – dies eine folgenreiche Begriffsfindung Johann Christoph Gottscheds, bekannt als «Literaturpapst» der Aufklärung, der aber auch die deutsche Schriftsprache zu regeln versuchte. Vielmehr waren dies die Tätigkeitsbezeichnungen: lateinisch *verbum*, Verb (das etymologisch unserem *Wort* entspricht), bedeutete ursprünglich schlicht, aber umfassend «Wort, Rede». Die Wichtigkeit des Verbs auch für den heutigen Sprachgebrauch steht außer Frage. Ein bekannter Stillehrer hat es «das Rückgrat des Satzes» genannt und gefordert: Verben, Verben, Verben! Tatsächlich machen sie unseren Ausdruck lebendiger, farbiger, anschaulicher. Sieht und hört man nicht förmlich in Schillers Ballade ‹Der Taucher› den gischtigen Wogenstrudel? – «Und es wallet und siedet und brauset und zischt...» Nach wie vor besteht die stilistische Forderung, Vorgänge oder Handlungen wann immer möglich in sinnkräftige Verben zu kleiden, und doch hat sich mit diesen Tätigkeitswörtern in der modernen Sprachentwicklung etwas getan. Das Verb ist, abermals bildlich, «technifiziert» worden: vom «Rückgrat» zur «Schaltstelle» des Satzes!

Es gibt zum Beispiel wenig Einfallsloseres, als einen Satz anzufangen: «Es gibt...» Das ist keine Verbform mit Sinn, sondern allenfalls ein Zeichen, dass nun eine Angabe oder Aufzählung folgt – gewissermaßen der in Sprache gefasste Doppelpunkt. Dennoch *gibt es* kaum einen längeren Text, in dem diese Formel nicht vorkäme, keine Schriftsteller, die ihr vorsätzlich aus dem Wege gingen, nicht einmal Sprachkritiker, die sie erzürnt in Acht und Bann getan hätten. Wie erklärt sich solch allseitige Duldung, um nicht modewörtlich von *Akzeptanz* zu sprechen? Allein aus Egoismus der Schreibenden, weil diese Kurzformel so einfach zu handhaben ist, oder aus purer Leserfreundlichkeit, da sie ebenso mühelos verstanden wird?

Letztlich dürfte der Grund ein anderer sein: «es gibt» dient lediglich als verbale Schaltstelle für die anschließbaren Satzglieder, meist nominale Ausdrücke. Darin liegt seine Aufgabenzuweisung, seine ‹Funktion› im Satz, und darin auch ist es jener Gruppe von Tätigkeitswörtern vergleichbar, die man deswegen sprachwissenschaftlich als ‹Funktionsverben› bezeichnet: *kommen, bringen, stehen, stellen, erfolgen, durchführen* und andere, insgesamt kaum mehr als ein, zwei Dutzend. Diese Funktionsverben – ein exklusiver Kreis, der die Ausdrucksformen unserer Gegenwartssprache auffällig prägt – kommen trotz eines starken Rückganges des Verbgebrauchs im Allgemeinen um so häufiger vor. In ihrer Bedeutung äußerst blass, fast nichts sagend, steuern sie als verbaler Kern nur noch die syntaktische Konstruktion des Satzes.

Wer Sätze solch modernen Zuschnitts näher unter die Lupe nimmt, wird bald *feststellen* oder vielleicht auch *zu der Feststellung gelangen,* dass dieser verbale Kern, um im Bild zu bleiben, oft eine «Kernspaltung» erfährt: Heute wird nur noch selten einfach *ausgedrückt,* vielmehr *bringt* man *zum Ausdruck* oder es *kommt zum Ausdruck.* Wer jedoch etwas «zum Ausdruck bringt», der *bringt* nichts, sondern *drückt aus,* und was «zum Ausdruck kommt», das *kommt* ebenso wenig, vielmehr *wird* es *ausgedrückt.* Der offensichtliche Tatbestand: Ein ursprüngliches Vollverb teilt sich auf in ein vom Verb abgeleitetes Substantiv (‹Verbalsubstantiv›), das den Sinn trägt, und ein nur noch formal-syntaktisch wirksames Funktionsverb. Wortehen dieser Art, fachlich ‹Funktionsverbgefüge› oder ‹Funktionsverbformeln› genannt, werden von unseren Stillehrern mit Schimpf und Spott übergossen. Nachdem er all die *sich ins Benehmen setzen, in Erwägungen eintreten, zur Erledigung bringen* usw. anzüglich kritisiert hat, bläst Ludwig Reiners zur Schlussattacke:[74] «Und wer diesem Wortschwall nicht zustimmt oder vielmehr nicht seine Zustimmung gibt, wer widerspricht, nein Widerspruch erhebt, der kann eben nicht, der sieht sich außerstande, das Problem zu lösen, die Lösung in Angriff zu nehmen und beweist schließlich, Verzeihung: stellt unter Beweis die Richtigkeit des Wortes: ‹Getretener Quark | wird breit, nicht stark›» – Goethe (muss man wissen). Drastischer noch als die Reiners'sche Ironie wirken sinnreich erfundene Beispiele wie der wahrhaft geflügelte Satz: «Das Huhn führte die Legung eines Eies durch.»

Jene «Streckverben», wie Reiners sie getauft hat, bilden im Deutschen eine seit Jahrhunderten bekannte und oft gerügte Erscheinung. Die Sprachkritik von Wustmann bis Weigel, die traditionellen Stillehren, schließlich auch – vor allem in den sechziger Jahren – die deutsche Sprachwissenschaft haben sich des Themas intensiv angenommen. Einig ist man sich, dass unnötige, weil durch das einfache Verb genauso gut (und dann natürlich besser) ausgedrückte Funktionsverbfügungen stets umständlich, aufgebläht, gespreizt erscheinen. Dass eine Tätigkeit *durchgeführt wird* oder *erfolgt,* mag noch leidlich hingehen; wenn aber deren *Durch-*

führung erfolgt, bringt das in jedem Fall schlechtes Deutsch *zur Zeitigung*: «Nach erfolgter Inaugenscheinnahme des Unfallobjekts wurde die Durchführung allfälliger Schadensbehebungsmaßnahmen in die Wege geleitet» (aus der Zeitung).

Indes bleibt die simple Schwarzweißzeichnung der Sprachkritik, wie so oft, einseitig. Wenn man mit einem Menschen *in Verbindung tritt, steht, bleibt* usw., werden damit wechselnde Aspekte der verbalen Handlung gekennzeichnet (fachlich spricht man von ‹Aktionsarten›). Diese unterschiedliche Akzentuierung des Vorgangs verleiht dem Ausdruck eine Geschmeidigkeit, die das Verb *verbinden* selber nicht aufbringt. Vielfach haben solche geläufigen Funktionsverbformeln, sei es in fester Wendung oder als Fachausdruck, längst schon eine eigene, nicht mehr zu ignorierende Bedeutung angenommen. Redensartliches *in die Quere kommen* etwa, recht sinnfällig, lässt im Vergleich mit einfachen Entsprechungen wie *stören, hinderlich sein* usw. an Anschaulichkeit gewiss nichts zu wünschen übrig. Oder wenn ein Professor seine *Vorlesung hält*, besteht diese akademische Lehrveranstaltung hoffentlich nicht darin, dass er buchstäblich *vorliest*. In anderen Fällen ist der Nominalausdruck kaum zu vermeiden: Wie sollte man *zum Lachen bringen* wohl anders wiedergeben, etwa durch *lachen machen*? «Der Kasus macht mich lachen», kann Faust auf der Theaterbühne sagen – täten wir das im Sprachalltag, wäre es in der Tat für unsere Mitmenschen ein Fall zum Lachen.

Alles wäre nur halb so schlimm, wenn diese Funktionsverbgefüge nicht im Verein mit so genannten Augenblickskomposita (darüber mehr im folgenden Wort-Kapitel) und weiteren ‹Nominalisierungen› in Attributreihungen, Präpositionalfügungen usw. wesentlich zum heftig umstrittenen Nominalstil unserer Gegenwartssprache beitrügen. Unter Nominalisierungen versteht man substantivierte, in einen Nominalausdruck umgewandelte Satzteile anderer Wortarten. Ihr Kennzeichen ist es, dass sie erstens häufig an die Stelle früherer Nebensätze treten, diese somit zum Satzglied reduzieren, und sich zweitens zu umfänglichen Nominalkomplexen auswachsen können: «... mittels Zurückführung einer Vielzahl sich selbständig entfaltender Teilphänomene auf ihre gemeinsame Wurzel», heißt es in einem wissenschaftlichen Text, wo früher wohl viele Teilphänomene, die sich selbständig entfalten, auf ihre gemeinsame Wurzel zurückgeführt worden wären. Auf diese Weise kommt eine sachliche, verknappende, von abstrakter Begrifflichkeit geprägte Formulierungsart zustande, eben der Nominalstil, der in der Verbindung von sprachökonomischer Kürze, begrifflicher Präzision und gedanklicher Abstraktion insgesamt eine erhebliche Informationsverdichtung bewirkt: Möglichst viel Information in möglichst wenig Worten.

Der Nominalstil beschränkt sich übrigens in seiner Entwicklung seit dem 18. Jahrhundert weitgehend auf bestimmte Bereiche des öffentlichen Sprachgebrauchs: auf Rechts- und Gesetzestexte, die neuere Amts- und Verwaltungssprache sowie das wissenschaftliche Schrifttum. Er strebt dort eine klare, zweckorientierte und zeitgerechte Sachinformation an. Sowenig der von sprachkritischer Seite positiv eingeschätzte Verbalstil sich immer «flüssig» präsentiert, in verschlungenem Nebensatzgestrüpp wohl eher zähflüssig, muss der Nominalstil in seiner negativen Bewertung stets «lupenrein amtsdeutsch» sein. Weil allerdings substantivische Ausdrucksweisen darin stark vorherrschen und so die «anschaulichen» Verben, finite Verbformen und Nebensätze zurückgedrängt werden, also all das, was den Verbalstil ausmacht, wird der Nominalstil von Sprachkritikern und Stillehrern unisono als «Substantivitis, Hauptwörterei, Papierdeutsch» verunglimpft, und er gilt ihnen als ein Hauptmerkmal des Sprachverfalls in unserer Gegenwartssprache.

3. «Hauptsätze. Hauptsätze. Hauptsätze.»

> Der Wechsel von Satzarten und von kurzen und langen Sätzen ermüdet am allerwenigsten, wirkt am lebendigsten und wird den verschiedenen Gedanken, die man vorbringen will, am besten gerecht.
> *Wilfried Seibicke*[75]

Mit dem Nachdruck seines ganzen Formulierungsgeschicks hat Kurt Tucholsky Hauptsätze gefordert, dies umso ernsthafter, als er im Gegenstück seiner vor Ironie triefenden ‹Ratschläge für einen schlechten Redner› genau umgekehrt zu schön ineinander geschachtelten «langen, langen Sätzen» rät.[76] Aber jenes in der Überschrift zitierte dreimalige «Hauptsatz» Punkt, das seine Forderung augenfällig demonstrieren soll, lässt sogleich den Pferdefuß erkennen, der diesem Stileffekt wie sein eigener Schatten folgt: Wenn ein Satz wie der andere gebaut wäre, und dann noch in solcher Kürze – welch eine Monotonie!

Trotzdem entspricht der kurze, einfache, straffe Satz offenkundig den Idealvorstellungen der neueren Stillehre. Gemäß unserer menschlichen Veranlagung, immer «nur einen Gedanken zur Zeit deutlich denken» zu können, wie Schopenhauer mit der ihm eigenen Prägnanz hervorgehoben hat, wird daraus eilends die Regel hergeleitet: «Ein Gedanke – ein Satz!» Folgerichtig empfehlen Stilautoritäten wie Ludwig Reiners, «keine langen Sätze» und «nicht zu viele Nebensätze» zu bilden, oder Wolf Schneider mahnt fast beschwörend: «Macht eure Sätze kürzer!» Dazu lässt er es nicht an dem praktischen Rat fehlen, den «Kraken» in Stücke zu schlagen, falls man sich in der eigenen Syntax verfangen habe, und aus jedem einen selbstständigen Satz zu formen. Bedeutet so verstandene Kürze eine probate Lösung aller deutschen Satzprobleme?

Alfred Kerr, renommierter Berliner Theaterkritiker (vor 1933) und bekannt für seinen typischen Kurzsatzstil, hat diese zweifellos originelle Schreibweise einmal vor Quartanern erläutert. Hier zunächst sein als Vorlage benutzter «scheußlicher Satz», der in der Tat eine Reihe grober Stilschnitzer enthält. Doch mit Verlaub, des Meisters folgende Umformulierung klingt für unsere Ohren auch nicht sonderlich meisterhaft, eher gekünstelt.[77] Vergleichen wir:

Der von uns bei der bekanntlich weit und breit berühmten Firma Schulze vorgestern morgen für hundert Mark gekaufte Koks brennt, obgleich es sogenannter Schmelzkoks ist, nicht.

Wir haben vorgestern Koks gekauft. Für hundert Mark. Bei der Firma Schulze. Die ist weit und breit berühmt. Der Koks ist auch sogenannter Schmelzkoks. Aber er brennt halt nicht.

«Manier im schlimmsten Sinne» nennt Eduard Engel das. Ähnlich preziöse Kurzsatzmuster finden sich auch sonst gelegentlich bei gesucht schreibenden Literaten oder Journalisten, besonders aber Aufmerksamkeit provozierenden Werbetextern. Theo Stemmler nennt «eine karikaturenhafte Übertreibung syntaktischer Kürze» als auffälligstes Merkmal heutiger Werbesprache, und die Werbung verwende so nicht nur Modisches, sondern treibe es auf die Spitze. Aber wie immer, stilistisch ist alles möglich: «Die Koffer. Der Träger. Ein Wagen. Hotel. Guten Tag. Stockholm» – die stichwortartige, wie eine knapp hingeworfene Notiz wirkende Beschreibung einer Ankunft in Schwedens Hauptstadt. Von Kurt Tucholsky. Für andere weniger empfehlenswert. Jedenfalls nicht gehäuft. Von Zeit zu Zeit sinnvoll eingestreut, sind elliptisch verkürzte Formulierungen gleichwohl geeignet, frischen Wind in die Satzrhythmik zu bringen.

Im Normalfall gilt aber: Einer Folge von Kurzsätzen haftet, sosehr diese uns in ihrer leichten Verständlichkeit entgegenkommen, etwas Abgehacktes, Kurzatmiges, Asthmatisches an. Die fast kanonische Forderung kurzer Sätze in den Stillehren versteht sich denn auch eher als Konsequenz des Verbots langer Sätze, das seine Berechtigung seinerseits aus dem Schreckbild des deutschen Schachtelsatzes ableitet – zu Unrecht: «Der schlimmste Feind des guten Stils ist nicht der lange Satz, sondern die Langeweile», konstatiert Edith Hallwass witzig.[78] Nicht also Hauptsätze pur, ebenso wenig Kurzsätze und schon gar nicht Satzfetzen sollte die Devise lauten, sondern wenn schon syntaktische Knappheit, dann durch Straffung der Sätze an Haupt und Gliedern: «die dicke Muse des deutschen Satzes einer Schlankheitskur zu unterziehen», ist auch Wolf Schneiders Therapievorschlag.

Lahme Krücken sind beispielsweise jene «Vorreiter», formelhafte Wendungen, die gleichsam an der Spitze des Satzes traben, um diesen anzukündigen. Was Ludwig Reiners, der Erfinder des Ausdrucks, einst mit Recht verworfen hatte, gelangt neuerdings wieder zu Ehren:[79] «Erst die Fanfare blasen!» Man spricht daher auch wohl von Signalformeln, wie sie sich jedenfalls massenhaft im routinierten Sprachrepertoire vorfinden und allenthalben fleißiger Benutzung erfreuen: *Im Falle, dass ... Angesichts des Umstandes, dass ... Es sei darauf hingewiesen, dass ... Ich stehe auf dem Standpunkt, dass ...* usw. Formulierungen dieser Art ziehen, wie man sieht, unweigerlich einen *dass*-Satz nach sich, und so signalisiert die vorher geblasene Fanfare uns nur, das eigentliche Anliegen (ver)stecke (sich) im folgenden Nebensatz. Damit wird der Hauptsatz, zumal dieser oft auch noch in einer belanglosen Trivialität ausläuft, zur absoluten Nichtigkeit degradiert: «Die Tatsache, dass …, ist allgemein bekannt.» Vorreiter sind eine Eigenart von Schrifttexten, doch kennt auch die Mündlichkeit ganz ähnliche, das Reden einleitende Floskeln: *Ich würde sagen, möchte annehmen, könnte mir vorstellen* usw. – bis zum umläufigen Politiker-Gemeinplatz: «Ich gehe davon aus, dass …» Gerade bei geübten Rednern dienen solche fertigen Formeln – falls nicht, was schlimmer wäre, bloßer Redeschwulst – dem Zweck, Zeit für eine erste Ordnung der Gedanken zu finden, wenn man unversehens das Wort ergreifen soll. Ob Verlegenheitsfloskel oder Sprachroutine, meint Rudolf Walter Leonhardt: «allenfalls zur Denkpausenfüllung» geeignet – die *Denkpause,* eine Pause zum Denken oder des Nichtdenkens?

Abgesehen davon, dass Vorreiter-Formeln, so bequem sie uns zur Hand sein mögen, doch immer recht schwerfällig und somit stilistisch unelegant wirken, bietet sich eine ebenso einfache wie effektvolle Handhabe, den Vorteil des nachdrücklich hervorgehobenen Einsatzes zu nutzen, ohne den Nachteil eines folgenden *dass*-Satzes in Kauf nehmen zu müssen. Man braucht nur, wie es im Zeitungsstil der Gegenwart längst praktiziert wird, eine kurze, markante Einführungsformel voranzustellen, dann ein Doppelpunkt und hierauf die eigentliche Äußerung, natürlich als Hauptsatz. Passende Formeln, die sich für die verschiedensten Aussagezwecke eignen, gibt es zuhauf: *In der Tat: … Mit anderen Worten: … Hinzu kommt noch: … Kein Wunder: …* usw. (oder sogar, vorwiegend mündlich und hochmodern, mit zweifachem Doppelpunkt: «Passen Sie mal auf: Folgendes: …»).[80] *Soviel steht fest:* Auf diese nun wirklich elegante Art vermeidet man, stilsportlich gesprochen, einen Satz-Fehlstart!

Fast noch schlimmer als ein verpatzter Anfang ist ein plumper Ausklang, der dem Satz jeden Nachdruck nimmt: etwa ein «werden zu dürfen gelten lassen zu müssen sein möchte», wie Christian Morgenstern seinerzeit witzelte.[81] Trotzdem, ein Quäntchen Sprachrealität scheint doch darin oder besser dahinter zu stecken. Hätte sonst wohl Mark Twain, als eine merkwürdige Eigenheit der «schrecklichen deutschen Sprache», gleichfalls solche leeren Schlussschnörkel gerügt, beispielsweise «wollen haben werden sollen sein hätte» am Ende eines deutschen Satzes? An anderer Stelle schreibt er: «nach dem Verb – nur als Verzierung, soweit ich es ausmachen kann – schaufelt der Schreiber ‹haben sind gewesen gehabt haben geworden sein› oder Worte ähnlicher Bedeutung hinein, und das Monument ist fertig». Wir brauchen jedoch keine Monumente, sondern gute Sätze, und das sind auch Sätze mit wirkungsvollem Anfang und Schluss, weil diese beiden Tonstellen den Leser am nachhaltigsten beeindrucken.

4. Ein Satz aus dem Musterbuch

> Heute, da der Puls der Zeit schneller schlägt als je zuvor, sind – abgesehen von der Jurisprudenz und der Bürokratie – die Sätze ... symptomatisch kurz.
> *Theo Stemmler*[82]

Der moderne deutsche Satz ist kürzer geworden. Statistisch liegt die mittlere Satzlänge bei 12 bis 16 Wörtern, während es bei Goethe und Schiller noch deren 22 waren: Schlankheit steht heute auch sprachlich hoch im Kurs. Nichts geändert hat sich dagegen an der wesentlichsten Eigenschaft des deutschen Satzes, dass er nämlich einen Spannungsbogen bildet, der von seiner ersten Wortgruppe, dem ‹Vorfeld› des Satzes, bis zur letzten, seinem ‹Nachfeld›, reicht. Erich Drach, ein Satztheoretiker der ersten Jahrhunderthälfte, hat sie mit den Polen der elektrischen Spannung verglichen und darauf hingewiesen, diese dürfe nicht zu gering sein: «Ein allzu schwacher Ausgangspol läßt keine durchhaltende Spannung aufkommen. Ein allzu matter Zielpol läßt sie unwirksam verebben.» Vor allen Dingen dürfen die beiden Pole, die in einem weiten Bogen das ‹Mittelfeld› des Satzes umspannen, nicht durch zu viele Binnenglieder voneinander getrennt sein, sonst reicht die stärkste Spannung nicht aus: «Wer den (Satz-)Bogen raushat, überspannt ihn nicht.» Wir lernen: Spannung ist gut, Entspannung tut gut; überspannt zu sein, ist weder noch tut es gut – darum am besten ein Satzbau mit Hochspannung!

Diesem unbedingt lobenswerten Vorsatz steht allerdings eine Besonderheit der deutschen Sprache entgegen, die ihr das Etikett «Klammersprache Deutsch» eingebracht hat. Was bedeutet das? Ob man schreibt: *er drückt ... aus, hat ... ausgedrückt, wollte ...*

ausdrücken, brachte ... zum Ausdruck (alles Hauptsätze) oder *dass er ... zum Ausdruck brachte* (Nebensatz), immer spielt sich das eigentliche Satzgeschehen an den gepunkteten Stellen ab, grammatisch gesprochen, zwischen dem Subjekt in Verbindung mit dem finiten Verb und den weiteren Bestandteilen des Prädikats (Präfix, Partizip, Infinitiv oder Nominalergänzung). Einfacher formuliert: die auseinander gerissenen Teile des Verbalkomplexes bilden eine Satzklammer, die sich in einem mehr oder weniger weiten Bogen über alle dazwischenstehenden Satzglieder spannt, sie eisern zusammenkettet und den Sinn des Satzes erst ganz zum Schluss preisgibt:[83] «Wenn der literarisch gebildete Deutsche sich in einen Satz stürzt, sieht man nichts mehr von ihm, bis er auf der anderen Seite des Atlantischen Ozeans mit dem Verb zwischen den Zähnen wieder auftaucht», so noch einmal Mark Twain. Kein Wunder übrigens, dass er als Amerikaner sich derart mokiert. In der englischen Sprache ist die Wortstellung längst nicht so variabel, mit der Folge, dass dort die Sätze von vornherein einfacher und klarer werden, dass viele von ihnen aber auch die gleiche, wiederkehrende Form aufweisen. Nutzen wir demgegenüber die unvergleichliche Flexibilität des deutschen Satzbaus!

In der alltäglichen Schreibpraxis empfiehlt es sich gleichwohl, bei übermäßig langen, kompliziert gebauten Sätzen an unsere Devise zu denken: Straffung an Haupt und Gliedern. Zur Veranschaulichung ein Beispielsatz der modernen Art:

Der Minister gab angesichts der durch ständig noch zunehmende Hochwasserfluten verursachten, sich dramatisch zuspitzenden Notsituation zu sofortigen Hilfsmaßnahmen mit dem Ziel der Rettung aller an Leib und Leben bedrohten Menschen sowie der Sicherung ihres Hab und Guts vor weiteren Schäden seine Zustimmung.

Was *gab* der Minister? – *seine Zustimmung*: fünf volle Zeilen später. Wenn als eine Hauptregel gilt, dass der Leser möglichst frühzeitig über den Sinn des Satzes Aufschluss erhalten soll, dann ist in diesem Fall die verbale Satzklammer entschieden zu weit gespannt. Da hilft nur Entspannung durch ‹Ausklammerung›, wie der Fachausdruck dafür lautet. Ausklammerung heißt, das nachhinkende Verb wird nach vorne gezogen, die Satzklammer also vorzeitig geschlossen, und alle Satzglieder, bei denen das grammatisch angängig ist, bleiben außerhalb dieser Klammer: «Der Minister gab seine Zustimmung zu sofortigen Hilfsmaßnahmen» oder mit dem einfachen Verb «stimmte sofortigen Hilfsmaßnahmen zu, dies angesichts» usw.

Natürlich wird unser Satz durch die Ausklammerung allein noch längst kein Prachtexemplar. Zum Beispiel gehört der Minister – nichts gegen Minister – wohl kaum, wenn unsere Wortstellungsregeln stimmen, an die Ausdrucksstelle des Satzanfangs. Besser wäre es zu beginnen: «Angesichts der durch ständig noch zunehmende Hochwasserfluten verursachten, sich dramatisch zuspitzenden Notsituation...», noch besser: «Angesichts der sich dramatisch zuspitzenden Notsituation, die durch ständig noch zunehmende Hochwasserfluten verursacht wird» usw. Am besten aber ist die Aufteilung in mehrere Hauptsätze; denn ein langer Satz ist nur dann gut, wenn zwei kürzere nicht besser sind:

Angesichts der sich dramatisch zuspitzenden Notsituation, die durch ständig noch zunehmende Hochwasserfluten verursacht wird, stimmte der Minister sofortigen Hilfsmaßnahmen zu. Diese haben das Ziel, alle an Leib und Leben bedrohten Menschen zu retten sowie ihr Hab und Gut vor weiteren Schäden zu sichern.

Satzarchitektonik – das klingt nach regelhafter Konstruktion, nach steifer, inflexibler Fügung der syntaktischen Elemente: gewissermaßen Reißbrett, systematische Planung, zahl- und maßgerechte Ausführung. So technisch ist das Bild jedoch nicht gedacht. Im Gegenteil, unser Satzbau sollte von einer lockeren Leichtigkeit, unaufdringlichen Eleganz und wie selbstverständlich anmutenden Treffsicherheit der Formulierung sein. Dieser natürliche, lebendige, ausdrucksstarke Stil, wie ihn jeder anspruchsvolle Schreiber anstreben wird, lebt vom Reiz der Abwechslung, die das Grundgesetz aller guten Sprachgestaltung ist, auch der des Satzes. Abwechslung im Satzbau bedeutet: nicht kurze oder lange Sätze, sondern Wechsel zwischen mäßig kurzen und nicht übermäßig langen Sätzen – das erzeugt einen harmonischen Sprachfluss. Abwechslung bedeutet auch: nicht nur Hauptsätze, sondern Variation der Abfolge und Kombination von Haupt- und Nebensätzen, zudem der Art dieser Nebensätze (*dass*- und *wenn*-Sätze, Relativsätze, Fragesätze usw.) – das entspricht einem wenigstens annähernden Nachvollzug unserer Gedankenabläufe in der äußeren, syntaktischen Satzgestaltung.

5. Sätze mit langem Atem

> Wenn auch verhältnismäßig kurze Sätze in der modernen Umgangssprache überwiegen, so ist doch unübersehbar ein elementares Bedürfnis, komplexe Sachverhalte oder mehrschichtige gedankliche Zusammenhänge in e i n e n Satz zu gießen, der dann unvermeidbar *lang* wird.
>
> *Georg Möller*[84]

Unter der Überschrift ‹Lob der langen Sätze›, bei ihm ironisch zu verstehen, hat Ludwig Reiners einst den deutschen Langsatz ad absurdum zu führen versucht. Wenn im Folgenden dieses Lob nun, und zwar ernst gemeint, aufgegriffen werden soll, ist eines klar: Wir betätigen uns wieder einmal gemeinsam als Querdenker, wozu es empfehlenswert scheint, sich zunächst höheren Beistands zu versichern.

«Zu den schönsten Möglichkeiten einer ausgebildeten Sprache gehört die, Sätze von reicher Architektur formen zu können», schreibt ein so glänzender Stilist, zugleich Stillehrer, wie Gerhard Storz. Die vorzüglichste Schönheit unserer Sprache liege in dem Vermögen, «eine organisch gegliederte, gleichsam lebendige Periode zu bilden», rühmt auch der Schriftsteller Jakob Wassermann, und voller Begeisterung fasst sein Dichterkollege Wilhelm von Scholz den gekonnten Langsatz ins Bild: «Er wächst wie ein Baum aus der Erde, gerade erst, dann nach den Seiten Ast um Ast aussendend, in ihnen sich verzweigend, und in den Zweigen noch verästelnd. Gedanken, Eindrücke, Bilder, Rückblicke schließen der Grundform an, vervielfältigen sie, erzeugen … den erfreuenden, beglückenden Eindruck der Fülle und des Reichtums» – die Beschreibung einer harmonischen Periode, die darum keineswegs ciceronianisch sein muss. Elisabeth Langgässer ihrerseits beklagt, der Sinn für die Architektonik grammatischer Satzgefüge sei unserer Zeit abhanden gekommen: «Das Vergnügen, dem Reiz einer Satzperiode, ihrem Auf- und Abschwellen nachzugehen, ihren Rhythmus mit dem inneren Ohr des Geistes nachzutönen, ist ebensosehr verlorengegangen, wie das Wissen um sprachliche Gliederung durch Komma, Semikolon und Punkt.» Einige gewichtige Stimmen immerhin, die ein Loblied langer Sätze singen.

Als Musterfall abermals Heinrich von Kleist, einer unserer ganz großen Prosameister, der es liebte, seine Sätze gewaltigen syntaktischen Wolkentürmen gleich zusammenzuballen:[85]

> Kohlhaas, dem sich, als er die Treppe vom Schloß niederstieg, die alte, von der Gicht geplagte Haushälterin, die dem Junker die Wirtschaft führte, zu Füßen warf, fragte sie, indem er auf der Stufe stehen blieb, wo der Junker Wenzel von Tronka sei; und da sie ihm mit schwacher, zitternder Stimme zur Antwort gab, sie glaube, er habe sich in die Kapelle geflüchtet, so rief er zwei Knechte mit Fackeln, ließ in Ermangelung der Schlüssel den Eingang mit Brechstangen und Beilen eröffnen, kehrte Altäre und Bänke um und fand gleichwohl zu seinem grimmigen Schmerz den Junker nicht.

Ein Satz, fast hundert Wörter lang und doch glasklar, durchpulst von einer sich stetig steigernden Spannung! Die innere Verschachtelung dieser Satzperiode spiegelt die immer hektischere Suche Kohlhaasens, und was jeder Autor minderen Könnens sich als unstatthaftes Hinhalten, ja Irreführung der Leser ankreiden lassen müsste, das wird hier zum dramaturgischen Kunstgriff, der die Hochspannung erst im allerletzten Wort löst – «nicht»!

Doch auch auf die Gefahren solcher Satzbildung, gerade bei längeren Sätzen, sollte hingewiesen sein. Unübersehbar, dass durch die Endstellung der Negation wie hier, aber auch eines abgetrennten Verbpräfixes, nachhinkender anderer Satzglieder usw. der Sinn der Äußerung bis zuletzt im Unklaren gelassen, wenn nicht gar entstellt wird. Alfred Kerrs «scheußlicher» Satz, der nochmals in Erinnerung gerufen sei, ist nur einer von vielen Fällen, in denen uns «die vermaledeite deutsche Syntax» (sagt Wolf Schneider) sozusagen ein Bein stellt:[86]

Der von uns bei der bekanntlich weit berühmten Firma Schulze vorgestern morgen für hundert Mark gekaufte Koks brennt, obleich es sogenannter Schmelzkoks ist, *nicht*.

Adrian brachte am Geburtstag seiner Frau den Freund des Hauses, der eine rote Rose im Knopfloch trug, *um*.

Die Rechtschreibung bereitet dem Menschen sein ganzes Leben lang Schwierigkeiten, *es sei denn, er ist Analphabet*.

Derartige Formulierungen, denen ein gewisser Stilblütencharakter nicht abzusprechen ist, wird man allenfalls Schulaufsätzen zubilligen – mit Nachsicht. Das Nachsehen hatte seinerzeit, als ein Exempel dafür, dass auch der Meister nicht immer gegen syntaktische Missgriffe gefeit ist, ein Dichter wie Ernst Moritz Arndt mit seinen Versen: «Soweit die deutsche Zunge klingt | und Gott im Himmel Lieder singt», die Nietzsches zwar boshaften, doch grammatisch nicht ganz unbegründeten Spott herausforderten über den Lieder singenden Gott der Deutschen.

Dass überlange Satzperioden oft auch von entsprechender Kompliziertheit sind, trifft sicherlich zu. Es stimmt jedoch nicht, dass jeder Satz von einigem Umfang darum gleich ein «Satzbandwurm» oder eine zehnmal verschlungene «Boa constrictor» sein muss, wie beliebte Stichwörter der Kritik lauten. Die Länge allein entscheidet nicht darüber, ob wir einen Satz schwierig oder gar unverständlich finden. Wenn heute durchschnittlich kürzere Satzmuster als früher bevorzugt werden, gilt für diese im Grunde dasselbe wie für die längeren: Jeder Satz ist so gut oder schlecht, wie sein Verfasser ihn formuliert hat. «Lange Sätze sind nicht schlecht, wenn der Autor gut ist», stellt in diesem Sinne Ernst A. Rauter fest, und so kann denn als Ergebnis gelten: Der deutsche Langsatz wird nur dann zu Recht schlecht gemacht, wenn er nicht gut gemacht ist.

Als der Stilkritik allerliebster Prügelknabe hat da immer wieder der berühmt-berüchtigte deutsche Schachtelsatz herzuhalten, für den hier stellvertretend zwei in ihrer Art verschiedene Beispiele stehen: das eine nach Thema und Form geradezu «klassisch», das andere von einem Deutschlehrer ebenso fachgerecht wie kunstfertig ausgeklügelt:[87]

Denken Sie, wie schön der Krieger, der die Nachricht, die den Sieg, den die Athener bei Marathon, nach Athen, das in großer Sorge, ob es die Perser zerstörten, schwebte, brachte, erfochten, verkündete, starb.

Dem Menschen, der, obwohl er, was ja nicht eben selbstverständlich ist, weiß, daß es gute Deutschbücher gibt, die ihm helfen können, sich nicht dem Studium, das ihn, der das so nötig hätte, fördern würde, hingibt, ist nicht zu helfen.

Die polypenartige Verschlingung der vielfach miteinander verschränkten Nebensatzkonstruktionen bewirkt, dass der genaue Sinn der Sätze bestenfalls scharfsinnig zu erspüren, kaum jedoch geradlinig an ihrer Formulierung abzulesen ist. Ein Linguist hat in findiger Analogie die Fähigkeit, einen tief verschachtelten Satz zu verstehen, mit der eines Sportlers verglichen, die Hochsprunglatte zu überspringen: In beiden Fällen sei von einem gewissen Punkt der Höhe der Latte oder der Tiefe der Verschachtelung an fraglich, ob die nächste Höhe oder Tiefe noch geschafft werde.

Neben solcher (weil zu komplizierten) Unübersichtlichkeit des Satzbaus ist es ebenso gut oder besser schlecht möglich, dass auch nur ein Übermaß an Länge (weil dann zu komplex) den Satz inakzeptabel macht. Dabei stehen vor allem *dass*-Sätze in keinem guten Ruf, da sie sich oft in stilistisch Anstoß erregender Weise häufen und meist umständlich wirken – wer Abwechslung liebt, wird es einmal mit der Voranstellung versuchen: «Ein Auftakt-*daß* beschleunigt in Sekunden von 0 auf 100 km und gibt schon den ersten Wörtern Temperament mit auf den Weg», rät ein Sprachlehrer, wozu der Stil-Duden als leicht frivoles Exempel beisteuert:[88] «daß ihr der Reißverschluß im unpassendsten Augenblick platzte, das war die Tücke des Objekts». Andrerseits empfiehlt Wolf Schneider in einem seiner Satzkapitel, «hinten» sei vieles erlaubt, womit er angehängte Nebensätze meint. Allerdings kann auf diese Weise leicht ein so genannter Kettensatz entstehen, nicht eben unklar, doch je länger, desto unförmiger:

Allen Freunden und Bekannten teile ich mit, daß mir der Tod meine innigst geliebte Gattin entrissen hat, just in dem Augenblick, da sie einem gesunden, kräftigen Sohn das Leben geschenkt hatte, getauft auf den Namen Friedrich, für den ich nun eine liebevolle und tüchtige Kinderfrau suche, bis ich eine neue Lebensgefährtin gefunden habe, aus guter Familie und im Besitze von etwa 50 000 Mark, die imstande ist, mein renommiertes Textil- und Modegeschäft zu leiten, dessen Lager in der nächsten Woche zu sensationell günstigen Preisen ausverkauft wird, weil ich ein neu erbautes großes Geschäftshaus in zentraler Lage am Marktplatz beziehe, woselbst noch komfortable Wohnungen sowie gewerblich nutzbare Räume preiswert zu mieten sind – usw.

Ein Text, der in grandioser Übertreibung Todes- und Geburtsanzeige, Stellenangebot, Heiratsannonce, Werbung und Vermietungsinserat zu einem einzigen Satzkonvolut bündelt und so eines jener syntaktischen Zerrbilder schafft, die wie der Schachtelsatz geeignet sind, lange Sätze überhaupt in Misskredit zu bringen. Derart «labyrinthische Perioden, bei denen man dreimal Atem holen muß», wie Lessing es treffend beschrieben hat, wird allerdings kein normaler Sprachmensch zu Papier bringen: Erstens, weil er das gar nicht kann und will, zweitens, weil er ein natürliches Gefühl für die wohlproportionierte Gewichtung seiner Gedanken besitzt, und drittens, weil – siehe Lessing – der Atem nicht mitspielt.

Wie schön wohlgeformte Langsätze sein können, welcher Klarheit auch die verschlungene und doch gelungene Periode fähig ist, dafür – sozusagen als Wiedergutmachung für die angeführten Negativexempel der letzten Seiten – einige Muster höchster Satzbaukunst. Aus wessen Feder könnte wohl der folgende, geradezu sprachartistische Satz stammen? – natürlich von Georg Christoph Lichtenberg, dessen geschliffene Formulierungskunst den geborenen Aphoristiker erkennen lässt:[89]

Es gibt hundert Witzige gegen einen, der Verstand hat, ist ein wahrer Satz, womit sich mancher witzlose Dummkopf beruhigt, der bedenken sollte, wenn das nicht zuviel von einem Dummkopf gefordert heißt, daß es wieder hundert Leute, die weder Witz noch Verstand haben, gegen einen gebe, der Witz hat.

Aber weil ich doch irgend eine dunkle Vorstellung habe, die mit dem, was ich suche, von fern her in einiger Verbindung steht, so prägt, wenn ich nur dreist damit den Anfang mache, das Gemüt, während die Rede fortschreitet, in der Notwendigkeit, dem Anfang nun auch ein Ende zu finden, jene verworrene Vorstellung zur völligen Deutlichkeit aus, dergestalt, daß die Erkenntnis, zu meinem Erstaunen, mit der Periode fertig ist.

Das war natürlich wieder Heinrich von Kleist, Vollblutdramatiker auch in seiner Prosa. An dieser Stelle seiner einschlägigen Abhandlung ‹Über die allmähliche Verfertigung der Gedanken beim Reden› erleben wir buchstäblich die Geburt eines Satzes aus dem Gedanken.

Der Autor der klaren und mächtigen Prosa-Epopöe vom Leben Friedrichs von Preußen; der geduldige Künstler, der in langem Fleiß den figurenreichen, so vielerlei Menschenschicksale im Schatten einer Idee versammelnden Romanteppich, ‹Maja› mit Namen, wob; der Schöpfer jener starken Erzählung, die ‹Ein Elender› überschrieben ist und einer ganzen dankbaren Jugend die Möglichkeit sittlicher Entschlossenheit jenseits der tiefsten Erkenntnis zeigte; der Verfasser endlich (und damit sind die Werke seiner Reifezeit kurz bezeichnet) der leidenschaftlichen Abhandlung über ‹Geist und Kunst›, deren ordnende Kraft und antithetische Beredsamkeit ernste Beurteiler vermochte, sie unmittelbar neben Schillers Raisonnement über naive und sentimentalische Dichtung zu stellen: Gustav Aschenbach also – usw.

Unverkennbar Thomas Mann, der selber einmal zu seiner monumentalen Periodenbildung angemerkt hat: «Meine Sätze, auch wenn sie lang sind, sind kein Gestrüpp, sondern ich halte bei ihrer Konstruktion auf größte Klarheit.» Der Text stammt im Übrigen, wie Literaturkundigen nicht eigens gesagt werden müsste, aus der bekanntesten seiner Erzählungen ‹Der Tod in Venedig›, und just diese Stelle wurde deshalb gewählt, weil sie ersichtlich der auf Seite 41 angeführten Parodie Robert Neumanns als Modell gedient hat.
Drei Sätze nur und drei Namen aus drei Jahrhunderten: Lichtenberg, Kleist und Thomas Mann, denen freilich der literarische Ruf nachgeht, besonders exzellente Satzbaumeister deutscher Zun-

ge zu sein. Fast auf jeder ihrer Seiten kann man ähnliche Sätze finden: kunstvoll gebaut und doch klar, eindringlich und anspruchsvoll – ein Hochgenuss, sie zu lesen und von ihnen zu lernen. Auch andere Dichter und Schriftsteller, deutschsprachige wie solche der Weltliteratur (in guter Übersetzung, versteht sich), können uns als nacheifernswerte Vorbilder für die hohe Schule des Satzbaus dienen. Zwar ist stillehrerseits eingewendet worden, die Betrachtung des Kölner Doms werde ja auch aus einem schlechten Architekten nie einen guten machen[90] – aber wie und wo soll man gekonnte Langsatzarchitektur studieren, die stilistische Kunst perfekter Satzperioden, wenn nicht bei unseren großen Sprachmeistern? «Wer gut reden und schreiben will, und darauf läuft am Ende alles Nachdenken über den Stil hinaus, muß klassische Autoren lesen», rät als verlässlicher Gewährsmann Alfred Behrmann: «Es gibt keine beßre Schule des Ausdrucks.»

6. Wie an einer Bildsäule arbeiten ...

> Die Fülle ihrer architektonischen Beweglichkeit erreicht die Sprache erst im Satzgefüge. Nur das Satzgefüge ist ein Abbild der Gedanken- und Beziehungslandschaft im sprechenden Menschen ... Die Wirklichkeit ist aus Tatsachen, Geschehnissen, Reflexionen und Stimmungen unauflöslich verflochten, und verflochten und ineinander ‹gefügt› muß auch die Form der gegliederten Sprache sein, die ihr am vollkommensten Ausdruck verleiht.
>
> *Wilhelm Emanuel Süskind*[91]

Vielleicht klingt die Überschrift dieses Kapitels immer noch unbewältigt im Ohr nach: Die Syntax als Metrik der Prosa? Vielleicht hat sie sogar die ganze Zeit unterbewusst zu nachdenklichen Überlegungen, Erklärungsversuchen oder auch einer gewissen Ratlosigkeit geführt. Der Formulierung nach handelt es sich um nichts anderes als den Titel einer geisteswissenschaftlichen Doktorarbeit, deren Verfasser die These vertritt, in der Kunstprosa habe die Syntax «einen Stellenwert, der größer ist als derjenige des

Metrums in der Lyrik». Ein hochinteressanter Gedanke, wenngleich nicht ganz neu: Was «die Lehre vom Versbau in der Poesie ist, das ist die Lehre vom Periodenbau in der Prosa», lesen wir schon Ende des 18. Jahrhunderts bei Karl Philipp Moritz. Dennoch, die Grundidee bleibt bedenkenswert, und wir verallgemeinern sie von der literarischen Prosa auf die stilistisch anspruchsvolle Formgebung von Sätzen und Satzfolgen überhaupt.

Was Metrum ist, wissen wir:[92] Vers, Rhythmus, Reim, Strophenbildung, alles in der Regel «Gedichten» vorbehalten, der Lyrik also, und beim Prosaschreiben strengstens verboten: «In der Prosa», gibt die Schriftstellerin Mechtilde Lichnowsky kategorisch wieder, was als allgemeiner Standpunkt gelten kann, «ist ein gleichtaktiger, beinahe metrischer Rhythmus, der jeden empfindlichen Leser seekrank macht, ebenso unerträglich wie Alliterationen und der Zufallsreim.» Dass jedoch auch prosaische Texte gebaut und zumal solche von Sprachmeistern höchst kunstvoll gebaut sind, ist ebenso unbestritten und wird bei deren Interpretation mehr oder weniger intuitiv berücksichtigt. Kurz, es gibt neben der «gebundenen» Form lyrischer Poesie als Verskunst eine besondere, freiere und darum schwerer fassbare Kunst des prosaischen Stils. Erwähnenswert noch die gegenläufige historische Entwicklung beider im Verlauf der Jahrhunderte: «Der Allmacht des Verses im Mittelalter entspricht jetzt eine Allmacht der Prosa.»

Zwischen beiden Formen der Sprachgestaltung bestehen innere Beziehungen, die trotz oder gerade wegen ihrer äußeren Gegensätzlichkeit unsere Dichter und Denker zu bedeutsamen Aussagen veranlasst haben.[93] Gotthold Ephraim Lessing beispielsweise, gerühmt als Begründer des neueren deutschen Prosastils, bekennt: «Meine Prosa hat mir von jeher mehr Zeit gekostet als Verse.» In einem Gespräch mit Goethe, das sein gewissenhafter Sekretär Johann Peter Eckermann 1827 aufgezeichnet hat, heißt es: «Um Prosa zu schreiben, muß man etwas zu sagen haben; wer aber nichts zu sagen hat, der kann doch Verse und Reime machen, wo denn ein Wort das andere gibt und zuletzt etwas herauskommt, das zwar nichts ist, aber doch aussieht, als wäre es etwas.» Andrerseits ist nach Heinrich Heine, um vollendete Prosa zu schreiben, auch eine große Meisterschaft in metrischen Formen erforderlich, und Theodor Storm stellt kurz und bündig fest: «Ich arbeite meine Prosa wie Verse.» In gleichem Sinne vertritt Friedrich Nietzsche die Meinung, hierin weniger Philosoph als der große Schriftsteller, der er ist, «daß Kunst in jedem guten Satze steckt»; die namhaften Prosameister seien fast immer auch Dichter gewesen: «fürwahr, man schreibt nur im Angesichte der Poesie gute Prosa!»

So wie poetisch ein untrennbarer Zusammenhang zwischen metrischer Form und Gedanklichkeit besteht, sind in aller Prosa, nicht nur der künstlerischen, syntaktischer Bau und Ausdrucksabsicht aufs engste verknüpft. In jedem guten Satz steckt wirklich, ob bewusst oder routiniert-unterbewusst, eine gehörige Portion Kunst – oder sagen wir lieber, mit Betonung des technischen Aspekts, eine Kunstfertigkeit, die der möglichst wirkungsvollen Profilierung jener Absicht gilt. Diese ist es folglich, die auf der Grundlage des auszudrückenden Sachverhalts die Form des Satzes, damit auch seine Länge, bestimmt. Dass der Einzelne diese Möglichkeit verschieden nutzt, beruht letzten Endes auf einer einfachen, natürlichen Voraussetzung: Jeder Satz wird nach einem individuellen Gesetz gegliedert, das der Schriftsteller Arnold Zweig aus dem «Spiel von Gedanke und Atem» erklärt hat.[94]

Das Geheimnis kunstgerechter Satzarchitektur liegt darin, die Abfolge und Gewichtung unserer Gedanken mit entsprechenden Satzschritten, wie sie unser «Atem» bestimmt, in Einklang zu bringen. So ist der gefügte Langsatz, beschreibt ein Stillehrer diesen Vorgang, «mit seinem wiederholten Ansetzen, seinem Innehalten und Sichverästeln, das schließlich zu einer Zusammenraffung förmlich drängt, das rechte Ebenbild der Sprache, wie sie wirklich gedacht und *geatmet* wird» – oder dasselbe mit den Worten Jakob Wassermanns: «wie die Periode der Atmung entspricht». Lebendiges Schreiben bleibt damit dem gesprochenen Wort nahe und folgt den Bedingungen unserer Denk- und Sprechtätigkeit. Wenngleich unser Stilgefühl insgesamt «Absicht, Wahl und Wirkung» einer Äußerung steuert, so bestimmt ihren sprachlichen Duktus doch wesentlich unser Atemfluss mit, und zwar in durchaus vergleichbarer Art, wie das beim Sprechen natürlicherweise der Fall ist – ein physiologisches Ganzes nennt auch Friedrich Nietzsche die Periode, «insofern sie von *einem* Atem zusammengefaßt wird». Obwohl die Mündlichkeit kürzere und einfachere Satzbildungen nachweislich bevorzugt, erkennen wir nun, warum die Kerr'sche «Kurzatmigkeit» uns gekünstelt erschien: Sie stimmt nicht mit der natürlichen Sprechweise überein. Wer umgekehrt über die nötige gedankliche und sprachliche Spannweite verfügt, dem steht es frei, auch Sätze «von langem Atem» zu bilden. So nachzulesen in Nietzsches kurzer ‹Lehre vom Stil›, wo er gleichzeitig allerdings zur Vorsicht rät: «*wir* haben eigentlich kein Recht auf die *große* Periode, wir Modernen, wir Kurzatmigen in jedem Sinne!»

Gekonnter Satzbau resultiert mithin aus dem Zusammenspiel unserer Gedanken, die wir ausdrücken wollen, und unserer Atmung, die das syntaktische «Metrum» regelt. Indessen ist das einseitig aus dem Blickwinkel der schreibenden Person gesehen. Dabei kommt doch, wie alle Stillehren mit Recht hervorheben, eine Hauptrolle der Figur des Lesers zu (S. 51). Wolf Schneider hat daraus das bibelträchtige Gebot gemacht:[95] «Am Anfang steht der Satz: Liebe deinen Leser wie dich selbst.» In der Tat sollen Sätze nicht nur perfekt gebaut, sondern auch leserfreundlich, ja durch und durch «menschenfreundlich» sein, was heißen will: klar, verständlich, interessant. Niemand schreibt ungestraft derart, dass sich der Sinn des Geschriebenen erst nach mehrmaliger, immer ungehaltenerer Lektüre erschließt: Wie ein Hörer nicht «zurückhören» kann, soll und will der Leser nicht zurücklesen müssen!

Noch eine letzte, nahezu kanonische Regel der Satzbildung: Hauptsachen gehören in Hauptsätze, Nebensachen in Nebensätze. Ausgerechnet Rudolf Flesch, der Nestor der Verständlichkeitsforschung, hat sie als reinen Aberglauben altmodischer Grammatiker abgetan, und er setzt dem einen zielbewussten Ausdruckswillen entgegen: «Das Wichtigste ist, daß die Fäden innerhalb des Satzes nicht in verschiedene Richtungen, sondern geradeaus verlaufen.» Wie das auch immer konkret zu verstehen sein mag: wer jeder Beiläufigkeit einen Hauptsatz reserviert, formuliert ebenso ungeschickt wie jemand, der seine wichtigsten Gedanken in einem Nebensatz dritten oder vierten Grades ausdrückt. Leser haben ein untrügliches Gespür für die sprachlich angemessene Akzentuierung jeder Einzelheit im Text. Daher behält der Rat, Hauptsachen seien auch hauptsätzlich, Nebensächlicheres in Nebensätzen darzustellen, im Prinzip seine Gültigkeit – nur, was uns von besonderer Wichtigkeit oder geringerer Bedeutung erscheint, darüber entscheiden wir selbst: Unsere persönliche Stilperspektive legt fest, was wir in unserem Text als wesentlich ins Licht rücken wollen oder was eher im Halbschatten der Nichthervorhebung bleiben soll.

«‹An einer Seite Prosa wie an einer Bildsäule arbeiten ...› schrieb Nietzsche. So siehst du aus.» Mit diesen Worten zitiert und kommentiert Kurt Tucholsky fünfzig Jahre später Friedrich Nietzsches Klage, dass keines der Kulturvölker seiner Zeit eine so schlechte Prosa schreibe wie das deutsche – die uralte, topische Sprachverfallsklage, die mit kulturkritischen Stichwörtern wie «Wegwerf-Sprache, Hohlprosa, neuer Analphabetismus» usw. in der Gegenwart unverminderte Aktualität beansprucht.[96] Größeres Gewicht kommt jedoch einer kreativen Ausdeutung der zentralen Bildlichkeit jenes Nietzsche-Wortes «wie an einer Bildsäule arbeiten» zu. Der Bildhauer, der dem rohen Stein im Relief kunstvolle Konturen oder einer Skulptur ihre künstlerische Form verleiht, arbeitet die wesentlichen Partien klar und wirkungsvoll heraus, während anderes als unauffälliger Hintergrund zurücktritt oder ganz ausgespart wird. Genauso in der Sprache: architektonisch anspruchsvolle Sätze formulieren heißt, sie stilistisch gleich einer Bildsäule zu formen. Wichtiges wird durch Hervorhebung besonders herausgestellt, dies natürlich in Hauptsätzen, unter Nutzung der besonders aus- beziehungsweise eindrucksvollen Spitzen- und Endstellung im Satz. Weniger Hervorhebenswertes dagegen wird am besten in Nebensätzen, auch Partizipialeinschüben, Parenthesen usw., also an nicht so markanten Tonstellen platziert. In dieser unterschiedlichen Akzentuierung der Einzelheiten erhält jede Äußerung in zielstrebiger Durchführung der Ausdrucksabsicht, sprich Stilperspektive, ihre gleichsam bildsäulenartig herausgearbeitete, stilistisch wirkungsvolle Satzkontur.

Wie jeder Text aus Sätzen besteht, setzt sich jeder Satz wiederum aus Wörtern und Wendungen zusammen. In ihrer Verbindung zu sinnvollen Äußerungen, im Rahmen einer bestimmten Sprachsituation, gewinnen sie ihre volle Natürlichkeit und damit Leben. Die Quintessenz des letzten Kapitels ist, dass der klare und elegante Sprachbau der Sätze einen guten Stil entscheidend mitprägt – unbestritten gilt dies ebenso für den stilistisch guten Ausdruck, der auf treffender und angemessener Wortwahl beruht: «Wähle das richtige Wort, und du schreibst einen guten Stil», doziert der Stillehrer Lutz Mackensen. Kurzum, wir nehmen nun die Sprache beim Wort.

Viertes Kapitel
Zwischen Lapidarstil und Sprachschwulst

> Information ist alles. Das einzige universale, wenn auch ächzende Vehikel des Informierens ist die Sprache der Wörter. Selbst Computer speien Wörter aus ... Also ist ein kundiger Umgang mit den Wörtern so wichtig, wie er nie zuvor in der Geschichte war.
>
> *Wolf Schneider*[97]

Wer schreibt, vermittelt Information. Dieses moderne Zauberwort, Kernbegriff einer eigenen, hoch entwickelten Informationstheorie, umfasst auch unsere zwischenmenschliche Verständigung mittels Sprache. Man kann den Informationsgehalt allen Sprechens und Schreibens exakt messen: Wie eine bestimmte Strecke 1 m oder eine bestimmte Flüssigkeitsmenge 1 l ist, so heißt die Grundeinheit, mit der man Information misst, 1 bit. Dass man angesichts der gegenwärtigen Informationsflut nicht in Bits, sondern in Bytes und Megabytes rechnet, wird einsichtig sein. Wenn auch nicht alles Information ist, was man so hört und liest, ist heute doch Information alles.

Nehmen wir also, wie angekündigt, die Sprache beim Wort. Nach der Schlacht bei Zela anno 47 vor Christus meldete Cäsar nach Rom: *Veni, vidi, vici* – «Ich kam, sah und siegte.» Eines der berühmtesten Zitate der Weltgeschichte, nicht allein um seiner Kürze willen, sondern auch wegen seiner kunstvollen Stilisierung: drei Wörter, alle zweisilbig mit gleichem An- und Auslaut, eine vollendete Symmetrie. Noch kürzer als Cäsar konnten es die Bewohner der griechischen Landschaft Lakonien, die Spartaner; sie antworteten nur, als König Philipp von Makedonien drohte, Sparta mit Feuer und Schwert zu vernichten, wenn er es erobere: «Wenn!» Diese knappe, wortkarge Art, eine geradezu lapidare Kürze des Ausdrucks, ist später als ‹Lakonismus› sprichwörtlich geworden. Arthur Schopenhauer hat ein Quantum davon für alles Schreiben gefordert; es solle «jeder Schriftstil eine gewisse Spur der Verwandtschaft mit dem Lapidarstil tragen, der ja ihrer aller Ahnherr ist»: Sprache wie in Stein gemeißelt.

Indes kann derart absolute, möglicherweise das Verstehen beeinträchtigende Kürze sicherlich nicht als Elementarregel guten Stils gelten, vielmehr nur eine von Fall zu Fall der Sache, dem Leser und dem Schreibzweck angemessene, somit relative Knappheit des Ausdrucks. Wie sich allerdings mit wenigen Worten oft viel sagen lässt, kann man umgekehrt auch viele Worte um nichts machen. Wenn diese bloße Wortemacherei dann auch noch mit gehörigem Sprachprunk und –protz einhergeht, so gebiert sich «Schwulst», Sprachschwulst – man rede «geschwollen» daher, heißt es im Alltag. Tatsächlich gehören beide Wörter, *Schwulst* und *geschwollen*, zum Verb *schwellen*, und das bedeutet «sich aufblähen». Schwulst ist also Blähstil: aufgeblasenes, ebenso wohl- wie hohltönendes Wortemachen, das allenfalls dazu dient, Mundwerk oder Schreibstift des Blähspracherzeugers in Bewegung zu halten. Für Menschen dieser Sprachart hält der Volksmund passende Bezeichnungen bereit: Wortemacher, Schwätzer, Phrasendrescher, Großsprecher usw. – kurz, sprachliche Hochstapler.

Auch wenn der Rat wohlfeil ist, die Extreme – eben Lapidarstil und Sprachschwulst – wie Scylla und Charybdis zu meiden: Wer spricht oder schreibt, steht immer vor dem Dilemma zu großer, das Verständnis gefährdender Informationsdichte auf der einen, zu umfassender, ausschweifender Informationsfülle auf der anderen Seite. Wir alle sehen uns damit in jener Situation, die der bekannte Kabarettist Werner Finck so persifliert hat:[98] «Ich sitze zwischen zwei Stilen.»

1. Kleinwortgewimmel und «Wort-Dreimaster»

> An der Zahl der Silben pro Wort läßt
> sich ziemlich zuverlässig messen, ob
> Wort und Text verständlich, bildhaft,
> griffig, einprägsam – oder ob sie blaß,
> abstrakt, schwülstig, schwerverständ-
> lich sind und vielleicht sein sollen.
>
> *Wolf Schneider*[99]

Vor aller Wortstilistik sei *Wort* selbst, als Wort, unter die sprachkritische Lupe gelegt, denn da stellt sich uns die Frage, wie wir es
mit dem Plural halten: *Wörter* oder *Worte*? Wer sich diese Feinheit
der deutschen Sprache sozusagen auf der Zunge zergehen lässt, für
den sind «Wörter» die Einzelwörter, so wie sie alphabetisch ver-
zeichnet in den Wörterbüchern stehen, «Worte» hingegen zusam-
menhängende Äußerungen, ganze Aussprüche also – meist «aus
dem Fundus klassischer Weisheiten und Binsenweisheiten». In
formaler Hinsicht gibt es einfache Wörter, deren Gebrauch trotzdem schwierig sein kann, und komplizierter gebaute bis hin zu
regelrechten «Unwörtern». Unter den Worten dominieren jene
stehenden Redewendungen, die uns allzeit fix und fertig zur Hand
sind: Phrasen, Formeln, Floskeln. Besonderer Beliebtheit erfreuen
sich im pulsierenden Sprachleben aller Zeiten die gerade umläufigen «Modewörter». Exquisite Bekundungen gehobener Bildung
sind die «geflügelten Worte» unseres Zitatenschatzes, denen im
nächsten Kapitel behutsam die Schwingen gestutzt werden.

Doch der Reihe nach, und was wäre da großzügiger, als mit den
kleinsten Sprachgebilden anzufangen, unseren ‹Interjektionen› –
übrigens ein Thema, das in der Stilistik meist vernachlässigt wird.
Weil sie sich dem grammatischen Zusammenhang entziehen, gelten diese Ausdrucks- und Empfindungswörter als sprachliche
Außenseiter, die zur Äußerung von Schmerz, Überraschung, Ab-
scheu und vielen anderen Gemütsregungen dienen: *Au! Oh! Pfui!*
usw. Darüber braucht man eigentlich kein Wort zu verlieren, denn
in dieser Form sind sie im Alltag – buchstäblich – in aller Munde.
Ihnen reihen sich weitere «Schallwörter» an, die auf reiner Klang-
nachahmung beruhen: *bautz! kracks!* oder *rums!,* so beispielswei-

se in großer Zahl bei Wilhelm Busch.[100] Er ist damit zum Stammva-
ter jener Legion neumodischer Prägungen geworden, die mit As-
terix aus gallischen Landen einmarschiert sind, wie *ächz! knirsch!
blaff! päng!* bis zum auch graphisch eskalierenden Knalleffekt
WUMM!, der «onomatopoetischen Explosion». Die Comics quel-
len davon über – «Mickymausdeutsch», sagt Dieter E. Zimmer.
Dort haben diese Interjektionen, alte wie neue, inmitten einer
sonst eher restringierten Sprache zweifellos die Rolle eines speziellen Kunstmittels angenommen. Und wie verhalten wir uns am besten? Beim Gebrauch derartiger Emotional- und Kraftausdrücke
scheint, zumal in schriftlicher Formulierung, höchste Zurückhal-
tung angezeigt. Die meisten Interjektionen sind gleichsam sprachliche Ausrufezeichen, deren äußerst sparsame Verwendung sich ja
auch in der Zeichensetzung empfiehlt: Der Leser wird geradezu
angeschrien, sie wirken oft affektiert und sind von aufdringlicher
Expressivität.

Einen engeren Kreis «ungebildeter», das heißt in ihrer Form
unveränderlicher Kleinwörter – hauptsächlich Modalwörter und
so genannte Abtönungspartikeln, zum Teil vermischt mit Adverbien – fasst die Linguistik heute unter der Bezeichnung ‹Partikeln› zusammen. Ihr stilistischer Ruf ist umstritten: «All diese
Flickwörter wimmeln wie Läuse in dem Pelz unserer Sprache herum», schimpfte seinerzeit Ludwig Reiners.[101] Recht hat er – vor
allem dann, wenn sie sich auch noch mit anderen, ebenfalls meist
einsilbigen Artikelformen, Präpositionen usw. zusammentun. Im
18. Jahrhundert soll ein meißnischer Pfarrer «von der an dem bei
der in dem Dorfe entstandenen unglücklichen Feuersbrunst geret-
teten Ziegenbocke erwiesenen Gnade Gottes» gepredigt haben. In
einem wissenschaftlichen Aufsatz war unlängst, moderner, zu lesen: «Die in dem durch einen auf die vier Ziffern folgenden Klein-
buchstaben abgehobenen Abschnitt folgenden Namen …» Und in
einem neueren Sprach-Handbuch steht der perfekt kleinwörtliche
Beispielsatz, der sich ohne weiteres als seine eigene Bewertung verstehen lässt: «Das ist ja dann doch wohl ein bißchen zu viel.»

Was lange übersehen worden ist: die Partikeln erfüllen eine
wichtige Sprachfunktion, indem viele von ihnen hauptsächlich
«abtönend» wirken. Was heißt, dass sie den Sinn einer Äußerung
im Hinblick auf die jeweilige Sprechsituation gewissermaßen interpretieren und kommentieren, auch modifizieren, graduieren

oder intensivieren, und sie tragen so entscheidend zum «Ton» des Geäußerten bei. Duden-Stillehrer Wilfried Seibicke sieht denn auch in ihnen eigentliche «Würzwörter»,[102] die der schalen Mitteilung «je nachdem eine Prise Ungeduld, Unsicherheit, Mitgefühl, Mißtrauen, entschiedene Zustimmung oder Ablehnung beimengen, und sie verraten uns, wie jemand innerlich zu einer Sache steht». Aber es kommt dabei sehr auf ihre überlegte Verwendung an, ihre Dosierung – wie beim Kochen, Braten und Backen besteht die Kunst darin, mit dem richtigen Fingerspitzengefühl zu würzen.

Nachdem schon ein gutes Jahrhundert vorher die Partikeln im beschriebenen Sinn als «kleine Pinseldrücke des Gedankens» charakterisiert worden waren, hat kein Geringerer als der Dichter Gottfried Keller die Leistung dieser «kleinen Zutaten» mit realistischer Akribie in seinem Roman ‹Martin Salander› (1886) illustriert. Die betreffende Stelle, wo der Titelheld und seine Frau Marie ein Telegramm an ihre Tochter Setti verfassen, sei im vollen Wortlaut wiedergegeben:

Er nahm also ein Formular, beschrieb es mit den erforderlichen lakonischen Worten und gabs der Frau.
Sie las den Blitzbrief, studierte einen Augenblick daran herum und beschrieb ein neues Formular. Verwundert las Martin Salander dasselbe, als sie fertig war. Sie hatte die gleich harten Steinblöcken dastehenden Haupt- und Zeitwörter mit den dazugehörigen sie verbindenden Kleinwörtern versehen, sonst aber nichts geändert.
«Du hast ja gar nichts dazugetan, als die Pronomina, den Artikel und einige Präpositionen und dergleichen. Dadurch wird ja lediglich die Depesche dreimal so teuer!» sagte er, noch immer überrascht.
«Ich weiß wohl, es ist vielleicht närrisch», erklärte sie bescheiden; «allein es will mir vorkommen, daß diese kleinen Zutaten die Schrift milder machen, ein wenig mit Baumwolle umhüllen, so daß Setti das Gefühl hat, als hörte sie uns mündlich reden, und dafür reut mich die höhere Taxe nicht . . .»
«Es ist merkwürdig, wie recht du hast!» sprach Salander, der die drei oder vier Zeilen nochmals gelesen. «Es nimmt sich in der Tat urplötzlich fein und herzlich aus. Wo zum Kuckuck holst du die wunderbar einfachen Stilkünste?»

So weit Keller. Wenn er als Wirkung der Hinzufügungen hervorhebt: «als hörte sie uns mündlich reden», ist das fein beobachtet. Die Linguistik gibt ihm Recht, insofern jene Abtönungspartikeln als wesentliche Ingredienzien gesprochener Sprache, zumal des spontanen Gesprächs betrachtet werden. Hingegen ist in gehobenem Sprechton, vor allem aber in schriftlichen Texten ihre übermäßige Anwendung eher vom Übel: «Lieber zwei weniger als eines zuviel!» winkt auch Seibicke ab. Die Begründung fällt nicht schwer: Wenn schon im Allgemeinen die Wiederholung von Wörtern oder gleichförmigen Sprachelementen als stilistisches Gift angesehen wird, muss die Häufung solch unscheinbarer Kurz- und Kleinwörter absolut tödlich wirken – «Ob du, der du dir die da, oder du, die du dir den da zum Gemahl erkoren hast...», karikiert dies ein altbekannter Sprachscherz. Solche Wörtchen, ihrer Art nach klein, unbetont und nebensächlich, stören gehäuft schon deshalb, weil sie damit im Satz eine Geltung beanspruchen, die ihnen nicht zukommt: jedes von ihnen ein sprachlicher David, der sich gern zum Stil-Goliath aufspielen möchte.

Wenn es um das Äußere der Wörter geht, ihre formale Beschaffenheit und Bildeweise, vor allem natürlich die der «Hauptwörter», so haben auch sie eine Figur, die wohlproportioniert oder eher zu körperlicher Fülle neigend sein kann. Als Beispiel das kernige *Tat*, das trotz seiner kaum überbietbaren Schlankheit ein wahrer Muskelprotz an Klang und Kraft des Ausdrucks ist. *Klang* und *Kraft* haben schon etwas mehr Fleisch um den Knochen des Vokals; aber fülliger werden Wörter erst, ohne darum gleich Speckfalten zu werfen, wenn sie etwa wie *Figur* aus mehreren Silben bestehen. Meist sind es dann auch nicht mehr einfache, sondern erweiterte Wörter: abgeleitete wie *Schlank-heit* oder zusammengesetzte wie *Muskel-protz*. Treibt man das Spiel der Zusammensetzung noch um einiges weiter, kann es zur Bildung «vollschlanker» Wörter kommen oder gar solcher von ausgesprochener Dickleibigkeit.

Die neuere Stillehre hat das Problem sprachgerechter Wortlänge auf biblische Art zu lösen versucht: An der Zahl ihrer Silben sollt ihr sie erkennen. Wolf Schneider macht daraus ein simples Rechenexempel:[103] «Schwitzen hat zwei Silben, transpirieren vier; Dauerregen vier Silben, ‹ergiebige Niederschläge› acht; Stuhl und Tat haben eine Silbe, Sitzgelegenheit und Aktivitäten fünf.» Immerhin, angesichts derart überzeugender, weil numerisch exakter Beispiele hätte der alte Eduard Engel wohl alsbald seinen Zollstock gezückt, um die Wortlänge zentimetergenau zu messen, wie er das bei Sätzen wirklich getan hat. «Mit Silben geizen», lautet konsequenterweise Schneiders einschlägige Stilregel. Nicht nur die Verständlichkeit wachse mit der Kürze, auch die Anschaulichkeit des Ausdrucks: «Wer Großviehbestände schreibt, obwohl er nichts meint als Rind und Pferd, sollte sich besser im Landwirtschaftsministerium bewerben.»

Auf Silbenzählen und Zentimetermessen allein kommt es allerdings nicht an: Ob *Essen* oder *Nahrungsaufnahme, Leute* oder *Bevölkerung, Wetter* oder *Witterungsabläufe* – was im gegebenen Fall die bessere Stilwahl ist, entscheidet sich nicht einfach nach der Wortlänge, sondern aufgrund anderer Gesichtspunkte wie Verwendungssituation, Formulierungszweck, Textart usw. Beispielsweise fällt einem bei einer schlimmen Halserkrankung das Essen wohl schwer, medizinisch gesprochen ist jedoch unstreitig die Nahrungsaufnahme behindert. Oder wer würde im Ernst von den «gesamten Leuten der Stadt Berlin» reden? – kein Mensch, es ist die ganze Bevölkerung. Ebenso wird der Meteorologe, der es generell natürlich mit dem Wetter zu tun hat, korrekt die «Witterungsabläufe» für die nächsten Tage vorhersagen – erfreulich, wenn die Prognose auch immer so richtig wäre wie dieser Fachausdruck.

Und wie steht es mit der Anschaulichkeit? Dass man konkret von Brot und Milch statt von Grundnahrungsmitteln, von Hühnern und Gänsen statt von Geflügel sprechen und immer Wörter gebrauchen soll, «die ‹Hände und Füße› haben, wie Luther dies verlangte: Wörter, die uns etwas zu sehen, hören, greifen, zu schmecken und zu riechen geben» – dieser Schneider'sche Grundsatz trifft sicherlich zu, uneingeschränkt freilich nur für die Alltagssprache und bestimmte journalistische Darstellungsformen (von der Schriftstellerei zu schweigen). Schneider schlägt, was redensartlich nur dem Schuster zukommt, alles über einen Leisten, den einer sozusagen ubiquitären, allgegenwärtigen Anschaulichkeit. Statt dessen ist im Allgemeinen eine Flexibilität des Ausdrucks gefordert, die sich den speziellen Umständen des Schreibens anpasst: So gibt es nach einem klugen Pascal-Wort Gelegenheiten, wo man Paris eben «Paris» nennen muss, und andere, wo es angebracht ist, von der «Hauptstadt Frankreichs» zu sprechen.

In dem nicht sonderlich guten Ruf, zu lang, zu kompliziert, ja geradezu *sprachinadäquat* zu sein – dies ein relativ harmloses Muster, eigentlich «der Sprache nicht adäquat» –, stehen die von der Fachwissenschaft so bezeichneten Augenblickskomposita. Das sind für ganz bestimmte Formulierungszwecke ad hoc gebildete Zusammensetzungen, die drei, vier oder noch mehr sonst selbstständige Spracheinheiten in die geballte Information eines einzigen Wortes raffen. Führen wir uns diesen Vorgang in einer konkreten Situation vor Augen:

Ein – sagen wir – bayrischer «Sprachtourist», ein Mensch also, dessen touristische Entdeckerfreude mit linguistischem Interesse gepaart ist, sieht sich in einem Fischereihafen an der Nordseeküste um. Neugierig ruft er zum Mann an der Reling hinüber: «Hallo, Käpt'n!» (was in seinem bayrischen Tonfall, zugegeben, leicht ortsfremd klingt). «Wie nennt sich Ihr Schiff ... ich meine, was für ein Typ ist es?»
«Tjä, dat is sowat as'n Kutter.»
«Aha, aber ohne Segel?»
«Nee, nix Segel – 'n Motorkutter.»
«Sicher zum Fischefangen?»
«Wat seggst? Jaja, 'n Fischfangmotorkutter.»
«Fahren Sie damit auf die hohe See hinaus?»
Die Antworten werden ob solcher Landrattigkeit allmählich wortkarger, und der Fischer s-puckt erst mal in eine Welle, bevor diese an der Ufermauer bricht. «Na kloar.»
«Also ein Hochseefischfangmotorkutter?»
Wie das Gespräch weitergeht, mag sich jede(r) selbst ausdenken. Wichtig ist für uns allein das Ergebnis: *Hochseefischfangmotorkutter.*

Was wir soeben als Augen- und Ohrenzeugen miterlebt haben, war die fiktive Geburt einer vielgliedrigen Wortzusammensetzung der Art, wie sie heute in Mode stehen. Der *Hochseefischfangmotorkutter* ist genau das, was Arthur Schopenhauer in seinen Tagen als «Wort-Dreimaster» getadelt und Mark Twain Ende desselben Jahrhunderts als «alphabetische Prozessionen» verspottet hat.[104] Dem lässt sich zunächst einmal entnehmen, dass solche langen Wörter schon damals Gegenstand sprachkritischer Überlegungen waren, heute mithin gar nicht so neumodisch sind, wie es oft den

Anschein hat. Alte Beispiele wären etwa *Freundschaftsbezeigungen,*
Kinderbewahrungsanstalten oder *Wiederherstellungsbestrebungen.*
«Wenn sich eine dieser großartigen Bergketten quer über die
Druckseite zieht, schmückt und adelt sie natürlich die literarische
Landschaft», kommentiert Mark Twain ironisch. Doch weder der
Seemann noch der Philosoph, auch nicht der amerikanische Reise-
schriftsteller ist in dieser Frage zuständig, sondern einzig und al-
lein der Stilist.

Und der sagt: Zusammengesetzte Wörter gibt es seit den Anfän-
gen deutscher Sprachüberlieferung. Jahrhundertelang blieben sie
vor allem zwei-, höchstens dreigliedrig, und solche Mehrgliedrig-
keit reduzierte sich zudem oft auch noch von selbst durch Kür-
zung im allgemeinen Sprachgebrauch: *Lastkraftwagen* (in der
modernen «Akü»-Sprache LKW) zu *Lastwagen* oder *Laster, Füll-*
federhalter zu *Füllhalter* oder *Füller.* In unserer Gegenwartssprache erleben nun diese Zusammensetzungen einen unerhörten
Aufschwung, quantitativ in fast Schwindel erregender Zunahme,
qualitativ in einer immer größeren Zahl von Gliedern, die zusammengespannt werden: *Hundertkilometertempo, Damenarmband-*
uhr, Lebensmittelsupermarkt – alles Wörter, die wir trotz ihrer
Vielgliedrigkeit wie Hunderte ihresgleichen als völlig normal ansehen. Doch es geht hoch und immer höher hinaus auf der Silben-
stufenleiter: von der ominösen *Doppelkammschwanzbeutelmaus*
(die nicht unbedingt zu unserem vertrauten Wortschatz gehören
muss) über *Hochleistungstiefkühlgefrierschrankmodell* oder *Kraft-*
fahrzeugschadenhaftpflichtversicherungspolice bis hin zur über-
dimensionalen *Ultrakurzwellenüberreichweitenfernsehrichtfunk-*
verbindung mit ihren, sage und schreibe, elf Gliedern. Angesichts
solcher modernen *Überseekreuzschifffahrtssuperluxusliner* muss
sogar Schopenhauers einst so imposanter *Wortdreimaster* die Segel
streichen, und selbst der weltberühmte *Donaudampfschifffahrts-*
gesellschaftskapitän zieht hier respektvoll die Mütze – und den
Kürzeren.

Offensichtlich entsprechen solche langen, zum Teil überlangen
Wortkompositionen aktuellen Formulierungstendenzen, die auf
Komprimierung und Konzentrierung gerichtet sind, ein sprach-
ökonomisches Ausdrucksverhalten also. Die meisten erklären sich
als spontane «Raffbildungen», die den Inhalt ganzer Wortgruppen
oder gar Nebensätze in ein einziges Wort fassen: beispielsweise im

Dienstfahrtkostenerstattungsformular – ein Formular, auf dem die Erstattung von Kosten beantragt wird, die durch Fahrten im Dienst entstanden sind. Auch wenn es eine durch und durch bürokratische Spracherfindung ist, sie liegt voll im Wortbildungstrend unserer Zeit. Man spricht hier von einer modernen «Blockbauweise», wo früher mit vielen einzelnen Steinen gebaut worden ist. Der Schriftsteller Martin Walser hat den Sachverhalt treffend beschrieben und auch richtig erkannt, dass der Sinn solcher Wörter eher vage, damit flexibel bleibt:[105] «Dem Doppelt- oder Dreifachwort, dessen Bedeutungen nach vielen Richtungen strahlen, vertrauen wir unser inniges oder heftiges Meinen lieber an als einer syntaktischen Konstruktion.»

Ebenso wenig zu übersehen ist andrerseits, dass derartige Raffwörter, wie sie oft von Journalisten unter Formulierungszeitdruck im und für den Augenblick geprägt werden, angesichts ihrer Komplexität und Kompliziertheit nicht nur stilistisches Unbehagen verursachen können, sondern schlichtweg Verstehens- und Behaltensschwierigkeiten: *Ultrakurzwellen* ... schaffen Ihre «kleinen grauen Zellen» noch den Rest dieses Wortmonsters? Dennoch steht fest: Es gibt genug Wörter von einigem Umfang, die trotzdem eine gute Statur, klar umrissene Bedeutung und rege Verwendung aufweisen. Auch das moderne «Kompaktwort» wird seinen stilistisch nicht immer über jeden Zweifel erhabenen, doch jedenfalls zweckmäßigen Gebrauch in unserer Gegenwartssprache behaupten, solange man eben kein Übermaß, sondern das richtige Augenmaß walten lässt. Nur für wirklich aufgeblasene, sinnleere «Wortballons», sprachliche Hohlkörper also, hat der klassische Reminiszenzen weckende Aphorismus Dolf Sternbergers seine Berechtigung: «Der Sinn ist kurz, das Wort ist lang.»

2. Können Wörter hässlich sein?

Im Bereich des Wortklangs lassen sich
sprachliche Schönheit und Häßlichkeit
deutlicher beurteilen, als oft angenommen wird ... Über Wörter wie Jean Pauls
Neuprägungen «Jetztzeit» und «Selbst-
zweifel» machte sich schon Eduard Engel
zu Recht lustig, der sie Erfindungen eines
«Ohrlosen» nannte.

Theo Stemmler[106]

Mit anderen Worten: von der Figur zum Aussehen und Ansehen
der Wörter. Als «abscheuliche Rattenschwänze der Sprache», die
man besser mit der Schere wegschneiden solle, hat der im Motto
genannte Jean Paul, einer unserer phantasievollsten und zugleich
sprachgelehrtesten Dichter, die deutschen Hilfsverben gescholten.
Womit er freilich nur seiner Zeit gefolgt, welche denn auch jene
stets weglassen, wiewohl sie grammatisch vorgesehen – dies
dazumal die «gemeine» (allgemeine) Einstellung, der auch ein
Goethe nicht entraten: Andere Zeiten, andere Stil-Sitten. Obwohl
wir heutzutage *sein* und *haben* in Hilfsverbfügungen ungeniert gebrauchen, gelten sie als Vollverben ähnlich wie die allgemeinen
Tätigkeitsbezeichnungen *tun* und *machen* als äußerst blass: Ist
das, stilistisch gefragt, eine vornehme Blässe oder eher eine krank-
hafte Bleichsucht?

Fest steht, dass fünf *ist*-Sätze hintereinander einen Schreiber in
den Augen stilbewusster Leser halbwegs zu einem Analphabeten
des Sprachausdrucks stempeln. Schon Generationen von Sprachkritikern haben sich darüber aufgeregt, Stillehrer dagegen ange-
kämpft und Schulmeister jeder Fasson wohl fässerweise rote Tinte
verbraucht, um diesen Stilfehler anzustreichen. Solche Ausdrucks-
nöte lassen uns gern zu geläufigen Ersatzformulierungen greifen,
denen jedoch meist ein unverkennbarer Geruch von Papier und
Umständlichkeit anhaftet. Wenn etwas nicht *ist*, dann *bildet, bedeutet* oder *stellt* es etwas *dar* – beliebte Umschreibungen, aber
samt und sonders mit der grammatischen Tücke, im Gegensatz zur
nominativischen *sein*-Beziehung den Akkusativ zu verlangen:
«Dies ist *kein* Ausnahmefall – bildet, bedeutet, stellt *keinen* Aus-

nahmefall dar, sondern die Regel.» Gravierender jedoch, dass die speziellen Gebrauchsbedingungen oft gar keine sinnvolle Ersetzung zulassen: «Mein Sohn ist Doktor» heißt nicht, er bilde oder bedeute einen Arzt, und wenn er einen solchen darstellt, dann höchstens auf der Bühne als Schauspieler.

Außerdem kann *sein* noch so viel bedeuten wie «sich befinden, aufhalten». In diesem Fall greift man gern zu *weilen*, einem Verb höchster Gehobenheit; diese Charakterisierung zeigt aber an, dass wir uns nicht mehr auf der Ebene der Sinnentsprechung, sondern des Stilwerts der Wörter bewegen. «Ein indischer Fürst weilte in Berlin», schreibt Werner Finck:[107] «Wenn wir nicht wüßten, daß es ein weltbekannter Fürst ist, so würden wir doch allein schon aus der Tatsache, daß er weilt, seine Bedeutung herausspüren. Weilen können nur die Großen dieser Erde.» Zwischen *sein* und *weilen* besteht jedenfalls ein deutlicher Kontrast im Stilistischen, vergleichbar dem zwischen *essen* und *speisen* – nur dass dort wiederum ein Unterschied des grammatischen Gebrauchs hinzukommt: Bei der wunderbaren Brotvermehrung speiste Jesus die Fünftausend, aber er aß sie nicht.

Schon auf der Schulbank lernen wir, dass auch unser Verb *haben* diverse Umschreibungsmöglichkeiten «aufweist», wie eben *aufweisen, besitzen, sein eigen nennen* oder *über etwas verfügen*, worüber unser bürokratiebeflissenes Zeitalter mit entsprechender Vorliebe «verfügt». Nehmen wir statt dessen als Beispiel *besitzen*. Man kann Angst, schlechte Manieren, keinen Blinddarm mehr, Schulden und vieles andere haben – «besitzt» man diese dann? Noch vielfältiger lassen sich die Allroundwörter des Tätigkeitsbereichs ersetzen, *machen* und *tun*, doch auch sie nicht immer zu ihrem stilistischen Besten: *handeln, verrichten, aus-* und *durchführen, bewerkstelligen, erledigen, erfüllen, verfertigen, erzeugen, verwirklichen, hervorbringen* usw., nicht zu vergessen das heute exquisit wirkende *zeitigen*. Natürlich klingt es nicht gut, wenn man immer nur alles macht: die Tür auf, das Radio aus, kluge Bemerkungen oder dumme Witze, anderen Umstände, sich Illusionen, öfter eine Pause oder endgültig Schluss – die Frage nach dem treffenden Ausdruck lautet: Was machen Sie wirklich, wenn Sie etwas tun?

Lassen wir uns von Kurt Tucholsky belehren, wie am besten zu verfahren sei:[108] «Der Mensch *besitzt* zwei Beine und zwei Überzeugungen: eine, wenns ihm gut geht, und eine, wenns ihm schlecht geht ... Der Mensch *stellt* ein Wirbeltier *dar* und *verfügt über* eine unsterbliche Seele ... Er wird *hervorgebracht,* hingegen nicht gefragt, ob er auch *erzeugt* werden wolle» usw. Aber was hat es mit den Kursivierungen auf sich? An den derart gekennzeichneten Stellen verwendet Tucholsky nichts als schlichtes *sein, haben, machen.* Und dieses Rezept gilt für alle noch so gut gemeinten Ersatzvokabeln, die stilistisch Abwechslung im Ausdruck bewirken sollen: Wenn sie, stocksteif wie die meisten sind, auch noch an den Haaren aufs Papier gezerrt werden und man die sprichwörtliche Absicht merkt, dann *tut* ein wenig *ist* und *hat* und *macht* geradezu wohl!

Blässliche Wörter gibt es mithin – doch gibt es auch hässliche, wie man immer wieder lesen kann? Die sprachliche Schönheit, vor deren Hintergrund erst sich Hässlichkeit bestimmen lässt, ist ein heikler Gesichtspunkt, der weithin subjektiven Einschätzungen und ästhetischer Ideologisierung unterliegt. Es sollte noch erinnerlich sein, wie einst unter dem Stichwort der «entarteten Kunst» Schindluder mit dem Urteil über Schön und Hässlich getrieben worden ist. Sprachlich wird unterschieden zwischen einer Hässlichkeit des Sinnes und einer solchen der Lautung. Exemplarisch für den ersten Fall gilt *Menschenmaterial* als «das häßlichste Wort» überhaupt, ein Kernbegriff übrigens aus dem ‹Wörterbuch des Unmenschen›, und das scheint sinngemäß durchaus nachvollziehbar. Wenn jedoch jemand – sagen wir – *Eiterbeule* als hässlich betrachtet, dann steht zu vermuten, dass er sich eher von der unangenehm empfundenen Sachvorstellung leiten lässt als vom Wort selbst. Dafür bietet die deutsche Sprache viele Beispiele, etwa *Duft* als gewissermaßen positiver Geruch, *Gestank* als negativer: Aber nicht weil ein Wort wie *Gestank* hässlich klingt oder stilistisch minderwertig ist, umgeht man es gewöhnlich, sondern weil die so bezeichnete Sache in dieser Weise eingeschätzt wird. Die Wissenschaft spricht dann von ‹Tabuwörtern›, deren Gebrauch man nach Möglichkeit vermeidet.

Im Falle der Lautung scheint eine Beurteilung einfacher. Als hässlich, unschön, kakophonisch gilt beispielsweise, von Anfang an und bis in unsere Tage, das Wort *Jetztzeit.* 1807 von Jean Paul dem damals üblichen *Mitwelt* oder *Gegenwart* zur Seite gestellt, wird es von Schopenhauer, der es grundsätzlich in die von demselben Jean Paul erfundenen Gänsefüßchen setzt, wie von Nietzsche und vielen anderen heftig attackiert:[109] «ein greulicher Zischlaut, einer Schlangensprache würdiger als einer Menschensprache», so der Wiener Publizist Ferdinand Kürnberger im späteren 19. Jahrhundert und vor ihm schon, auch er Sprachkritiker, Carl Gustav Jochmann (1828): «*Jetztzeit* – sprich es nicht aus, lieber Leser, das süße Wort, nicht für die Zunge, für's Auge nur und für den Gänsekiel ist es gemacht»: ein klassisches Papierwort also. Wenn zur Begründung seiner Hässlichkeit die extreme Konsonantenhäufung des Wortes angeführt wird, insbesondere sein -*tztz*-, spricht sich darin die uralte Klage (schon bei Otfried von Weißenburg im 9. Jahrhundert) und in der Folgezeit nahezu kanonische Auffassung aus, das Deutsche sei eine lautlich spröde Sprache.

Um dem Verdacht eines dichterischen Vorurteils zu entgehen, mag hier stellvertretend Friedrich der Große zu Wort kommen, von dem man schließlich weiß, dass er sich meist des Französischen bedient hat: «Die deutschen Konsonanten! Mir tun immer die Ohren wehe.» Und in einem Gespräch mit dem Leipziger Poesie-Professor Johann Christoph Gottsched: «Sein eigener Name wie hart! Gottsched – fünf Konsonanten!» In der Tat häufen sich nicht nur die deutschen Konsonanten im Allgemeinen, sondern vor allem auch Zischlaute wie *s, sch, z* oder *tz*, denen wir nicht von ungefähr viele unserer «Zungenbrecher» verdanken. Trotzdem, es existieren noch konsonantenreichere Sprachen auf der Welt als das Deutsche, und uns geht *Zugspitze* sicherlich genauso glatt von der Zunge wie einem Japaner *Fudschiyama* oder einem Mexikaner *Popocatepetl*.

Und unsere Vokale? Eigentlich sind sie es ja, die den vollen Ton machen. Doch weder diese schon einschränkende Feststellung noch Ernst Jüngers rühmliches ‹Lob der Vokale› vermag darüber hinwegzutäuschen, dass in der deutschen Sprache wiederum ein erdrückendes Übergewicht des farblosen *e*-Lauts herrscht – in den unbetonten Vor- und Nachsilben der Wörter sowieso und oft genug auch in ihrer Stammsilbe. Man kann im Extremfall, spaßeshalber natürlich, völlig eintönige *e*-Sätze bilden: «Helene Weber gedenkt des Strebens jenes edelsten Menschen, der je Dresdens belebte Wege betreten.» Dasselbe ernsthafter, poetisch: «Selber bedreckt von Dreck, werfen im Dreck sie mit Dreck», so Georg Büchmanns deutsche Lesart jenes berühmten Ovid-Verses, der das

Fröschequaken nachahmt.[110] Lautmalerei, mit dem Fachbegriff ‹Onomatopöie›, heißt dieses Kunstmittel. Es reicht von der Abstimmung ganzer Verse, Strophen, ja Gedichte auf eine bestimmte Klangfarbe bis zur subtilen Nachahmung von Naturtönen und darüber hinaus zur Lautsymbolik, die dem buchstäblichen Wortlaut Aufschluss über das Wesen der Dinge zu entnehmen versucht. Unsterbliche Dichter haben das Spiel mit den Feinheiten der Klangwirkung zu allen Zeiten meisterlich betrieben – und wir, die gewöhnlichen Stil-Sterblichen? Dass Zufallsreime und dergleichen in normaler Prosa verboten sind, wissen wir bereits (S. 83), und ein Satz wie «Nana aß Ananas» erzeugt im Sprachalltag nichts als Komik. Woraus folgt: wer klangvolles Deutsch schreiben will, erreicht das am sichersten durch Vermeidung zungenbrecherischer Konsonantenfolgen und durch ein vokalisches Kolorit, das vornehmlich die farbigen Vokale in buntem Wechsel mischt. Nach dem Muster: *Der Ton macht auch die Stil-Musik.*

3. Treffen wie der Blitz

> Der Unterschied zwischen dem richtigen Wort und dem beinahe richtigen ist derselbe wie zwischen dem Blitz und einem Glühwürmchen.
>
> *Mark Twain*[111]

Sprachlicher Wohllaut hängt indes nicht allein davon ab, konsonantische Dissonanzen (ein Widerspruch in sich) und vokalische Monotonie der Wörter geflissentlich zu vermeiden. Missklang kann auch mit ihrer Bildeweise und Fügung zu tun haben. Seit langem schon brandmarkt die Sprachkritik zum Beispiel unsere zahllosen Ableitungen mit dem Suffix *-ung*, und da sich an ihnen im Laufe der Zeit nicht viel geändert hat, außer dass sie immerfort noch weiter zunehmen, bildet die «Ungerei» bis heute auch ein eifrig traktiertes Kapitel aller Stillehren:[112] «Wie die Alten ungen, so ungen auch die Jungen.» Unsere Frage: ist es berechtigt, die *-ung*-Wörter hässlich zu finden, oder nur sprachkritische Un(g)kerei?

Von ihrer Hunderten, die unser Wortschatz umfasst, sind viele nicht nur absolut unanstößig, sondern ausgesprochen nützlich, was ja nicht zuletzt ihren regen Gebrauch erklärt. Sie ermöglichen es, jedes Verb in ein Substantiv zu verwandeln, das zudem oft Vorgang und Ergebnis ausdrücken kann, wie in *Darstellung* (als Darstellen und Dargestelltes), *Erfindung, Mahnung* und anderen. So viel stimmt allerdings, dass *-ung*-Wörter mit zunehmendem Umfang immer ungefälliger werden: *Atmung, Problemstellung, Zurruhesetzung, Indiewegeleitung* usw. – ganze Redewendungen werden hier zu einem Unwort gebündelt. Unleidlich erscheinen auch Doppel-*ung*-Bildungen wie *Ergänzungsbestimmung* oder *Inerwägungziehung*, gewissermaßen eine mathematische Potenzierung des Übels: «ung mal ung gleich ung im Quadrat», rechnet uns ein Stillehrer vor. Noch unleidlicher, wenn mehrere *-ung*-Wörter unmittelbar aufeinander folgen oder gar den ganzen Satz dominieren: «Die Durchführung der Förderung der Forschung für die Verwirklichung der Steigerung der Fertigung ist in Ansehung der Entwicklung von Bedeutung.»

Über allen Äußerlichkeiten sollte man eines jedoch nicht vergessen, die Hauptsache: Wörter haben auch eine «Seele», ein ungemein sensibles und flexibles Innenleben. Gemeint ist damit ein relativ fester Bedeutungskern, linguistisch ‹Denotation› genannt, der aber von einem Kranz ‹konnotativer› Begleit- und Nebenvorstellungen, individueller Erfahrungseindrücke und Gefühlswerte umgeben ist. Sie sind es, die jedes Wort einmalig machen, wie das einst Wilhelm von Humboldt feinsinnig beschrieben hat:[113] «Erst im Individuum erhält die Sprache ihre letzte Bestimmtheit. Keiner denkt bei dem Wort gerade und genau das, was der andre, und die noch so kleine Verschiedenheit zittert, wie ein Kreis im Wasser, durch die ganze Sprache fort.» All diese haarscharfen Bedeutungsnuancen, millimeterfeinen Sinnunterschiede und mehr oder minder fest eingespielten Verwendungsweisen ein und desselben Wortes – Nietzsche beklagt sich einmal, wie plump die Sprache «mit ihrem einen Worte über so ein polyphones Wesen» herfalle –, sie alle gilt es bei der Sprachverwendung auf das Sorgsamste zu beachten.

Einige Beispiele. Bekannt ist jene Bismarck zugeschriebene Sprachanekdote, die im Bezug auf einen Diplomaten, einen *Gesandten,* mit dem Doppelsinn von deutsch *geschickt* spielt: ein Gesandter, aber eben kein geschickter. Im Sprachalltag ist vor solchen, dann natürlich unbeabsichtigten, Mehrdeutigkeiten (‹Ambiguitäten›, wie die Linguistik sagt) eindringlich zu warnen: «Die

Stunden nach Mitternacht, das ist die Zeit, in der man dem Laster auf den Straßen am häufigsten begegnet» – trotz ihres verschiedenen Geschlechts, *der Laster* und *das Laster,* entgeht man nicht einer möglichen Fehldeutung. Ja, schon einfache Missverständlichkeiten, die leicht irreführen können, bewirken Verärgerung: die berühmte *Beinhaltung,* das *Druckerzeugnis,* eine *Talentwässerung* – ach so, «Be-inhaltung, Druck-erzeugnis, Tal-entwässerung». Holprige Formulierungen aus stilistischem Ungeschick, sogar sprachliche Fehler aus grammatischer Unachtsamkeit: der Leser nimmt sie, stirnrunzelnd zwar, in Kauf. Nie jedoch wird er mangelnde Deutlichkeit des Sinns akzeptieren, weil er dann nicht mehr weiß, woran er ist. Gleißende Ironie also, wenn der Sprachkritiker Alfred Gleiss uns rät: «Es genügt nicht, keine klaren Gedanken zu haben, man muß auch imstande sein, sich unklar auszudrücken.»

Damit sind wir an den Punkt gelangt, der in diesem Abschnitt zur Diskussion steht. Der Reichtum der deutschen Sprache an Wörtern, Wortbildungsmöglichkeiten und nuancierten Begriffen sollte uns eigentlich in die Lage versetzen, immer genau das auszudrücken, was wir meinen. Aber aus demselben Grund kann uns von Fall zu Fall die richtige Stil-Wahl sauer werden, wenn es um das eine, im Äußerungszusammenhang allein passende Wort geht. Und da, was dieser Wortwahl an Treffsicherheit fehlt, meist durch weitschweifige Umschreibung ausgeglichen wird, wäre es fatal, zum erstbesten Ausdruck zu greifen, der einem gerade in den Sinn kommt. Auch stilistisch ist das Erste beileibe nicht immer das Beste, das Beste aber gerade gut genug. Doch was ist ein stilistisch «gutes» Wort? Ob es konkret oder abstrakt, allgemein oder speziell ist, ob klar, verständlich, genau, direkt oder welche Anforderungen sonst noch gestellt werden – es kommt letztlich auf etwas anderes an: Das stilistisch gute Wort muss *treffen.*

Wohlgemerkt: keinen möglichst wohlklingenden oder möglichst tiefsinnigen Ausdruck gilt es zu suchen, sondern nur das eine gerade treffende Wort zu finden. Obwohl dies ein Grund-Satz aller Stillehren ist, stellen sich die wenigsten der Frage, was denn getroffen werden soll. Die Antwort lautet, auf eine griffige Dreierformel gebracht: Sache, Sinn und Situation (die letzten Endes natürlich eine Einheit bilden). «Eine Brille?» fragt der Optiker, «kurzsichtig oder weitsichtig?» Da sich das klar auf den Brillenträger bezieht, zuerst und eigentlich aber die Brille angesprochen war, müsste die Antwort von der *Sache* her korrekterweise heißen: «durchsichtig». Wir alle wissen jedoch, dass im täglichen Sprachumgang keineswegs die Regeln strenger Logik und schon gar nicht die Grundsätze linguistischer Sprachanalyse herrschen. Vielmehr kommt es auf das von Sprachgebrauch und Konventionen geleitete Verstehen an: Was ein Sprecher oder Schreiber meint, soll – gewissermaßen als ein «Maßanzug» für das Gedachte – so ausgedrückt sein, dass es vom Hörer oder Leser im gleichen *Sinn* verstanden wird. Amüsant jene Szene aus Kotzebues Lustspiel ‹Die deutschen Kleinstädter› (1803), wo der Bürgermeister stolz versichert, das Rathaus der Stadt sei «echt gothisch» – ein Architekt aus Gotha hatte es erbaut.[114] Insofern das treffende Wort immer auch dem jeweiligen Verwendungszusammenhang angemessen sein muss, bleibt stets über die sach- und sinngemäße Stimmigkeit hinaus sein Einklang mit der *Situation* zu berücksichtigen. Im Falle einer Leichenrede, die mit den Worten schließt: «und so rufen wir dir denn, lieber Freund, ein herzliches Lebewohl zu», verbietet sich die zwar von feinem Sprachgespür zeugende, jedoch situativ unpassende Kommentierung: «Wäre an dieser Stelle nicht ‹Grüß Gott› angemessener gewesen als ‹Leb wohl›?» – keine Anekdote, sondern ein sprachwissenschaftlicher Präzedenzfall.

Kurzum: Alles, was wir reden und schreiben, sollte stets klar und deutlich sein. Nur beim Politiker gehört es zum berufstypischen Sprachrepertoire, viele Worte zu machen, die wenig sagen, und allein der Kabarettist lebt eindeutig von den Zweideutigkeiten seiner Rede. Unsere Wörter seien in Figur und Seelenleben wie ein rechtschaffener Mensch: äußerlich wohlproportioniert und adrett, innerlich voll Wahrheit, Klarheit und Geist. «Die richtigen Wörter an der richtigen Stelle», das sei die wahre Stildefinition, hat zu seiner Zeit der englische Romancier Jonathan Swift gemeint.[115]

4. Wider das Doppelt- und Dreifachsagen

> Besonders die Wiederholung und Variation
> betreffende... Regel «Wortwiederholung
> verboten – Wechsel im Ausdruck empfoh-
> len» ist als verabsolutierte einseitige Aus-
> richtung auf die literarische Ästhetik kri-
> tisch zu betrachten.
>
> *Elmar Besch*[116]

Zu den verschiedenen Doctores phil., med., rer.nat. usw., die wir kennen, gesellt sich in der Stilistik noch der «Dr. taut.» Sein geisti-ger Vater ist der Schriftsteller und Publizist Bernt Engelmann, der in seinen humorvoll-hintergründigen Versen zur Sprachkritik das Kunststück fertig gebracht hat, Ungereimtes in wohllautende Reime zu gießen. Im vorliegenden Fall klingt das so:

«Ich bin», so sprach Herr Doktor Brehm,
durchaus *imstande*, das Problem
lösen zu *können*. Nur der *Zwang*,
sparen zu *müssen*, hat bislang
erstickt den *Wunsch*, es tun zu *wollen*,
den Ruf der *Pflicht*, es tun zu *sollen*! ...»
PS: Herr Doktor Brehm ist ein Genie
(Spezialgebiet: Tautologie)!

‹Tautologie›, als Sprachfigur wie Begriff von hohem Alter, bedeu-tet dem Buchstaben nach «Dasselbesagerei» und steht demgemäß für die Bezeichnung ein und desselben Sachverhalts durch mehrere gleichbedeutende Wörter oder eine entsprechende Zusammenset-zung. Im gleichen Atemzug muss man, sozusagen als der Tautologie bis zur Verwechslung ähnlichen Bruder, den ‹Pleonasmus› nennen. Wörtlich ‹Überfülle›, meint dieser die unnötige, oft fehlerhafte Häufung sinngleicher Ausdrücke – wenn sich denn heute über-haupt noch eine klare Unterscheidung zwischen diesen beiden Un-Arten der Ausdrucksdoppelung vornehmen lässt.

Wer zum Beispiel schreibt, er *pflege* etwas zu tun, drückt sich sehr gewählt aus; wer dasselbe *gewöhnlich* oder *immer* zu tun *pflegt*, hingegen falsch, weil das Verb *pflegen* für sich schon dem

Sinn nach Gewohnheit und regelmäßige Wiederholung einschließt. Wendungen wie *sich verpflichtet fühlen ... zu müssen* oder *gestattet sein ... zu dürfen* sind alle nach dem gleichen Muster gestrickt, das auch Engelmanns Verse kennzeichnete: «Zu meinem Bedauern ist es mir leider nicht möglich, früher kommen zu können.» In einfachster Form liegt Tautologie vor in Wortverbindungen wie *nur lediglich, sondern vielmehr, ungefähr etwa* usw. – so hat bekanntlich auch Wilhelm Busch gedoppelt: «Unsre dicke, nette Jule | Geht *bereits schon* in die Schule.» Unübertrefflich jene um mindestens hundertfünfzigprozentige Klarheit bemühte Bekanntmachung eines Schaubudenbesitzers aus dem letzten Jahrhundert: «Morgen freier Eintritt *ausschließlich nur allein* für Damen!» Ob Zwillingsformeln wie *Lenkung und Leitung, null und nichtig*, pleonastisches *bis obenhin voll füllen, nochmals wiederholen* oder *mit vollem Recht verdienen*: «Spicken des Speckes», so hat der alte Goethe das sinnfällig genannt – moderne Sprachkritiker *ziehen es vor, lieber* von «Doppelmoppeleien» zu reden.

Andere Fälle sind raffinierter, zum Teil so raffiniert, dass es allenfalls unter Aufbietung eines gehörigen Maßes an Sprachkenntnis und Findig- bis Spitzfindigkeit gelingt, sie aufzudecken. Oder lässt unsere Schulweisheit es sich ohne weiteres träumen, dass ein *Fachexperte* nichts anderes ist als ein «Fach-Fachmann», dessen an sich lobenswerte *Grundprinzipien* sich buchstäblich als «Grund-Grundsätze» erklären, ebenso wie die von ihm angestrebten *Wirkungseffekte* letztlich «Wirkungs-Wirkungen» sind? In gleicher Gedankenlosigkeit spricht man von *Vorahnungen* und *Rückerinnerungen*, obwohl Erinnerungen sich stets in die Vergangenheit richten und es Ahnungen gibt, die durchaus keine Vorahnungen sind. Und so begegnet man ihnen immer wieder im allgemeinen Sprachgebrauch, den *Einzelindividuen* und *Gratisgeschenken, kriminellen Delikten* und *obligatorischen Pflichten, Vorbedingungen* und *Rückerstattungen ...* Was drückt da unser kritisches Sprachgefühl? – beide Augen zu.

Es gibt Menschen, denen das Doppelt- und Dreifachsagen ein inneres Bedürfnis zu sein scheint: Geschwätzigkeit heißt das im mündlichen Gespräch, Weitschweifigkeit im schriftlichen Text. Gute Stilisten verstehen daher die ‹Faust›-Regel: «Du mußt es dreimal sagen» als das, was sie in Wirklichkeit ist: ein teuflischer Rat, der aus dem Munde Mephistos kommt. Denn Doppelt- und

Dreifachsagen führt immer zu einem Unverhältnis zwischen Sprachaufwand und vermitteltem Sinn. Fachlich spricht man dann von ‹Redundanz› (wörtlich «Überfluss»), und weil es dabei um die Ausgewogenheit von Informationsdichte und Informationsfülle im Blick auf den zu vermittelnden Informationsgehalt geht, kann diese Redundanz sowohl gute als auch schlechte Seiten unseres Sprechens und Schreibens kennzeichnen.

Wenn die Informationen derart kompakt auf Hörer oder Leser niederprasseln, dass er sie kaum mehr bewältigen kann, wird es höchste Zeit, ihm sprachlich Luft zu verschaffen – Redundanz in gutem Sinne. Vor allem mündlich bedarf es eines gehörigen Informationsüberschusses, bis zu dreißig Prozent, damit wir auf Anhieb verstanden werden. Solche positive Redundanz konkretisiert sich schriftlich vor allem in Wiederholungen, sei es einzelner Wörter oder wichtiger Formulierungen, die der klaren Herausarbeitung gewisser Kerngedanken des Textes dienen. Umgekehrt gibt es aber auch unnötige, ja störende Wiederholungen: im Wortsinn «Überflüssiges», das als natürlicher Feind des Notwendigen gilt. Überflüssig ist alles, was der Leser selbst schon weiß, was er ohne weiteres aus dem Zusammenhang erschließen kann, was für ihn zu wissen unerheblich oder nicht von Interesse ist – Redundanz in schlechtem Sinne. Diese zu vermeiden, fordert allein schon eine wohlverstandene Sprachökonomie und ist zudem Gebot der Höflichkeit, weil wir damit auf die kostbare Zeit unserer Mitmenschen Rücksicht nehmen: Was einmal klar und unmissverständlich gesagt ist, bedarf ja auch keiner Wiederholung. Daher gilt zwar nicht absolute, redundanzfreie Kürze, wohl aber eine ausgewogene, den Umständen des Schreibakts voll gerecht werdende Knappheit des Ausdrucks als ein Grunderfordernis guten Stils.[117] Dies hat nicht zuerst und nicht als einziger Arthur Schopenhauer, dieser jedoch besonders kernig ins Wort gefasst: «Wer für alle Zeiten schreiben will, sei kurz, bündig, auf das Wesentliche beschränkt.»

Redundanz in voller Negativität macht das Wesen des Schwulstes aus. Nietzsche hat dieses Phänomen unter der Überschrift ‹Der aufgeblasene Stil› zu erklären versucht, wie er sich auch sonst gegen die «gleißnerische Form», die so genannte «gewählte Diktion» der Literaten und die noch so genanntere «Eleganz des Stils» wendet:[118] «Unsere ‹elegant› genannten Schriftsteller haben, wie ihr Stil beweist, nie gehen gelernt... Mit der richtigen Gangart der

Sprache aber beginnt die Bildung: welche, wenn sie nur recht begonnen ist, nachher auch gegen jene ‹eleganten› Schriftsteller eine physische Empfindung erzeugt, die man ‹Ekel› nennt.» Unschwer zu erkennen, dass sich hinter der so beschriebenen Darstellungsart verbirgt, was wir mit dem Etikett «Kitsch» zu versehen pflegen: eine sich dem allgemeinen Geschmack anpassende, innerlich unwahre und äußerlich meist gespreizt-sprachpathetische Scheinkunst. Den wahrhaft Gebildeten stößt sie ab, sagt Nietzsche; aber beim breiten, weniger kritischen Publikum findet diese glatte, oberflächlich gefällige, in seinem Sinn «elegante» Ausdrucksform des Kitsches offensichtlich großen Anklang. Zu dessen Pauschalstilisierung passt es, dass Walther Killy seinem Einleitungsessay zum ‹Deutschen Kitsch› ein Textbeispiel voranstellen konnte, das sich – ohne aufzufallen – als ein «Puzzle» aus der Feder von sieben verschiedenen Autoren entpuppt.

Sprachschwulst reicht von pompösen Wörtern und überladenen Wortgruppen über aufgebauschte Satzgebilde bis zu ganzen schwulstig-schwülstigen, eben «kitschigen» Texten. Als eines der vielen modischen Schwulstwörter, das zugleich sich selbst illustriert, ist heute das hochgestochene *Imponiergehabe* in Umlauf – früher sprach man statt dessen schlicht von «Angeberei». Worthäufung wird besonders im Falle von Adjektiven zum stilistischen Ärgernis: Da schlage ein Wort das andere tot, sagen die Sprachkritiker, und ausgerechnet einer von ihnen liefert ironischerweise das passende Beispiel: «dieses verwaschene, schlabbrige, quallige Wort». Für Formulierungsaufblähungen steht uns Kurt Tucholsky instruktiv mit Rat und Zi-tat zur Seite: «Man sagt nicht: ‹Der Tisch ist rund.› Das wäre viel zu einfach. Es heißt: ‹Rein möbeltechnisch hat der Tisch schon irgendwie eine kreisrunde Gestalt.› So heißt das … Wie man ja überhaupt einen schlechten Stilisten daran erkennt, daß er nicht einfach das sagt, was er meint, sondern, daß er es auf albernen Umwegen sagt.»

Originell wie immer spricht Mechtilde Lichnowsky vom «Upupa- oder Schopfdeutsch» des preziösen Schreibers (*Upupa* ist der lateinische Name des Wiedehopfs), dies nach der bunten, aufrichtbaren Federhaube des Vogels, mit der er zu imponieren versucht.[119] Ein Deutsch also, «das von der Sprache nicht dort ausgeht, wo ihr der eigene Schnabel, sondern dort, wo ihr der Schopf der Autoren gewachsen ist». Ein solcher Autor wird nicht das

Wort *Hose* verwenden, vielmehr «Beinkleid», nichts *drucken* lassen, sondern «typographisch veröffentlichen»; statt von schlichtem *Wohlgeschmack* redet er von «qualitativ hochstehendem Geschmackswert» usw. «Der Autor will sich gewählt ausdrücken», so nochmals Lichnowsky. «Aber er weiß nicht, daß das Einfache, das Korrekte, aus der Fülle von möglichem Schwulst viel schwerer zu wählen ist, zu fangen, zu zähmen, als die kompliziert-wilden Originalitäten, die er in Dressurakten vorführt.» Schwulst bedient sich mit Vorliebe als seiner Ausdrucksform ebenso abgedroschener wie inhaltsleerer Phrasen, die allen Selbstverständliches in ein klangvolles, hochtrabendes Sprachgewand hüllen. Daraus resultiert das mit Recht stilistisch kritisierte Missverhältnis zwischen großartigem Wortaufwand und geistloser Plattheit oder, durch einen Hauch französischer Eleganz gemildert, Platitüde.

Das Mehrfachsagen, die Wiederholung also, war unser Ausgangspunkt. Sie kann, wie wir gesehen haben, ein Stilfehler sein, aber auch, wie wir noch sehen werden, eine wirkungsvolle Stilfigur. Dass die Wiederholung gemeinhin wenig Ansehen genießt, für manche wohl gar ein Reizwort ist, hat mit meist unerfreulichen Schulreminiszenzen zu tun: «Wiederholung!» (in Rot am Aufsatzrand). Seit jenen Tagen kennt man auch die alte Schulmeisterregel, die auf «Abwechslung im Ausdruck» dringt: Variation um jeden Preis?

Von vornherein ausgenommen bleiben alle Sachtexte technischer, wissenschaftlicher oder juristischer Art mit fester, «terminologischer» Begrifflichkeit – einsichtigerweise, denn eine beliebige Ersetzung der definierten Fachbegriffe würde zu heillosen Missverständnissen führen. Doch auch in der allgemeinen Schreibpraxis hat exzessiver Ausdruckswechsel, sosehr er auch heute noch Lehrerherzen höher schlagen lassen mag, seine Stil-Tücken. Um die Jahrhundertwende etwa kam es im Gefolge der Mode, das zur Einführung wörtlicher Rede dienende Verb *sagen* dem Abwechslungsprinzip zu unterwerfen, vor allem in Kitschromanen zu recht ausgefallenen Einfällen:[120]

«Nein», putzte er sich die Nase.

«Hast du neue Bienenstöcke, Vater?» – «Einen», setzte sich der Alte auf die Bank.

«Ja», hebt sich ihr Busen, «ich liebe dich!»

«Ich war noch nie», schraubt Gèrard den blakenden Docht niedriger, «im Palais Bourbon.» «Ich auch nicht», legt Jacques seinen Kneifer neben sich.

In unserer Alltagssprache heißt es gewöhnlich «er sagte», schon «er sprach» bedeutet eine merklich höhere Stillage. Wer aber, wie in den Beispielen praktiziert, Formulierungsvarianten von gesuchter Extravaganz verwendet, der erzeugt nichts als Lächerlichkeit, und solcher ist die eine oder andere Wiederholung unbedingt vorzuziehen. Dies umso mehr, als in jedem Fall Klarheit, gute Verständlichkeit und die Zielstrebigkeit unseres Schreibens stärker ins Gewicht fallen als Wechsel im Ausdruck.

Demgegenüber gilt, ins Positive gewendet, die bewusste Wiederholung als eine der effektvollsten Stilfiguren. Sie gibt Kraft, bewirkt Steigerung und dient so der Ausdrucksintensivierung. Lässt etwa William Shakespeare, der wirkungssicherste Bühnendichter der Welt, seinen König Richard ausrufen: «Ein Pferd, ein *Reittier*, mein Königreich für ein *solches*»? – nein, er wiederholt und verstärkt damit: «Ein Pferd, ein Pferd, mein Königreich für'n Pferd!» (‹Richard III.› IV,2). Wir erinnern uns, dass eine bekannte Automarke vor Jahren äußerst erfolgreich Reklame machte: «Er läuft und läuft und läuft...»; Wortwiederholung dieser Art, hier zur suggestiven Andeutung von Ausdauer, verstärkt noch durch die stetige, einhämmernde Wiederkehr solcher Slogans, gehört zu den wichtigsten rhetorischen Mitteln der Werbung. Nicht viel anders verfuhr einst Wilhelm Busch, als er reimte: «Eins, zwei, drei! Im Sauseschritt | Läuft die Zeit; wir laufen mit» und diese zwei Zeilen an den Anfang jedes neuen Abschnitts setzte – ein geläufiges Kunstmittel der Dichtung, meist am Schluss von Strophen, das wir als Refrain oder verdeutscht Kehrreim kennen. Berühmt ist auch jener Vers Shakespeares in der Grabrede des Antonius: «Denn Brutus ist ein ehrenwerter Mann» (‹Julius Caesar› III,2), der sich in seiner mehrmaligen Wiederholung von entlarvender Ironie zu ätzendem Sarkasmus steigert. Überhaupt gilt, angefangen mit der Bibel (die acht Seligpreisungen in der Bergpredigt), für alle großen Reden der Weltgeschichte, dass sie von der Rhetorik der Wiederholung leben.

5. Modisches, Allzumodisches

> Modewörter sind kein Problem der Sprache,
> sondern des Stils. Für die Sprache erledigt sich
> das Problem der Modewörter von selber; sie
> werden nämlich nach einiger Zeit unmodern.
> *Harald Weinrich*[121]

Der Anklang in der Überschrift liegt auf der Hand: Nietzsches Titel ‹Menschliches, Allzumenschliches› (1878). Dass auch Modisches zutiefst menschlich ist, bedarf keiner näheren Ausführung. Moden prägen die Zeitläufte, die Menschen und ihre Lebensformen; Moden herrschen aber nicht nur in Kleidung, Wohnkultur und Kunst, sondern auch im Sprachgebrauch. Nirgendwo wird dies deutlicher als im Kristallisationspunkt aller Texte, ihrem Titel. «Ein schöner Titel ist einem Buche noch nöthiger, als einem Menschen ein schöner Taufname», meinte Lessing einst – wie Recht sie doch hatten, unsere Klassiker: Zum Titel drängt, am Titel hängt doch alles![122] Er prangt stolz auf dem Buchdeckel, ziert Buchrücken und Titelblatt, das ihm seinen Namen verdankt, steht vor Texten jeder Art als Überschrift und wird als erstes gelesen – nicht selten als einziges. Titel und Überschrift sind jedenfalls unsere wirksamsten Mittel, auf den ersten Blick Aufmerksamkeit, Erwartung und damit Leseinteresse wachzurufen. Nichts anderes bezwecken Zeitungsüberschriften Tag für Tag aufs Neue mit ihren oft raffinierten Schlagzeilen und nicht minder Buchtitel, die ja über den Tag hinaus wirken wollen: ein Feuerwerk von Namen und Ideen, von Witz und brillanter Formulierungskunst.

Gerade Titel in ihrer pointierten Kurzform unterliegen, wie ihre Geschichte im Verlauf der Jahrhunderte erweist, mehr noch als die Texte selber den Bedingungen des historischen Augenblicks, dem Zeitgeschmack. ‹Titelmoden› hat Kurt Tucholsky 1930 eine seiner witzig-spritzigen Glossen überschrieben: «Bücher sind der Mode unterworfen, wie alles andre auch», lautet die Quintessenz; die Mode der symbolischen Benennung, die Mode der Eigennamen mit oder ohne Zutaten, die Mode der halben oder ganzen Sätze und so fort, kurz: «Moden, Moden». Aus Amerika importiert sieht er damals die neue Mode, auf Flaschen mit abgestandener Flüssigkeit ein aufreizendes Etikett zu kleben – der Überraschungseffekt um seiner selbst willen: «Es kann kommen, was da will: eine Überschrift muß es haben, die den Leser vor den Kopf stößt.» Das gibt es auch heute noch; aber die Erfinder solcher Titel sollten nicht übersehen: Allzu reißerische Formulierungen können nicht nur ins Auge fallen, sondern auch gehen. Wer unter der Überschrift ‹Womit Goethe den Faust schrieb› trivial über Bleistifte handelt, betreibt geistige Hochstapelei. Die Überschrift mache den Kohl fett, der sonst so fad wäre, dass ihn niemand schlucken würde, kritisiert Tucholsky: «Früher fragte man, wie eine Medizin wirke, heute, wie sie verpackt sei. Ein Königreich für einen Titel!»

Trotzdem, wer modern ist, geht mit der Zeit. Die Kunst einer guten Überschrift besteht darin, ebenso knapp wie möglichst attraktiv Wesentliches zum behandelten Gegenstand auszusagen – der Titel gewissermaßen als vergoldeter Schlüssel zum Text, und das allenfalls in einer knappen Druckzeile (oft nur vier, fünf Wörter oder sogar weniger). Aufgrund dieser platzbedingten Kürze verbietet sich jede Weitläufigkeit der Formulierung ohnehin, doch hängt das wiederum vom Zeitgeschmack ab: So waren Barock-Titel meist von ausschweifender Üppigkeit, hingegen lieben moderne Titel-Leser – und nicht erst seit Françoise Sagans Roman – zwar Brahms, aber keine pedantische Verbrämung. Wenn sich Überschriften jeder Art prinzipiell eine doppelte Aufgabe stellt: als Blickfang zu dienen und den folgenden Text kurz zu charakterisieren, so scheint sich in unseren Tagen, ohne die unendliche Vielfalt der Möglichkeiten zu verkennen, zumindest als Tendenz abzuzeichnen, dass jene Doppelaufgabe mit Hilfe einer ebenfalls zweiteiligen Titelformulierung gelöst wird: Was Aufmerksamkeit erregen soll, sei es durch Rätselhaftigkeit, Spannung, Witz oder Spracheffekte, steht meist groß im Haupttitel; der direkte Textbezug erschließt sich dann erst im «Kleingedruckten» des Subtitels. Diesem Muster folgen viele Sachbücher, sogar wissenschaftliche Texte und auch literarische Werke. Musterhaft wie meisterhaft die Erfolgsschriftstellerin Christine Brückner mit ihrem Bestseller ‹Wenn du doch geredet hättest, Desdemona› (1986), dessen erklärende Unterzeile gleich noch zu einem Wortspiel genutzt wird: «Ungehaltene Reden ungehaltener Frauen». Wie auch immer, modischer Einfühlsamkeit und phantasievoller Kreativität sind beim Titel keine Grenzen gesetzt.

Von Titelmoden und Modetiteln zum Modischen in unserem Wortgebrauch. Die viel kritisierten «Modewörter» sind offensichtlich Wörter, die eines Tages «in Mode» kommen, auf dem Höhepunkt allgemeiner, modischer Geltung sozusagen ihre sprachliche Unschuld verlieren und allmählich an Reiz einbüßen. «Was die Wirkung des Modewortes ausmacht, ist die Kohlensäure, die in ihm perlt», beschreibt Joachim Stave diesen Vorgang.[123] «Erst wenn das Perlen aufgehört hat, ist es kein Modewort mehr, hier paßt dann die Bezeichnung ‹abgestanden›.» Was im Übermaß gebraucht wird, verschleißt sich eben, und abgenutzte Klischees, die im allgemeinen Wortschatz aufgehen, bilden das Endergebnis solcher Wortkarrieren. Unser *interessant* etwa, im 18. Jahrhundert aus dem Französischen übernommen und lange beliebtes Modewort, ist jetzt kaum mehr als ein Allerweltswort. Oder wer spricht heute noch vom früheren, der Psychologie entlehnten *Minderwertigkeitskomplex*, der sich längst in ein «mangelndes Selbstwertgefühl» soziologischer Provenienz verwandelt hat? Ein ähnliches Schicksal ereilt über kurz oder lang alle Modewörter.

Gustav Wustmann, der Sprachpapst der Jahrhundertwende, hat die damals in Mode stehenden Ausdrücke auf knapp 30 Seiten zusammengetragen – nicht ein Wort, das wir heute noch als modisch empfänden. Aber besser geworden ist es darum nicht. «Der gute alte Wustmann! Er hat sich wahrscheinlich eine Walze im Grab anbringen lassen, und da dreht er sich nun ununterbrochen herum, wenn er das hören muß, was man heutzutage so Sprache nennt», beklagt ihn Tucholsky. Doch auch die Modewörter seiner Zeit, hauptsächlich der zwanziger Jahre, haben nach unserem Eindruck so gut wie nichts Besonderes mehr: die *Angelegenheit* oder *Belange*, das *Menschliche, hundertprozentig, praktisch, irgendwie* usw. In der Folge ist die Welt des Modewörtlichen zum beliebten Tummelplatz aller Sprachkritiker geworden, deren kritisch-bissige Glossen ganze Bücher füllen. Dennoch lassen sich kaum gültige Wortlisten aufstellen, weil dem die durchweg nur begrenzte Geltungs- oder Lebensdauer dieser Wörter entgegensteht: Am Modewort-Himmel gibt es keine ewig leuchtenden Fixsterne.

So umschwebt letztlich ein Hauch von Tragik das Modewort: Im Grunde eine gelungene Sprachfügung, bringt sie sich durch ihren eigenen Erfolg gewissermaßen selbst wieder um. Von einem Einzelnen ausgehend, der aber in aller Regel anonym bleibt – meist sind es Schriftsteller, Journalisten, Werbetexter –, wirkt das Neuwort, ob neu gebildet oder ein altes in neuer Gebrauchsweise, nach dem Prinzip des Schneeballs, der eine Lawine auslöst: Erst findet es vereinzelte Nachahmer in der weiteren Öffentlichkeit, dann immer mehr, schließlich ist es in aller Munde und damit echtes Modewort. An diesem Punkt tritt die Sprachkritik auf den Plan und spricht mit unerbittlicher Strenge ihr gleichwohl vergebliches Verdikt. Als aktuelles Beispiel die *Akzeptanz*, ein wohlfeiles Produkt der Werbesprache (wahrscheinlich nach englisch *acceptance*); seit den siebziger Jahren tritt es auf, Mitte der achtziger Jahre gerät es ins Kreuzfeuer der Kritik, mittlerweile aber gehört es längst zum Vokabular jedes Menschen, der zeigen will, dass er auf der Höhe der Zeit ist.

Eine Beschreibung des linguistischen Phänomens allein genügt indes nicht, die eigentliche Erklärung liegt in der Hand der Soziologen und Psychologen. Modewörter sind nämlich eminent gesellschaftlich motivierte Erscheinungen: Man schmückt sich mit ihnen, wie man sich mit Kleidung, Frisur, Schmucksachen usw. modisch ausstaffiert. Sich solcher umläufigen Vokabeln gekonnt zu bedienen, gilt als besonders «chic»; es hebt das Ansehen in der Gesellschaft und dies wiederum das persönliche Selbstwertgefühl. Tonangebend, im wahrsten Sinne des Wortes, sind die höher gestellten, gebildeten Kreise, weshalb Modewörter früher – heutzutage mit der Einschränkung werbe- und jugendsprachlicher Einflüsse – immer, grob gesagt, «vornehme» Wörter waren. Ein Musterfall dafür findet sich bei Theodor Fontane, der seiner Titelheldin Frau Jenny Treibel das tatsächlich zur gleichen Zeit auch von Wustmann gerügte Modewort *unentwegt* in den Mund gelegt hat (1892):[124]

«Unentwegt», wiederholte Willibald, als er allein war. «Herrliches Modewort, und nun auch schon bis in die Villa Treibel gedrungen ... Nun ist das Püppchen eine Kommerzienrätin und kann sich alles gönnen, auch das Ideale, und sogar ‹unentwegt›. Ein Musterstück von Bourgoise.»

Wenn dieses *unentwegt* uns inzwischen als völlig normal erscheint, hat das damit zu tun, dass solche Wörter mit der Zeit ihren Weg durch alle Volksschichten machen, dies wiederum aus Gründen des Sozialprestiges und psychologischen Emanzipationsdrangs. Eine nicht zu unterschätzende Rolle spielt wohl auch die Lust am Neuen, Auffallenden, Besonderen; denn die Beherrschung des Zeitgemäß-Modischen gibt das selbstbewusste Gefühl, «mitreden» zu können. Ganz im Sinne des einsichtsvollen Goethe-Wortes (in den ‹Maximen und Reflexionen›), dass jeder, weil er spricht, auch über die Sprache sprechen zu können glaube, dürfen wir alle – in aktualisierter Umformulierung – auf die Straße gehen und rufen: «Wir sind die Sprache!» So sehe sie denn auch aus, kommentiert ein Sprachkritiker zynisch.

Modewörter sind zu einem nicht geringen Teil Fremdwörter, erklärlich insofern, als sie mit Bildung oder jedenfalls Bildungsansprüchen zu tun haben: «beinah gebildet, oder doch, was man gebildet zu nennen pflegt», lautet die Formel, mit der Fontanes Professor Willibald Schmidt seine Jugendfreundin Jenny charakterisiert. Übersteigert kann daraus ein nach außen gekehrter Bildungsdünkel werden, der sich in exzessivem Fremdwortgebrauch manifestiert, auch dies eine kritikwürdige Form des Sprachmodischen. Wie zu Zeiten der Humanisten Latein und Griechisch unbedingten Vorrang vor der Volkssprache hatten, gehörten zum Deutschland des 17./18. Jahrhunderts unübersehbar französische Sprache und Kultur. Seit dem ausgehenden 19. Jahrhundert, spätestens aber nach dem Zweiten Weltkrieg ist dann das Englische endgültig zur Modesprache der Gegenwart aufgestiegen. Bei Fontane, der gern Sprachbeobachtungen in seine Romane einfließen lässt, spricht sich dieser Umbruch übrigens aus: «Sage nichts Französisches. Das verdrießt mich immer. Manche sagen jetzt auch Englisches, was mir noch weniger gefällt», heißt es im ‹Stechlin›, und an anderer Stelle: «Sagt man noch Dejeuner à la fourchette?» «Kaum, Papa. Wie du weißt, es ist jetzt alles englisch …»

Angesichts der heutigen Flut von Fremdwörtern vornehmlich englisch-amerikanischer Provenienz richtet sich die Kritik nicht nur gegen ihre zahlenmäßige Häufung (man beziffert sie auf schätzungsweise 50000, was mehr als zehn Prozent unseres Gesamtwortschatzes ausmachen würde), sondern auch ihre Allgegenwart im täglichen Sprachgebrauch: Kein Buch, das wir lesen, ohne Fremdwörter, die Zeitungen sind voll davon, und viele gehören schon halbwegs zum Alltagsdeutsch. Wörter wie *Swimmingpool* und *Showmaster* gehen uns glatt von der Zunge, wir *jobben, jetten* und *flippen aus*, verhalten uns *clever* und *fair*, bleiben allzeit *cool* und *fit*, ja wir reimen unbekümmert *Lust* auf *Frust* – «Ohne *Frustration* wären wir oft im Ausdruck frustriert: wir haben uns das Wort so angeeignet, daß es zu *Frust* verkürzt werden konnte, und da verrät sich nicht einmal mehr seine lateinische Herkunft.»[125] Wie auch immer, die -*ismen* der Moderne sind die Anglizismen, und sie prägen unsere derzeitige Fremdwortwelt. Michail Gorbatschows berühmt gewordener Ausspruch, wer zu spät komme, den bestrafe das Leben, liest sich auf Neudeutsch so: «Wer kein Feeling für das richtige Timing hat, der ist out.»

Wortübernahmen aus anderen Sprachen gab es immer und wird es auch in Zukunft geben. Unbestritten ist es das gute Recht der Sprachkritik, sich gegen übertriebene Fremdwortbenutzung zur Wehr zu setzen, zumal es dabei in unseren Tagen wesentlich «unpuristischer» zugeht als zu Zeiten der Fremdworthatz vergangener Jahrhunderte. Schon Kurt Tucholsky (‹Die hochtrabenden Fremdwörter›, 1930) hat, als Reaktion auf den Leserbrief einer gewissen Frau Erna G., diese liberale Einstellung festgehalten:[126] «daß du keine ‹Puristin› bist, keine Sprachreinigerin, keine von denen, die so lange an der Sprache herumreinigen, bis keine Flecke mehr, sondern bloß noch Löcher da sind, das weiß ich schon». Interessanter noch seine anschließende Bemerkung über die Fremdwortbenutzer, man habe bei ihnen von zwei verschiedenen Arten auszugehen: «den Bildungsprotzen, die sich damit dicke tun wollen, und den Schriftstellern, die zwischen ‹induktiv› und ‹deduktiv› unterscheiden wollen und diesen Denkvorgang mit Worten bezeichnen, die geschichtlich stets dieser Bezeichnung gedient haben.» Damit spielt er auf das seiner Herkunft nach überwiegend griechisch-lateinische Wortgut unserer abendländischen Bildungstradition an, zigtausend Wörter von *Apparat* bis *Zivilisation*, vor allem auch wissenschaftliche Begriffe, die in unserem Zeitalter weltweiter «Vernetzung» (ebenfalls ein aktuelles Modewort) wegen ihrer annähernd gleichen Lautung, Schreibung und Bedeutung in vielen Kultursprachen als ‹Internationalismen› immer stärker an Geltung gewinnen.

Was Tucholsky unter «hochtrabenden» Fremdwörtern versteht, zielt auf jene Versatzstücke eitlen Bildungsdünkels und angeberischen Imponiergehabes, das uns kundtun soll, wie höchst kultiviert der Schreiberling ist. Karl Kraus hat die Kritik solchen

Fremdwortgebrauchs in dem Sinne umgekehrt, dass «ein Fremdwort auch einen Geschmack hat und sich seinerseits auch nicht in jedem Munde wie zu Hause fühlt». Aber genau darin liegt das, was die Fremdwörter zu Modewörtern macht: Wer sie im Munde führt, umgibt sich mit einem Flair von globaler Sprachenkenntnis und weltläufigem Bildungsanspruch. Auf der anderen Seite sollte man nicht vergessen, wie sehr auch viele Wörter fremder Herkunft Ausdrucksmittel von beachtlicher Treffsicherheit, gediegenem Bildungswert und stilistischer Eleganz sein können. Mit Maß und Fingerspitzengefühl angewendet, sind sie der Textqualität durchaus förderlich, und gerade in gehobener Prosa wird jeder Sprachkenner eine frische *Brise* geschliffenen Fremdwort*touchs* wohl zu *goutieren* wissen. Soweit es sich dabei um ausgesprochene Modewörter handelt, gilt auch für sie der Satz des klugen Lichtenberg: «Ich mag immer den Mann mehr lieben, der so schreibt, wie es Mode werden kann, als den, der so schreibt, wie es Mode ist.»

6. Macht oder Ohnmacht des Wortes?

> Man kann sagen, daß in der heutigen Welt
> die Worte eine Macht haben, wie sie nie zu-
> vor in der Geschichte hatten.
> *Paul Ernst*[127]

Schlagen wir einen Bogen zum Anfang des Kapitels, zu Cäsars *Veni, vidi, vici,* das Ludwig Reiners mit folgendem Kommentar versehen hat: «Wenn er den Hauptwortstil geschrieben hätte, den wir heute leider bei so vielen schlechten Schreibern finden, so hätte er gesagt: ‹Nach Erreichung der hiesigen Örtlichkeiten und Besichtigung derselben war mir die Erringung des Sieges möglich.› Freilich hätte ein Mann, der in diesem Stil schreibt, die Schlacht nie gewonnen.» Fürwahr welthistorische Konsequenzen, die hier einzig und allein gutem Stil zugeschrieben werden. Der Stillehrer Reiners hat damit Anklang gefunden: «Ach, da loben wir uns Caesar: ‹Ich kam, ich sah, ich siegte!› Der konnte noch Deutsch», schlägt neuerdings Wolf Schneider in die gleiche Kerbe. Er, der Bestseller-Autor, kommentiert sein Lieblingszitat: «Wer aber nicht eine Million Leser erwartet, sollte keine Zeile schreiben» (aus Goethes

‹Maximen und Reflexionen›), mit der Bemerkung, vielleicht wolle der Schreiber gar nicht für Millionen schreiben, weil er sich für ein Genie halte: «Dann bleibt ihm, ob er eines ist oder nicht, das Schicksal Hölderlins: zu Lebzeiten sechshundert Leser, dreißig Jahre Wahnsinn und ein trauriger Tod.» Wehe, welch ein makabres Geschick demjenigen dräut, der seinen Text nicht nach den Schneider'schen Stilrezepten kocht – Auswirkungen jedenfalls eines unbedarften Stils, die das Fürchten lehren. Wie steht es tatsächlich um die Wirkung, die der gute Stil, das treffende Wort hat?

Seit langem schon wird linguistisch das Phänomen der Sprachwirkung diskutiert. Hauptsächlich in Werbung, Publizistik und politischer Propaganda ist von «effizienter» Sprache die Rede, und die «Macht des Wortes» bildet seit den Tagen der antiken Rhetorik ein Dauerthema. In der ‹Lasswell'schen Formel›, aufgestellt von dem amerikanischen Kommunikationswissenschaftler Harold D. Lasswell (1948), zählt die Frage nach der Wirkung: «*with what effect?*» zu den fundamentalen Faktoren des Kommunikationsprozesses, wie auch die gesamte rhetorische Tradition von der Wirkungsdimension der Sprache bestimmt wird. Dass der Glaube Berge versetzen könne, ist eine biblische Weisheit; dass die Kunst wirkungsvoller Sprache es vermag, uns diese versetzten Berge glaubhaft vor Augen treten zu lassen, entspricht zumindest der Überzeugung der Rhetorik und mancher modernen Stillehrer. Immerhin, auch Lewis Carroll lässt keinen Zweifel an der überragenden Bedeutung von Sprache und Wort, die er in klingende Münze umgerechnet hat:[128] «Sprache ist tausend Pfund das Wort wert!»

Unter sprachlicher Wirkung, die in erster Linie bewusst gestalteten, ja raffiniert stilisierten Texten zugeschrieben wird, versteht man in der allgemeinen, rhetorischen und kommunikationstheoretischen Wirkungsforschung eine Veränderung von Bewusstseinsinhalten oder Verhaltensweisen, die durch Sprachäußerungen hervorgerufen wird. Es gibt Fachleute, die das – selbst als Möglichkeit – kategorisch abstreiten:[129] «Bei näherem Hinsehen lösen sich alle Wirkungen in nichts auf», urteilt Ruth Römer, die es als Expertin für die Werbesprache eigentlich wissen müsste. Zur Begründung wird angeführt, potentielle Sprachwirkungen seien erstens nicht exakt bestimmbar und zweitens letztlich immer Wirkungen der zugrunde liegenden Sachverhalte. Das stimmt insofern, als unser Sprachgebrauch tatsächlich stets in weitere Handlungszusammenhänge und Weltbezüge eingebunden ist, seine Auswirkungen daher überhaupt nur Teil eines größeren Wirkungskomplexes sein können. Sprachliche Wirkung lässt sich demzufolge weder hinsichtlich der Größe ihres Anteils auch nur halbwegs einschätzen noch im Ergebnis vorhersehen.

Als Beispiel aus der Geschichte jenes beharrliche Votum Catos des Älteren, mit dem er nach antiker Überlieferung seine Senatsreden zu beschließen pflegte: «Im Übrigen bin ich der Meinung, daß Karthago zerstört werden muß» (*Ceterum censeo Carthaginem esse delendam*). Anno 146 vor Christus, drei Jahre nach dem Tode Catos, wurde Karthago wirklich von den römischen Legionen erobert und bis auf die Grundmauern niedergemacht: Ursache und Wirkung? Es mag ungerechtfertigt erscheinen, einen unmittelbaren Zusammenhang zwischen jener Äußerung und dem Eintreten des historischen Ereignisses zu sehen; und doch hat der zitierte Satz in seiner knappen, geschliffenen Formulierung und der ständigen, einprägsamen Wiederholung etwas vom Slogan der Werbung: eine unterschwellige Suggestion, die den Ablauf äußerer Geschehnisse sehr wohl zu beeinflussen vermag.

Wer redet oder schreibt, verfolgt eine Intention, die seiner Wirkungs*absicht* entspricht. Ob er diese durchsetzen kann, sein Wirkungs*ziel* also erreicht, liegt nicht in seiner Hand, sondern in der des Rezipienten, sei es Hörer oder Leser (S. 50f.). Als Texteigenschaft gibt es somit keine Sprachwirkung, sondern nur möglichst effiziente Sprache – ‹Spracheffizienz› im Sinne sprachlicher Leistungs*fähigkeit*, die wesentlich auf ihrer stilistischen Wirksamkeit beruht. Aber stilistische Wirkung als Ergebnis, als Effekt, kann daraus eben nur durch den Rezipienten werden: Er ist es, der diese Wirkung selbst schafft oder auch nicht schafft. Immerhin wissen wir, dass viele Missverständnisse weniger aus mangelnder Ausdrucksfähigkeit der Schreiber resultieren als vielmehr aus Unaufmerksamkeit der Leser. Ohne Zweifel sind die stilistische Wirkungsabsicht, die der Schreiber – im Sinne des intendierten Wirkungsziels – mit allen ihm zu Gebote stehenden Mitteln umzusetzen bestrebt ist, und potentielle Stilwirkungen die wesentlichen Bedingungen für Spracheffizienz; mit Sicherheit besteht aber zwischen ihnen kein Verhältnis der Kausalität. Das Ergebnis bleibt notgedrungen unsicher, und sei darunter auch nur der Eindruck verstanden, den der Text auf seine Leser macht. Das zeigt die

Rezeptionsgeschichte so mancher literarischen Werke – von der Unberechenbarkeit praktischer Folgen ganz zu schweigen: Der eine wird zum überzeugten Anhänger des Propagandisten, der andere macht ein Attentat auf ihn.

Und die eingangs angesprochene «Macht des Wortes»? Dass wirkungsvolle Sprache in vielen Bereichen des öffentlichen Lebens, vor allem in der Überredungskunst der Werbung, im publizistischen Meinungsstreit, in juristischen Auseinandersetzungen und nicht zuletzt im politischen Kampf, die entscheidende Rolle des Mittels zum Zweck spielt, wird niemand bestreiten. Wie ein rundes Jahrhundert vor ihm schon Ludolf Wienbarg, der Wortführer des Jungen Deutschland, schrieb 1929 Kurt Tucholsky, im Wortlaut fast übereinstimmend:[130] «Sprache ist eine Waffe. Haltet sie scharf» – gleichwohl musste derselbe Tucholsky eingestehen: «Ich habe Erfolg, aber keine Wirkung.» Ähnlich resignierend klingt der Essay ‹Die Sprache› (1932) seines Zeit- und Schicksalsgenossen Karl Kraus, der ein Leben lang im Glauben an die Macht seines Wortes gewirkt hatte und am Ende erkennen musste, dass auch schärfste sprachliche Kritik, Polemik und Satire sich als stumpfe Waffen erweisen gegen die realen Verhältnisse des Lebens, wenn sie nicht so sind. Was wiederum Tucholsky schon zur «Fundamentalregel alles Seins» erhoben hatte: «Das Leben ist gar nicht so. Es ist ganz anders.»

Trotzdem – das treffende Wort, die anspruchsvolle Sprache, der gute Stil sind, unabhängig von aller vordergründigen Wirkung, ein hoher Wert an sich: Nichts geht über den Sprachreiz einer brillanten Ausdrucksweise, die sich gekonnt der stilistischen Kunstmittel zu bedienen weiß, wie sie im folgenden Kapitel dargestellt werden. Es beginnt mit der Feststellung, das Wort sei seinem Wesen nach eine Übertreibung.

Fünftes Kapitel
Sprachreiz – die «Attraktivmacher»

> Das Wort ist seinem Wesen nach eine
> Übertreibung. Je extremer der Zustand,
> desto leichter, das passende Wort für
> ihn zu finden. Nichts ist mit Wörtern
> schwerer zu beschreiben als ein unauf-
> fällig gekleideter Durchschnittsmensch
> von Mittelgröße, der mit ausdrucks-
> armer Miene in normalem Schritt bei
> zwanzig Grad unter milchigem Him-
> mel durch die Bahnhofstraße geht.
>
> *Wolf Schneider*[131]

Vorausgesetzt, unser Motto sei maßgeschneidert: Warum in aller
Welt sollen wir sprachlich übertreiben? – damit das, was wir sagen
oder schreiben, durchdringt und Wirkung hat; damit es unseren
Zuhörern oder Lesern auffällt. Und was fällt auf? «Auf fällt immer
nur, was vom Gewohnten abweicht», belehrt uns Edith Hallwass.
Einen Regenbogen, der eine Viertelstunde steht, sehe man nicht
mehr an, ist in Goethes ‹Maximen und Reflexionen› zu lesen, und
George Bernard Shaw hat einmal bemerkt, ein Engel im Himmel
falle niemandem auf. Um so weniger natürlich ein Durchschnitts-
mensch in Alltagssituationen, wenn er entsprechend durchschnittlich beschrieben wird: Langeweile ist angesagt.

Kein Wunder, dass die Verständlichkeitsforschung außer Klarheit und Eingängigkeit der Darstellung denn auch «anregende Zusätze» gefordert hat. Was bringt schließlich ein Text, der so gut
verständlich geschrieben ist, dass jeder ihn lesen könnte, aber so
fad, das keiner ihn liest? Anregende Zusätze sind, moderner ausgedrückt, die sprachlichen «Attraktivmacher» eines Textes. Solche
belebenden Darstellungselemente, die den glatten, aber eben darum langweiligen Ablauf des Sprachgeschehens unvermittelt
durchbrechen, sollen Leseanreiz schaffen, vielleicht sogar Spannung, und die ohne sie eintönige Lektüre wird auf einmal zum Vergnügen.

Auffälliges ist immer Unvermutetes und deswegen Überraschendes, das von dem, was der Leser erwartet hat, abweicht. Der Sprachreiz beruht folglich auf einem Erwartungsbruch, sei es in Form eines Weniger, Mehr oder Anders als erwartet. Dementsprechend bieten sich dem Sprachkönner drei Wege, sein Ziel zusätzlicher Lesestimulanz zu erreichen: durch darstellerische Verkürzung, Verdichtung oder Verfremdung.

1. Verkürzung – der Mut zur Lücke

> Wenn der Schriftsteller gut weiß, worüber er schreibt, kann er vieles von dem, was er weiß, weglassen, und wenn er natürlich schreibt, empfindet der Leser das Weggelassene ebenso stark, als wenn der Schriftsteller es gesagt hätte. Die Größe der Bewegungen des Eisbergs besteht darin, daß er nur mit einem Achtel über die Wasseroberfläche emporragt.
>
> *Ernest Hemingway*[132]

Jean Paul hat es – um eine gängige Modewendung zu gebrauchen – auf den Punkt gebracht, und das in aphoristischer Zuspitzung: «Sprachkürze gibt Denkweite.» Kürzer geht es kaum, denken wir also weiter – und zuweilen auch wieder ein wenig quer. Über Nutz und Frommen stilistischer Kürze oder besser Knappheit des Ausdrucks wissen wir Bescheid (S. 107), doch Verkürzung will mehr. Wenn Ludwig Feuerbach seinerzeit bemerkt hat, Stil sei richtiges Weglassen des Unwesentlichen, so war ihm als Philosoph natürlich klar, was essentiell, substantiell und vor allem wesentlich ist – aber weiß das auch jeder Stilist?

Gehen wir davon aus, dass Genauigkeit und Klarheit der Formulierung, die eine mehr auf begriffliche Treffsicherheit, die andere eher auf konsequente Gedankenführung bezogen, anerkanntermaßen als Stilprinzipien von hohem Rang gelten. Trotzdem ist genau und klar zu sein wohl wichtig, doch keineswegs die allein selig machende Kardinaltugend, wenn es um Stil geht. Am Beispiel einer Gebäudebeschreibung hat Gerhard Storz nachgewiesen, dass diese zwar mit Maß und Zahl sämtliche Einzelheiten minutiös angibt und doch keine deutliche Vorstellung des beschriebenen Bauwerks, einer mittelalterlichen Kathedrale, entstehen lässt:[133] «Genau, aber nicht klar.» Sogar Gebrauchsanweisungen, Beipackzettel und technische Anleitungen, die sich um höchste sachliche Exaktheit bemühen, sind – und viele von uns wissen das aus eigener, leidvoller Erfahrung – oft zwar sehr genau, doch alles andere als klar. Unnachahmlich, wie Georg Christoph Lichtenberg einst solch unklare, weil unendlich umständliche Genauigkeit karikiert hat:

> Wenn ein Haus brennt, so muß man vor allen Dingen die rechte Wand des zur Linken stehenden Hauses, und hingegen die linke Wand des zur Rechten stehenden Hauses zu decken suchen, denn wenn man zum Exempel die linke Wand des zur Linken stehenden Hauses decken wollte, so liegt ja die rechte Wand des Hauses der linken Wand zur Rechten, und folglich, da das Feuer auch dieser Wand und der rechten Wand zur Rechten liegt ..., so liegt die rechte Wand dem Feuer näher als die linke, und die rechte Wand des Hauses könnte abbrennen, wenn sie nicht gedeckt würde, ehe das Feuer an die linke, die gedeckt wird, käme – usw.

Demgegenüber führt aussparende Genauigkeit, die das Wesentliche hervorhebt, in jedem Fall zu mehr Klarheit. Auch ein Maler, der einen Baum möglichst echt darstellen will, wird seiner Absicht kaum dadurch gerecht, dass er in größter Präzision Ast für Ast, ja Blatt für Blatt naturgetreu wiedergibt. Dann schon eher ein Kind, das mit einfachen Strichen und Kreisen die Konturen des Baumes seinem Eindruck nach erstaunlich lebendig skizziert, obwohl auch dies unvollkommen bleibt. Wenn folglich weder übergroße Genauigkeit, die leicht zur Detailkrämerei verkommt, noch bloße Andeutung, die vieles im Ungewissen lässt, volle Klarheit erbringt, wo liegt dann die goldene, stilistisch erstrebenswerte Mitte?

Vielleicht hilft uns ein vergleichender Blick auf die menschliche Wahrnehmung und Vernunft weiter. Es ist bekannt, dass wir ständig einer verwirrenden Fülle oft vager Sinneseindrücke ausgesetzt sind. Gleichsam gefiltert, werden diese auf verschlungenen Gehirnbahnen, indem Wahrgenommenes sich mit unserem schon vorhandenen Wissen mischt, zu einem «typischen» Vorstellungsbild verarbeitet, das in nicht unerheblichen Teilen auf individueller ‹Interpretation› beruht. Dieser Begriff ist uns in erster Linie geläufig als die «professionelle», fachgerechte Erläuterung literarischer Werke; doch wir alle rezipieren, in durchaus vergleichbarer Weise, Texte jeder Art. Es leuchtet ein, dass die eigene Interpretation bei übergroßer Genauigkeit des Textes überflüssig wird: Alles ist ja gesagt. Reichen umgekehrt die gebotenen Hinweise nicht aus, um sich selbstständig ein klares Bild zu machen, hat dies Nichtverstehen zur Folge. Im Normalfall verhalten sich Informationsmenge und Informationsdichte ausgewogen, so dass der Leser auf dem Wege seiner Interpretation zum richtigen Verständnis des Textes und damit zu voller Klarheit gelangt.

Was hier sehr theoretisch dargelegt wurde, wollen wir uns an einem im Wortsinn anschaulichen Beispiel klarmachen: am menschlichen Gesicht, das nach einer der beiläufig hingeworfenen Bemerkungen Lichtenbergs immerhin die «unterhaltendste Fläche auf der Erde für uns ist». Trotzdem oder gerade deswegen lässt sich erfahrungsgemäß ein Gesicht, gleich allem Lebendigen, nur sehr schwer beschreiben. Christian Morgenstern hat sich über die Romanschriftsteller amüsiert, die auf das Sorgfältigste bemüht seien, Gesichter im Geiste nachzuzeichnen:[134] Wenn es heiße, «sein Haar war braun, seine Stirn niedrig, seine Nase schön geschwungen, sein Mund groß aufgeworfen», so gehe das an ihm ziemlich spurlos vorüber; aber: «Wenn ich lese, sein Kopf glich einer umgekehrten Zwiebel, so habe ich sofort ein Bild.» Ein paar gekonnt hingesetzte Striche sagen jedenfalls oft mehr aus als jede um peinlichste Genauigkeit bemühte Beschreibung:

So hat Werner Finck, diesmal nicht nur Kabarettist, sondern sein eigener Karikaturist, sich in einem «Selbstbildnis» skizziert. Sein Kommentar dazu: «Kein ausgezeichneter Kopf, wie man sieht. Und ich habe ihn ganz bewußt nicht ausgezeichnet, sondern es der Phantasie der Betrachtenden überlassen, die Partie von der Schädeldecke bis zum Hals zu vollenden.» Keine einfache Nachzeichnung also, entscheidend ist vielmehr die kreative Ergänzung durch den Betrachter – entsprechend auch, beim Schreiben, durch den Leser.

Bis zu diesem Punkt herrscht Einigkeit. Es wäre ebenso schwierig wie unsinnig, etwa Menschen, Tiere, Landschaften usw. in erschöpfender, auf Vollständigkeit bedachter Detailliertheit beschreiben zu wollen. Zwar genügt nicht immer eine karge Scherenschnitt-Technik, aber ganz sicher können einige sparsam ausgesuchte, dafür um so charakteristischere Züge viel ausdrucksstärker sein als tausend belanglose Einzelheiten. Darstellen bedeutet stets auswählen, auswählen immer auch weglassen: Im richtigen Weglassen, wir haben es schon gehört, besteht die Kunst stilvoller Darstellung. «Je weniger, desto mehr», orakelte Eduard Engel seinerzeit, «nur die vom Schreiber entfesselte Einbildung des Lesers hilft ein Bild vollenden.» Darum sage der kluge Schreiber nicht alles, was er weiß:[135] «er soll das Vorletzte sagen und dem Leser das Letzte zu denken überlassen.» Wenn dies noch einer Bestätigung bedürfte, so bieten sich unsere Klassiker als Kronzeugen an. Goethe war der Meinung, ein Schriftsteller werde Langeweile erregen, wenn er nichts zu denken übrig lasse, und bei Schiller lesen wir gleichen Sinnes in epigrammatischer Verdichtung: «Jeden anderen Meister erkennt man an dem, was er ausspricht, | Was er weise verschweigt, zeigt mir den Meister des Stils.» Kurz, Sprachkönner folgen der Maxime: Mut zur Lücke!

Indessen, was heißt das konkret: «verschweigen», richtiges Weglassen, Mut zur Lücke? Gemeint sind offenbar mit voller Absicht belassene, wenn nicht sogar geschaffene Textlücken. Das sind Lücken, die nicht Bedeutungsmangel erzeugen, sondern zu mehr Sinn führen, wenn der Leser sie selbstständig mit Intelligenz und Phantasie ausfüllt – eine Denkleistung, die wir wohlgemerkt beim Lesen und Verstehen aller Texte, auch jedes Gebrauchstextes, unbewusst zu erbringen haben. Was bei jenen absichtsvollen Textlücken dem Leser an zusätzlichem «Witz» (in des Wortes alter Bedeutung von findiger Klugheit) abverlangt wird, setzt natürlich eine wohl überlegte Vorarbeit des Schreibers voraus: Alles, was nicht auf dem Papier steht, muss «zwischen den Zeilen» zu lesen sein. Außerdem hat er sich ernstlich zu fragen: Was soll, was kann ich überhaupt noch weglassen, wenn schon sämtliche Redundanzen beseitigt sind, alles sachlich Überflüssige also oder Wiederholungen, und das jetzt noch Weggestrichene echte «Löcher» im Text hinterlässt? Die Antwort besteht in der Gegenfrage: Wie viel an eigener Denkleistung, wie viel an Willen und Fähigkeit, Unausgesprochenes oder nur Angedeutetes selbst zu ergänzen, kann ich dem Leser zutrauen, darf ich ihm zumuten?

An dieser Stelle scheint eine Prise lesepsychologischer Reflexion nützlich. Nichts ist für Leser von einigem Anspruch ermüdender, ja geisttötender, als ausführlich bis zur Pedanterie auch die letzten Details und Subdetails dessen lesen zu müssen, was man Seite für Seite und Zeile für Zeile jeweils schon vorher weiß. Der anspruchsvolle Leser denkt eben mit – er denkt sogar voraus und erfreut sich an dieser Denkaufgabe, die ein guter Text ihm stellt. Je mehr an Reiz und eigener Anstrengung, den Gedankengängen des Autors nicht nur zu folgen, sondern vorauszueilen, seine versteckten Andeutungen zu «entziffern» und raffinierten Kunstgriffe zu durchschauen, desto größer auch Freude und Befriedigung dieses Lesers. Der ästhetische Genuss, den er dabei empfindet, beschränkt sich ebenso wenig wie der intellektuelle Unterhaltungswert solchen Lesens auf die hohe Literatur. Es ist vielmehr ein allgemeines, sozusagen menschlich-allzumenschliches Phänomen, zu dem sich eben auch Friedrich Nietzsche aphoristisch geäußert hat:[136] «Das Unvollständige als das Wirksame, als künstlerisches Reizmittel.»

Wer seinen Leser nicht unterfordern, sondern in An-spannung versetzen und halten will, schafft dies nur durch kontinuierliche Leseanreize (S. 54). Zu den Stilmitteln unseres Schreibens, die solche Wirkung haben, gehört auch die kunstvoll eingesetzte Textaussparung: Man kann nicht nur, man darf nicht alles sagen! Gerade durch den damit verbundenen Denkaufwand bereitet dies dem Leser, vornehmlich im Erfolgsfall, ein hohes geistiges Vergnügen – wie beim Verstehen eines Witzes, beim Erkennen eines anonymen Zitats oder, am plausibelsten, beim zielstrebigen Verfolgen geschickt gelegter Spuren (oft auch falscher Fährten) in einem

Kriminalroman. Nichts anderes geschieht in jeder Art von Texten, wenn nicht oder nur andeutend Dargestelltes selbstständig ergänzt, logische Leerstellen überbrückt und bewusst eingebaute Textlücken scharfsinnig geschlossen werden müssen: Wer wollte einem anspruchsvollen Leser dieses Vergnügen vorenthalten?

Viele Textaussparungen werden uns, den Lesenden, gar nicht voll zu Bewusstsein kommen. Wir sind es ja auch normalerweise gewohnt, fehler- oder lückenhafte Sinnzusammenhänge mit Hilfe unseres persönlichen Wissens sozusagen automatisch ins richtige Verständnis umzusetzen. Für bewusste Textverkürzungen gilt deshalb als unerlässliche Bedingung: sie müssen so pointiert formuliert sein, dass sie nicht überlesen oder missverstanden werden können. Greifen wir aus dem unerschöpflichen Beispielvorrat der Literatur jenen großartigen Redebeginn Mark Twains heraus:[137] «Julius Cäsar ist tot, Shakespeare ist tot, Napoleon ist tot, Abraham Lincoln ist tot, und auch ich fühle mich nicht wohl.» Die Anmaßung, sich durch das «auch» in eine Reihe mit den genannten Persönlichkeiten der Weltgeschichte zu stellen, wird allenfalls noch übertroffen durch die Unverfrorenheit, den Tod dieser Berühmtheiten mit seinem ganz banalen Unwohlgefühl zu vergleichen. Der kundige Leser durchschaut diese abgründige Witzigkeit und hat sein Erfolgserlebnis. Ein anderer Fall, der aus dem Alltagsleben gegriffen ist: Der Arzt einer ebenso schwerreichen wie schwer kranken Erbtante wird gefragt (und das gnädige Passiv verschweigt uns, wie es dem Wesen des Passivs entspricht, die fragende Person): «Ehrlich, Herr Doktor: Muss ich das Beste hoffen oder darf ich das Schlimmste befürchten?» – stilistisch geschliffene Sprachperfidie.

Eine ganze Textart, die geradezu von der Kunst der Aussparung lebt, ist der politische Witz. Da er in seiner virulenten Form meist einer unterdrückten, überwachten Subkultur angehört, liegt es in seiner Natur, dass alles nur angedeutet, oft genug verschlüsselt formuliert wird. Wer ihn voll verstehen will, muss darum den Hintergrund der herrschenden politischen Verhältnisse beachten. Ein Muster (von mittlerweile nur noch historischem Wert): Was ist Kapitalismus? «Die Ausbeutung des Menschen durch den Menschen.» Und was ist Kommunismus? «Das Gegenteil.» In diesem Zusammenhang sei auf den 1966 verstorbenen polnischen Satiriker Stanislaw Jerzy Lec hingewiesen, dessen Aphorismen großenteils von der beschriebenen, hintergründig anspielenden Art sind: «Sie betrachten mich durch ein Vergrößerungsglas: um mich klein-zukriegen» – ein Beispiel von vielen. Dies eben ist der Sinn aller Textkürzungen, dass sie zum eigenen Mit- und Weiterdenken zwingen.

Auch Wolf Schneider, auf der Höhe aktueller Erkenntnisse, spricht von Aussparungen und Leerstellen, wo es das Nicht-gesagte zu überbrücken gelte; andernfalls betrüge man den Leser um eine kleine Anspannung, ein «Aha-Erlebnis». Fürwahr keine Neuentdeckung, auch wenn das wie etwas bislang Unbekanntes und als stilistische Einsicht noch nie Dagewesenes klingt:[138] «Wel-che Facetten eines Problems, von dem die meisten nicht einmal wissen, daß es eines ist!» Aber Literaturwissenschaftler, nament-lich Rezeptionstheoretiker und Wirkungsästhetiker, haben dieses Phänomen schon seit langem unter verschiedenen Bezeichnungen erörtert, und der Sprachwissenschaftler Harald Weinrich be-schreibt es als ‹Unterdetermination›, eine sprachliche Unterstruk-turierung des Textes also: Es bleiben beabsichtigte «Unbestimmt-heiten, Leerstellen, Löcher im Text … mit dem Ziel und Ende, das Interesse des Rezipienten anzuregen und eine imaginäre Ergän-zung des Textes zu provozieren». Das Weniger an Text ergibt durch selbstständiges, aber vom Schreiber zielstrebig bewirktes Zutun des Lesers ein Mehr an Sinn.

Im richtigen Weglassen besteht somit die Kunst gekonnter Textaussparung. Sie verstärkt und verdichtet den Ausdruck: ein Feinmittel der Steigerung, nicht nur in der Hand von Dichtern und Schriftstellern, die meisterlich damit umzugehen wissen, son-dern jedes Schreibenden, der die Wirkung seines Textes erhöhen will. Wohlgemerkt, gut ist nicht der lückenlose, glatt ausformu-lierte Text in «pflegeleichter Hochglanzsprache», wie Weinrich sagt, auch nicht der keinerlei Fragen offen lassende Text, der dem Leser die Möglichkeit eigenen Mitdenkens verwehrt – gut ist viel-mehr der gewissermaßen holprige Text mit Löchern und Stolper-steinen. Schon Herder hat in der Sprache Stellen gefordert, über die man stolpert, und ähnlich kritisiert Ludwig Wittgenstein als neuzeitlicher Sprachphilosoph die reibungslose Glätte unserer Sprache: «Wir sind auf Glatteis geraten, wo die Reibung fehlt, also die Bedingungen in gewissem Sinne ideal sind, aber wir eben des-halb nicht gehen können», schreibt er. «Wir wollen gehen, darum brauchen wir die Reibung.» Reibung erzeugt Spannung, und Spannung ist das Lebenselixier jedes attraktiven Textes. Doch nicht nur überraschende Textlücken schaffen solche Reibung, sondern auch andere Stilmittel vielfältigster Art.

2. Verdichtung – stilistische Kunstmittel

> Stilfiguren sind keine sprachlichen Wunderwaffen, sondern Sprachmittel wie andere auch, nur daß sie eine besondere Stilwirkung haben … «Schreiben heißt: sich selber lesen», so ein Ausspruch Max Frischs, und bei dieser Selbstlektüre wird man zur eigenen Verwunderung feststellen, daß sich hinter manchen der wirkungsvollsten Sprachmittel nichts anderes verbirgt als – Stilfiguren!
>
> *Willy Sanders*[139]

Spinnen wir den Faden des letzten Abschnitts weiter: Wer ungeteilten Beifall finden will, muss attraktiv formulieren. Er muss sprachliche Glanzlichter aufsetzen, die durch das von ihnen ausgehende Vergnügen, ihren Reiz und die Spannung, die sie bewirken, zum Lesen und Weiterlesen anregen. Das geschieht vornehmlich mit Hilfe stilistischer Stimulanzmittel – die schon erwähnten «Attraktivmacher», und diese sollen nun eingehender zur Sprache kommen.

Der Gesichtspunkt sprachlicher Attraktivität, der Verdichtung durch stilistische Kunstmittel, ist keineswegs neu. Nach Rhetorik und Literaturwissenschaft befasst sich damit auch die Linguistik, die hier in genauer Umkehrung zum Vorigen von ‹Überdetermination› spricht, also einer sprachlichen Überstrukturierung des Textes: Gestützt auf eine lange literaturorientierte Tradition, die gewissen Sprachfügungen eine besondere poetische Funktion zuschreibt (deutlich etwa in Strophik, Reim und Rhythmus von Gedichten), wird auch in der Prosa bestimmten, vor allem grammatisch-syntaktischen und semantischen Sprachmustern ein ästhetischer Mehrwert zugesprochen, der sie gleichzeitig zur auffälligen Erscheinung macht. Damit sei gewährleistet, so noch einmal Weinrich, «daß die Aufmerksamkeit mit Interesse an dieser durch ihre künstlich-künstlerische Form ausgezeichneten Sprache haftet».

Klangfiguren sind immer Schmuckformen der Sprache und als solche in erster Linie der Poesie vorbehalten. Lautmalerei und Lautsymbolik, namentlich Reime als Lautwiederholungen, ja schon Anklänge stören im Prosatext; und das gilt auch – Wendelin Überzwerch sei's geklagt – für Schüttelreime, die ebenfalls nicht prosatauglich sind, selbst wenn sie sich einschlägig geben:[140] «Wer Bücher schreibt, darf sich nicht ledern fassen. | Er soll die Hände sonst von Federn lassen.» Hingegen kann die Anlautgleichheit, fachlich ‹Alliteration› genannt, durchaus als wirksames Stilmittel eingesetzt werden. Die Alltagssprache kennt sie in vielen fixen Formeln: «mit Mann und Maus, zittern und zagen, klipp und klar». Die Werbung bedient sich ihrer exzessiv: Lotto «macht die meisten Millionäre», ein Kaffee ist «der magenmilde Muntermacher» usw. Ob Bücher, Filme oder Fernsehsendungen, alle zieren sie sich gern mit Titeln der beliebten, alliterierenden Dreierfolge seit C. W. Cerams berühmtem Vorbild ‹Götter, Gräber und Gelehrte›, vor allem aber Zeitungsüberschriften: Nichts vereine Redakteure deutscher Muttersprache, von der Boulevardzeitung bis zum renommierten Wochenblatt, so sehr wie die Liebe zum altdeutschen Stabreim, mokieren sich Fachleute: «Wagner hauchte ihm neues Leben ein, und zusammen mit ihm hätte er begraben werden können». Hätte er, aber nach wie vor setzt die Alliteration, maßvoll und mit Bedacht genutzt, ihre gefälligen Klangakzente. Sie kann in humoristisch-parodistischer Absicht verwendet werden: «Wo weiland Wagners Wiege wogte …» (Leipzig) und ist, was gleichfalls für sie spricht, unser aller Formulierungskünsten zugänglich – zum Beispiel, sprachkritisch hochaktuell, Deutschland das Land der Dichter, Denker, Dummdeutschschreiber?

Auch im weiteren Verlauf wird sich zeigen: Stilfiguren sind keine reinen Kunstformen, sondern finden – unreflektiert, versteht sich – oft ebenso in der Alltagssprache ihren Platz. Wimmelt es nicht schon in unserem normalen Sprechen von griffigen Reim- und Stabreimformeln wie «Schutz und Trutz» oder «Wind und Wetter»? Nichts unterscheidet sie formal von entsprechenden Fällen in literarischer Prosa, etwa Fontanes Titel ‹Irrungen, Wirrungen› oder die von Jean Paul herrührende Wendung «Dichter und Denker». Man hat sogar herausgefunden, dass die meisten unserer alltäglichsten, tausendfach gebrauchten Floskeln – «gesund und munter, einmal ist keinmal, nur kein Neid» usw. – sich durch Besonderheiten des Klangs, der Wort- und Silbenanordnung oder metrische Elemente auszeichnen:[141] Alliteration, Reime, Assonanzen, Rhythmisierung und derlei Kunstmittel verhelfen also unbewusst dazu, eine im Vergleich mit der normalen Ausdrucksstruktur zusätzliche Reizwirkung zu erzielen. Sie ist es auch, die solche volkstümlichen Formulierungen besonders einprägsam macht und zu ihrem routinemäßig-formelhaften Gebrauch führt.

Von der Lautgebung zur Form. Wir alle praktizieren beim Sprechen oder Schreiben – ohne uns allerdings in der Regel dieses grammatischen Tuns bewusst zu sein – die Verwendung der beiden Grundmuster unseres Sprachbaus: ‹Parallelismus› und ‹Antithese›. Sie vertreten, als elementare Denkformen, das zu allen Zeiten und in jeder Kunst wie auch im allgemeinen Leben herrschende Gesetz von Übereinstimmung und Kontrast in der Sprache. Aber, wie gesagt: normalerweise achten wir in der Sprachpraxis gar nicht darauf, ob wir uns gerade «parallel» oder «antithetisch» ausdrücken. Erst recht machen wir uns theoretisch kaum Gedanken über die Leistung dieser Stilfiguren.

Der Parallelismus (wörtlich «Gleichlauf») besteht in der Wiederkehr gleicher grammatisch-syntaktischer Einheiten, verbunden mit gleichläufiger Gedankenführung. Daraus resultiert ein ebenso gleichmäßiger Satzverlauf in Wortreihung und syntaktischer Konstruktion, wie es die folgende Stelle aus Goethes Ballade ‹Der Sänger› augen- und ohrenfällig macht, gesteigert noch durch Versform und Metrik: «Der König sprach's, der Page lief; | Der Knabe kam, der König rief...» Der Parallelismus ist ein ausgesprochenes Wiederholungsphänomen mit allem, was die Wiederholung im Guten wie im Schlechten kennzeichnet: Gleichmäßige Formulierungsabläufe erzeugen einen harmonischen Sprachfluss – dies ihr großer Vorzug. Aber eine Folge völlig gleich gebauter, womöglich auch noch gleich langer, also im höchsten Maße paralleler Sätze führt unweigerlich zu Monotonie: Ein klarer Verstoß gegen das Gebot stilistischer Abwechslung.

Gegenstück zum Parallelismus ist die Antithese (wörtlich «Gegensatz»), die logisch kontrastierende Begriffe und Aussagen in parallelem Bau, doch gegenläufiger Gedankenführung aufeinanderprallen lässt: etwa im «heiß geliebt und kalt getrunken» einer

Alkoholitäten-Werbung oder in Schillers Schlussvers des ‹Wallenstein›-Prologs: «Ernst ist das Leben, heiter ist die Kunst.» Dass die Antithese besonders in knapper, spannungsreicher Zuspitzung der Formulierung äußerst wirkungsvoll sein kann, macht sie zur geschliffenen Sprachwaffe rationaler, scharf denkender Geister, im Deutschen namentlich Lessing, Schiller, Heine und andere;[142] Nietzsche nutzte sie für seine bekannten Umkehrformulierungen: «Rate ich euch zur Nächstenliebe? Lieber noch rate ich euch zur Fernstenliebe.» Parallelität oder Antithetik können als Denkform ganze Texte prägen.

Während der Parallelismus in seinen Wiederholungen, Wortreihungen, gleich gebauten Satzfolgen usw. längenmäßig keinerlei Einschränkung unterliegt, ist die Antithese in ihrer effektvollsten Form zweigliedrig. Werden diese beiden Glieder, die normalerweise parallel konstruiert sind, auch in ihrem syntaktischen Bau antithetisch verschränkt, so entsteht als neue Stilfigur der ‹Chiasmus›. Nach dem griechischen Buchstaben X (Chi) benannt, ist er Bezeichnung der «Überkreuzstellung», wie sie schon bei einfacher Umkehrung paarweise verbundener Begriffe zustande kommt und eine raffinierte Spiegelbildlichkeit des Ausdrucks schafft: «Gnade Gott denen von Gottes Gnaden», exemplifiziert Lichtenberg im kleinstmöglichen Rahmen.[143] Weitere Beispiele:

Alle Welt glaubt es; aber was glaubt nicht alle Welt?

Der Dichter ist ein Mensch, der entweder Feuer in seine Verse oder seine Verse ins Feuer steckt.

Der russische Zar nannte sich «Herrscher aller Gläubigen» – Rothschild «Gläubiger aller Herrscher».

Für den normalen Sprachgebrauch erscheint der Chiasmus fast zu anspruchsvoll-intellektuell, so dass er in erster Linie den Virtuosen der Feder vorbehalten bleibt. Gotthold Ephraim Lessings oft zitierte Kritik an Gottscheds Schriften, ein einziger geistreicher Satz und Gegensatz, offenbart die ganze Schärfe der kunstvoll antithetischen Zuspitzung wie auch den Reiz der chiastischen Form: «Dieses Buch enthält viel Neues und Gutes, aber das Gute ist nicht neu, und das Neue nicht gut.»

Wenn es um Verdichtung geht, also Ausdrucksverstärkung, wird einem da nicht als erstes und natürlichstes Mittel die Steigerung (im grammatischen Sinn) einfallen? Viele erinnern sich wohl noch jener Waschmittelwerbung, in der das eigentlich nicht steigerungsfähige Adjektiv *weiß* alle Variationen der Komparation und Superlativierung über sich ergehen lassen musste, bis es wirklich nicht mehr weißer und weiter ging. Aber Vorsicht, die Höchststufe des Superlativs genießt stilistisch nicht den besten Ruf: «Alle Dichter und Schriftsteller, welche in den Superlativ verliebt sind, wollen mehr als sie können», urteilte Friedrich Nietzsche.[144] Als eigentliche Kunstform ist die graduierende Steigerung seit der Antike unter dem Namen ‹Klimax› bekannt – die alten Griechen haben diese Figur also sehr sinnfällig mit einer «Leiter» verglichen. Sie führt, formal oder inhaltlich, vom schwächeren zum stärkeren Ausdruck, wie uns dies Rudolf Hagelstange in vortrefflicher, durch eine Wortneuschöpfung gekrönter Steigerung demonstriert: «auf diesem Einerlei, Zweierlei, Dreierlei, Immerlei …»:

Goethe, groß als Forscher, größer als Dichter, am größten als Mensch.

Es regnete stundenlang, nächtelang, tagelang, wochenlang (Friedrich Dürrenmatt).

Das große Karthago führte drei Kriege. Es war noch mächtig nach dem ersten, noch bewohnbar nach dem zweiten. Es war nicht mehr auffindbar nach dem dritten (Bert Brecht).

Das letzte Beispiel zeigt: Es muss nicht immer aufwärts gehen, man kann eine Leiter ja auch abwärts steigen. In diesem Fall ergibt sich als Gegenfigur die ‹Antiklimax›, die umgekehrt zurückstufende Ausdrucksabfolge: «Eure Exzellenzen! Höchste, hohe und geehrte Herren!» beginnt Diederich Heßling seine Festrede in Heinrich Manns ‹Untertan› mit kaiserzeitlicher Anredehierarchisierung.

Steigerung, ja Übersteigerung, liegt auch in dem, was wir gemeinhin «Übertreibung» zu nennen pflegen. Seit den Tagen der Rhetorik heißt sie mit einem Begriff, der uns eher aus der Geometrie geläufig ist, ‹Hyperbel›: buchstäblich der «Wurf über das Ziel hinaus». Und genau das ist auch damit gemeint – wann immer dieses Stilmittel verwendet wird, es darf nicht zu dezent, zu kleinlich ausfallen:[145] «Nur die scharfe Zeichnung, die schon die Karikatur streift, macht die Wirkung», unterstreicht dies Theodor Fontane in literarischer Verallgemeinerung. Die Erklärung liegt auf der Hand, übertreibt doch schon die Alltagssprache, und das nicht zu knapp: «im Schneckentempo, eine Riesenüberraschung, etwas tausendmal sagen, eine Ewigkeit warten» usw. Wer seine übertreibende Absicht zu wenig deutlich macht, läuft Gefahr, dass sie gar nicht erkannt wird: Ist es wohl ernst gemeint oder übertrieben, wenn Ludwig Reiners uns im Zusammenhang mit der Kürze als «Kind des Rotstifts» anrät, den «Text mindestens um ein Viertel zu kürzen»? Wer übertreiben will, sollte also kräftig übers Ziel hinausschießen – hyperbelgerecht wie der Baron von Münchhausen auf seiner Kanonenkugel.

Eindrucksvoll jedenfalls, wenn ein Löwe so laut brüllt, dass sogar sein eigener Schatten sich fürchtet, ihm zu folgen, oder auch Nietzsches Formulierung: «barfuß bis zum Halse». Ein Meister bildkräftigen Ausdrucksüberschwanges war der schweizerische Volksdichter Jeremias Gotthelf. Bei ihm weint jemand, «daß man hätte die Hände waschen können in seinen Tränen», oder schreit, «indem er Maul und Augen aufreißt, daß sein ganzes Gesicht nur ein Loch scheint» – nun ja, was ein rechter Schweizer ist, der «milkt selbst den Bock»! Auf eine Kurzformel gebracht, besteht die Kunst der Hyperbel in maßloser Übertreibung, von der aber nur höchst maßvoll Gebrauch gemacht wird. Denn wer in jedem Satz übertreibt, wird wie einer, der jedes zweite Wort unterstreicht und dahinter noch ein dickes Ausrufezeichen setzt, zum nicht mehr ernst genommenen, wohl gar pathologischen «Hyperboliker». Doch auch die Sprache selber spielt in diesem Fall nicht mit: So wie Fremdwörter in einem fremdwortreichen Text nicht weiter auffallen, verliert auch die Hyperbel in einem hyperbolischen Kontext ihre Wirkung.

Da ist es viel raffinierter, sich von Zeit zu Zeit auch einmal des Gegenteils zu bedienen, der Untertreibung – immerhin haben die Engländer daraus als eine ihrer Nationaltugenden das «Understatement» kultiviert. Eine Haupterscheinungsweise solch scheinbarer Abschwächung besteht in der Verneinung des Gegenteils, als rhetorische Figur die ‹Litotes› (wörtlich «Geringfügigkeit»). Die Hyperbel sagt beispielsweise: «Es war sterbenslangweilig», die Litotes: «Es war nicht uninteressant». Indem weniger als erwartet gesagt wird, verspricht sich die Litotes just von diesem schwächeren Ausdruck stärkeren Nachdruck – so wie vergleichsweise die Bescheidenheit oft nur ein Kunstgriff des Stolzes ist, der sich erniedrigt, um erhöht zu werden. Obwohl die Untertreibung meist als die vornehmere, auch höfliche oder ironische Form der Übertreibung fungiert, haben Wendungen wie *nicht uninteressant*, ein junger Künstler *nicht ohne Talent*, *kein Unmensch* sein usw. darum aber keineswegs von vornherein den klaren Aussagewert von «interessant, talentiert, guter Mensch»: sie enthalten vielmehr nicht selten auch eine vorsichtige Einschränkung, wenn nicht gar versteckte Distanzierung. So oder so erzeugt die doppelte Verneinung, das gemeinsame Merkmal all dieser Formulierungen, aber eine Intensivierung des Ausdrucks.

Die Negation hat es überhaupt in sich. Eigentlich kennt das Deutsche gar keine doppelte Verneinung, außer in bestimmten Mundarten – zum Beispiel könnte unser Sprachtourist (S. 94), mittlerweile wieder in bajuwarische Gefilde heimgekehrt, ohne weiteres sagen: «Na, koan Kas mog i jetzt net.» Normalerweise ist neben vorgesetztem *un-*, das den Wortsinn ins Gegenteil verkehrt, unsere wichtigste Negation *nicht*, die im Gegensatz zum ebenfalls nur wortverneinenden *kein* sowohl zur Negierung von Wörtern wie von Sätzen verwendet werden kann. Allein seine Stellung entscheidet, ob das eine oder das andere vorliegt: «Es gibt Naturereignisse, die wir wissenschaftlich entweder nicht mit Sicherheit (Wortnegation) oder mit Sicherheit nicht erklären können (Satznegation)» – so ungefähr hätte sich übrigens Shakespeare ausdrücken können, wenn es ihm nicht passender erschienen wäre, seinen Hamlet die unsterblichen Verse sprechen zu lassen: «Es gibt mehr Ding' im Himmel und auf Erden, | Als unsere Schulweisheit sich träumen läßt» (‹Hamlet› I,5).

Im Deutschen gibt es viele Möglichkeiten der Verneinung, so hat Wolf Schneider jüngst deren 99 aufgelistet. Dass dies in der Sprachpraxis zu Fehlgriffen führen kann, karikiert er mit der mehrfach negierten Feststellung:[146] «Denn die Verneinung ist nichts weniger als kein unlösbares Problem.» Kein Wunder, wenn sich da der pädagogische Zeigefinger einer Sprachlehrerin wie Mechtilde Lichnowsky erhebt: «Das kommt immer wieder davon, daß meine Mahnung nicht befolgt wird: Dinge positiv ausdrücken, nicht negativ, weil man zu leicht in Teufels Küche gerät.» Und nicht nur sie, auch andere sind dieser Ansicht: «Vermeide Negationen!» – *müßig* sei besser als *untätig*, meint der Schriftsteller Ernst Jünger. Wie schon die alte Rhetorik lehrte und man heutigentags von der Werbung lernen kann, Negativformulierungen tunlichst zu vermeiden, scheint der gerade Weg tatsächlich der bessere zu sein: Wer stilistisch gewitzt ist, drückt sich nach Möglichkeit positiv aus!

Wenn etwas der allgemeinen Logik oder unserer Erfahrung zuwiderläuft, sagen wir gern: «Das ist ja paradox!» Nur wenige werden das in dem Bewusstsein tun, damit eine der beliebtesten Stilfiguren des Sinnbereichs zu nennen, die ‹Paradoxie›, bei der Bedeutungen in meist geistreich-witziger Weise kontrastieren (griechisch *paradoxon* «der üblichen Meinung entgegenstehend, widersinnig»). Das Paradox ist eine erlesene, immer kunstvoll pointierte Form des Scheinwiderspruchs, das heißt, einer zugleich falschen und doch wieder einleuchtenden Aussage, wie sich jedoch erst bei näherer Betrachtung erschließt: «Einmal ist keinmal», sagt die Redensart – offensichtlich paradox, weil es objektiv nicht stimmt und dennoch «Sinn macht» (dies eine aktuelle, dem Englischen nachgebildete Modewendung, *to make sense*). Richten wir unser Augenmerk auf die scheinbare Widersprüchlichkeit in den folgenden, von Meisterhand paradox eingekleideten Gedanken und Erfahrungen:[147]

Was du ererbt von deinen Vätern hast, / Erwirb es, um es zu besitzen (Goethe).

Eng ist die Welt, und das Gehirn ist weit (Schiller).

Ein Schriftsteller ist ein Mensch, dem das Schreiben schwerer fällt als allen anderen Leuten (Thomas Mann).

Genau genommen drückt Goethe sich doch sehr befremdlich aus, dass man etwas Ererbtes und damit schon im eigenen Besitz Befindliches nochmals erwerben solle, oder? Schillers Beispiel widerlegt Wilhelm Busch, wie es scheint, den Realitäten angemessener, mit seinen Versen: «Ach, die Welt ist so geräumig, | Und der Kopf ist so beschränkt.» Ganz zu schweigen von Thomas Manns irritierender Äußerung, die tatsächlich sogar von Koryphäen als witziges Diktum oder «geistreicher Scherz» verstanden worden ist.

Wo die Sprache in das Gewand der Paradoxie schlüpft, will sie verblüffen: Was aber auf den ersten Blick widersprüchlich erscheint, vielleicht sogar unsinnig, enthüllt dann überraschend einen hintergründigen Sinn, oft Tiefsinn. «Die Engländer unterscheiden sich von den Amerikanern nur durch ihre Sprache», so hat George Bernard Shaw einen augenfälligen Erfahrungswiderspruch in Worte gefasst.[148] Wie paradox, da diesen beiden sonst in vielem verschiedenen Nationen ausgerechnet die englische Sprache gemeinsam ist – aber sprechen sie darum die gleiche Sprache? Ein Engländer war es im Übrigen auch, der sich die Attraktivität dieses Stilmittels wie kein Zweiter zunutze gemacht hat: Oscar Wilde, in dessen brillanter Formulierungskunst Paradoxien zum geistreichen Spiel werden.

Was das Paradoxon im Rahmen einer Aussage, ist das ‹Oxymoron› im Wortbereich: die Verbindung zweier sich widersprechender, somit im Grunde ausschließender Begriffe, worin allerdings eine paradoxe Sinnhaftigkeit aufleuchtet. Das Oxymoron, zusammengesetzt aus den griechischen Adjektiven *oxys* «scharfsinnig» und *moros* «dumm», liefert als «Scharfsinnigdummes» selbst sein bestes Beispiel. In lyrischer Dichtung kennen wir die *bittersüße* Liebe und aus eigener Erfahrung die *süßsaure* Miene, weiterhin substantivische Zusammensetzungen wie *Helldunkel*, *Hassliebe* oder das *Freundfeind*-Verhältnis, auch entsprechende Bindestrich-Kopplungen. Wenn der Widerspruch sich auf ein Adjektiv und ein Substantiv verteilt, entsteht als Sonderform die ‹Contradictio in adiecto› (der «Widerspruch im Adjektiv»): ein *blinder Seher*, Goethes *dunkler Ehrenmann*, das *beredte Schweigen*, auch Witzigkeiten wie der *eingefleischte Vegetarier* usw. So wenig bekannt die Fachausdrücke sind – und das gilt ähnlich für viele der anderen Figuren –, erfreuen sich solche Formulierungen doch regen Gebrauchs in unser aller und der Dichter Sprache.

Eine weitere Stilfigur, die gleichfalls, wenn auch auf andere Art, mehrere Begriffe koppelt, ist das ‹Zeugma› (wörtlich «Joch»). Zusammengespannt werden zwei oder mehr Ausdrücke, wobei ein logisch notwendiges Satzglied eingespart wird. In der geläufigsten Form handelt es sich um ein Verb in Verbindung mit zwei Substantiven, deren jedes eigentlich ein eigenes Verb erforderte, und aus dieser elliptischen Verkürzung entspringt eine verblüffende, meist humoristische Wirkung. Besondere Vorliebe für dieses Kunstmittel legt der Kabarettist Werner Finck, sowohl prosaisch als auch in Versform, an den Tag:[149]

Ich führte das schöne Weib auf ihren Platz und ihre enttäuschte Miene auf mein Verhalten zurück.

Pffffffffff machte er und es mir vor.

«O Leben!» jauchzte er und ging | Erst baden und dann unter.

Solche zusammengejochten Verbindungen, in ihrer Mehrzahl zweigliedrig, spielen mit eigentlicher und übertragener Bedeutung, mit Normalkonstruktion und Redewendung. Komplizierter der folgende Fall: «Küken werden ausschlüpfen, Hühner und geschlachtet» – sozusagen der Lebenslauf eines Huhns im Zeitraffer; der zeugmatische Effekt beruht hier auf der dreifach verschiedenen Verwendung von *werden* im Futur, als Vollverb und im Passiv. Ein vielgliedriges «Super-Zeugma» verdanken wir Mark Twain, der diese Figur ebenfalls großartig und der Glieder kein Ende findet: «Tom Smith ... nahm seinen Mantel, seinen Hut, seinen Abschied, keine Notiz von seinen Freunden, einen Wagen, den Revolver aus der Tasche und sich selbst das Leben.»

Doch damit vorerst genug der Fachausdrücke, Erklärungen und Beispiele – stellen wir uns lieber die Frage (und es ist keine ‹rhetorische Frage›, auch eine dieser Figuren, die als Scheinfrage nicht eine Antwort verlangt, sondern der Aussage durch ihre suggestive Frageform mehr Gewicht verleihen will): Wie mit all diesen Stilfiguren umgehen? Dass man sie nicht bei jeder passenden oder unpassenden Gelegenheit aus dem Stil-Ärmel zaubern sollte, versteht sich wohl. Dennoch ist eine Kenntnis, besser noch die Beherrschung dieser alten-ewigjungen Kunstmittel unserer Sprache immer von Vorteil. Längst hat man in ihnen Grundformen wirksamen Sprachgebrauchs erkannt: Bernhard Asmuth spricht von «allgemeinen menschlichen Formulierungstendenzen», und schon Richard M. Meyer, einer der Väter deutscher Stilistik, hat «auf den volkstümlichen Hintergrund selbst der scheinbar ausgeklügeltsten stilistischen Tropen und Figuren» hingewiesen.[150] Man braucht nur den Ballast der rhetorischen Tradition abzustreifen, wozu auch gehört, hinter den oft hochkomplizierten Fremdbegriffen die

Erscheinungen selbst zu sehen, und schon werden elementare Tendenzen menschlichen Sprachverhaltens erkennbar: ruhiger Gleichlauf und scharfer Gegensatz, intensivierende Wiederholung und stimulierende Aussparung, übertreibende Verstärkung und verhaltene Abschwächung usw. Als Mittel, solchen Tendenzen überzeugend sprachlichen Ausdruck zu verleihen, bieten die Stilfiguren ihre guten, seit Jahrtausenden bewährten Dienste an. Man darf sicher sein, dass auch der moderne Leser noch sein Vergnügen daran haben wird.

3. Verfremdung – das Anderssagen

> «Der verschlungene Weg, der Weg, auf dem der Fuß die Steine spürt, der zum Ausgangspunkt zurückführende Weg – das ist der Weg der Kunst.»
> Dem Dichter... gelingt es daher mit dem Verfahren der Verfremdung, die Gegenstände so zu beschreiben, als würden sie zum ersten Mal gesehen, und die Ereignisse so darzustellen, als fänden sie zum ersten Male statt.
> *Harald Weinrich*[151]

Aussparung und Verdichtung des Textes, fachlich Unter- und Überdetermination, haben wir als Kunstmittel kennen gelernt, die den Alltagssprachgebrauch durchbrechen sollen, um Aufmerksamkeit und Leseinteresse zu schaffen. Im gleichen Atemzug ist aber noch ein dritter Begriff zu nennen, die ‹Verfremdung›, das Anderssagen als erwartet – man kann hier auch, in Entsprechung zu jenen Fachausdrücken, von ‹Konterdetermination› reden: etwas völlig Unvorhergesehenes (im Sinne von getäuschter Erwartung). Das Verfahren der Verfremdung ist seit den Tagen der Literaturtheoretiker des russischen Formalismus wie später der Prager Schule derart bekannt geworden, dass weitere historische Erläuterungen unnötig scheinen. Bertolt Brecht war es, der die Verfremdung zum vorrangigen Stilprinzip seines epischen Theaters erhoben und, einer Neigung zu formelhaften Bezeichnungen folgend, die griffige Abkürzung «V-Effekt» geprägt hat: «Wir kommen zu einem der eigentümlichsten Elemente des epischen Theaters, dem sogenannten V-Effekt (Verfremdungseffekt)», schreibt er dazu. «Es handelt sich hierbei, kurz gesagt, um eine Technik, mit der darzustellenden Vorgängen zwischen den Menschen der Stempel des Auffallenden, des der Erklärung Bedürftigen, nicht Selbstverständlichen, nicht einfach Natürlichen verliehen werden kann.»

Im Vergleich mit den bisher beschriebenen Stilfiguren verfährt die Verfremdung, wie sich schon im Begriff selbst andeutet, anders: Sie setzt immer etwas sprachlich Vorgegebenes voraus, das umgeformt und abgewandelt, eben «verfremdet» wird. Als Folie dient der normale, routinierte, gleichsam automatisierte Sprachgebrauch des Alltags, der eine künstliche, aktualisierte und damit entautomatisierte Umgestaltung erfährt. Ihr Ziel ist es, durch erschwerte, verzögerte Rezeption die Wahrnehmungsintensität zu steigern und Nachdenken zu provozieren. Wenn diese Verfremdungstheorie auch in erster Linie für die Sprachkunst entwickelt und in der literarischen Praxis auf verschiedene Weise umgesetzt worden ist, so hat sie darüber hinaus als stilistisches Verfahren ihren Wert für jederart kreativen Umgang mit der Sprache. Die Stilfiguren, die in diesem und dem nächsten Abschnitt auftreten, kennzeichnen sich großenteils genauer als ‹Tropen›: Stilfiguren der Indirektheit oder des «uneigentlichen Sprechens», wie man sie genannt hat. Gemeint sind vor allem Bild (Metapher) und Vergleich, Metonymie und Ironie. In ihrer Abweichung vom gewohnten, erwartbaren Sprachusus lassen sie das glatte Lesen stocken und versetzen unser Gehirn in die erstrebte denkerische Anspannung.

Indem wir die Normalsprache, wie angenommen, zum festen Fundament der Verfremdung machen, gehen wir stillschweigend davon aus, dass selbst der kreativste Individualist gewisse Grundsätze vernünftigen Schreibens beachten wird. Wer zum Beispiel einen Text mit «Er…» anfängt und darauf eine gut dreiviertel Seite über diese Person berichtet, ohne ihren Namen zu nennen, der missachtet sträflich die elementare Regel, dass der darstellerische Weg immer vom Bekannten zum Unbekannten führen sollte, nicht umgekehrt – es sei denn, man hieße Thomas Mann, der sich kraft dichterischer Lizenz solch einen Regelverstoß erlaubt und damit zum exquisiten Kunstmittel erhebt (am Anfang seiner Erzählung ‹Das Gesetz›, und «er» ist Mose).[152] Kein Text kommt ohne innere Stimmigkeit aus, die auf Folgerichtigkeit der Gedankenabläufe und Klarheit der sich daraus ergebenden Formulierungen beruht: Ein Quantum Logik muss also sein, wenn die Leser verstehen und überzeugt werden sollen.

Doch schon die chrono-logische Folge kann zum Problem werden: «Ihr Mann ist tot und läßt sie grüßen», so Goethes exemplarischer ‹Faust›-Vers. In einer Zeitung war zu lesen: «Der zum Tode Verurteilte nahm die Ankündigung seiner gestern morgen erfolgten Hinrichtung gefaßt auf» – recht so, warum sollte er sich als schon Toter darüber auch noch aufregen? Offensichtlich widerstrebt es unserer Vernunft, ein zeitliches Nacheinander nicht in der natürlichen Reihenfolge dargestellt zu sehen: Da sollten, meint auch Wolf Schneider, die Menschen erst ins Wasser fallen, bevor sie ertrinken. Andrerseits, wird der gute Stilist einwenden, gibt es kaum etwas Langweiligeres als chronologische Aufzählungen, ein pures Datum oder einfach zu sagen «vor soundsoviel Jahren»: alles zwar exakt und korrekt, aber in seiner Korrektheit trocken und farblos. Robert Musils unvollendeter Roman ‹Der Mann ohne Eigenschaften› beginnt, offensichtlich um dieser Schwierigkeit zu entgehen, mit einer weitläufigen wetterberichtlichen Zustandsbeschreibung, die schließlich in der verblüffenden Quintessenz endet:[153] «Mit einem Wort, das das Tatsächliche recht gut bezeichnet, wenn es auch etwas altmodisch ist: Es war ein schöner Augusttag des Jahres 1913.»

Johann Peter Hebel, der volkstümliche alemannische Mundartdichter und Erzähler, hat in einer seiner Kalendergeschichten den Zeitraum eines halben Jahrhunderts zu überbrücken. Ein junger Bergmann im schwedischen Falun, der kurz vor seiner Hochzeit nicht mehr zu Tage kommt, wird nach 50 Jahren – in seiner jugendlichen Schönheit «konserviert» – aufgefunden und von seiner Braut wiedererkannt, mittlerweile einem alten, zusammengeschrumpften Weiblein, das die ganze Zeit um ihn getrauert hat. Die entscheidende Stelle enthält indes keine prosaische Jahresangabe, sondern sie lautet:

Unterdessen wurde die Stadt Lissabon in Portugal durch ein Erdbeben zerstört, und der Siebenjährige Krieg ging vorüber, und Kaiser Franz der Erste starb, und der Jesuitenorden wurde aufgehoben und Polen geteilt, und die Kaiserin Maria Theresia starb ... Der König Gustav von Schweden eroberte russisch

Finnland, und die Französische Revolution und der lange Krieg fing an, und der Kaiser Leopold der Zweite ging auch ins Grab. Napoleon eroberte Preußen, und die Engländer bombardierten Kopenhagen, und die Ackerleute säeten und schnitten. Der Müller mahlte, und die Schmiede hämmerten, und die Bergleute gruben – usw.

Eine Überfülle geschichtlicher Ereignisse, die selbst demjenigen, der sie und die betreffenden Jahreszahlen nicht kennt, allein durch ihre Aufzählung den Eindruck langer Dauer vermitteln. In geschickter Überleitung von der großen Historie zur Alltagsgeschäftigkeit führen die zuletzt erwähnten Bergwerksarbeiten zur Auffindung des toten Jünglings: 1809 war das, um am Ende doch wieder in die alte, faktische Nüchternheit unserer Normalsprache zu verfallen.

Vom Sprachweg, auf dem der Fuß die Steine spüre, ist im Motto die Rede: In der Tat bedarf der Kampf gegen die Glätte des allzu Geläufigen, Abgeschliffenen, Ausgetretenen kleiner Stolpersteine, die in unaufdringlichen, doch aufmerksam machenden Abweichungen bestehen. Vor allem sind es eingespielte, meist alltägliche Redewendungen, die durch Umformung oder Umdeutung in ein neues Licht gerückt werden und dadurch einen Überraschungswert erhalten. Namhafte Schriftsteller zeigen uns, wie das aussehen kann. So stellt Thomas Mann im ‹Zauberberg› die Frage, «ob es rechte Dinge seien, mit denen es da zugehe» – jene gebräuchliche Redensart, kritisiert ein Stillehrer, dürfe nicht nach Lust und Laune abgewandelt werden.[154] Im Gegenteil, gerade die Durchbrechung der glatten Formelhaftigkeit lässt uns ein wenig stutzen, und die gewünschte Aufmerksamkeit ist da! Ähnlich heißt es bei Conrad Ferdinand Meyer, dass er «mit Keller auf gar keinem Fuß stand». Oder bei Peter Rühmkorf, moderner und etwas kühner: «…und ein Gedicht ist immer nur so frei, als die Not es wendig macht». Solche Verfremdung des gewohnten Wortlauts findet dort ihre Grenze, wo die Umformung gesucht erscheint oder gar ins Lächerliche abgleitet. Beispielsweise wenn das Adjektiv *windschnittig* in die ungewohnte Substantivform gezwängt wird: «Der neue Wagen hat einen tollen *Windschnitt*», oder wenn die harmlose Angabe «frei von Zucker» – als eine kalorienfreundliche, zahnschonende etc. Variante jener berühmten «Freiheit, die ich meine» – die *Zuckerfreiheit* nach sich zieht. Aber wie immer kann auch hier künstlerische Absicht im Spiele sein; so wenn ein Karl Kraus aus der geläufigen Formel «ins Leben treten» nicht das eigentlich zu befürchtende Substantiv *Inslebentretung* macht, sondern Goethe nachempfunden («Tritt nur hinein ins volle Menschenleben») den sarkastischen *Tritt ins Leben*.

In all diesen Fällen wird, streng genommen, mit Worten gespielt. Das Wortspiel präsentiert sich als Stilfigur sehr vielseitig (rhetorisch unter den Namen der ‹Paronomasie›, ‹Annominatio› und ‹Amphibolie›, der Doppeldeutigkeit). Im kalkulierten Verstoß gegen die Sprachnormalität und sogar gültige Grammatikregeln wird das Wortspiel von Sprachkönnern genutzt, um Nachdenklichkeit oder Vergnügen zu erzeugen. Es kann mit der Wortform oder der Bedeutung gespielt werden, oft mit beiden, und die Wirkung kann geistreich oder witzig sein, am besten wiederum beides. Immer deckt das Wortspiel überraschende Möglichkeiten der Sprache auf, ob zufälliger Worteinfall oder in bewusst artistischer Manier; dies extrem bei Friedrich Nietzsche, einem besessenen Wortspieler, in dessen «Begriffshimmel» sich zahlreiche Neubildungen der gleichen antithetischen Art tummeln wie *Einsamkeit – Vielsamkeit, Sündenbock – Tugend-Bock, Leidenschaften – Freudenschaften* usw.[155] Bei Gelegenheit wird ausdrücklich bestätigt, dass die Sprachkünstler sich ihres Tuns durchaus bewusst sind: «Ich ‹spiele› Schach im wahrsten Sinne des Wortes, während die anderen, die wirklichen Schachspieler», schreibt Stefan Zweig, «Schach ‹ernsten›, um ein verwegenes neues Wort in die deutsche Sprache einzuführen.»

Kaum merkliche Veränderungen genügen oft schon, um die wortspielerische Wirkung zu erzielen: die Abwandlung nur eines einzigen Lautes, eine andere Schreibung oder geringfügige Umstellungen. Karl Kraus, auch er ein Meister des Wortspiels, kreierte den *Einfallspinsel* für einen Menschen voller, aber eben nicht immer auch sinnvoller Ideen, und der Witz liegt natürlich in der gewollten Assoziation mit dem allbekannten Einfaltspinsel. Geistesverwandt Nietzsches «Hinterweltler», erklärt als jene, die die Welt von hinten sehen, jedoch mit unüberhörbarem Anklang an die *Hinterwäldler,* also Menschen von weltfremder Rückständigkeit. Nach Joachim Ringelnatz denkt manch einer im Knast: «Gott sei Dank gibt es Feilchen, die im Verborgenen blühen!» *F/Veilchen* –

ein entscheidender orthographischer Unterschied, der durch die völlige Klanggleichheit um so effektvoller wird. Werner Finck spielt mit der Umstellung: «Nicht jeder, der *kommen will*, ist *willkommen*»; ähnlich, wenn auch makaber, jemand sei «*leberleidend* nach Karlsbad gefahren, aber *leider lebend* zurückgekommen», eine dem Wiener Hofkapellmeister und Komponisten Joseph Hellmesberger zugeschriebene Boshaftigkeit (über den Musikkritiker Dr. Eduard Hanslick). Beliebt scheint von der Schriftstellerei – etwa Heinrich Heines *famillionärer* Umgang mit Salomon Rothschild – bis zur schulischen Sprachturnübung die Verschränkung zweier Wörter mittels eines gemeinsamen Zwischengliedes, das scharnierartig wirkt (salopp «Lexikonster» genannt, mit dem Fachausdruck ‹Kontamination›): *Kompromissgeburt, Ehrgeizhals, Repräsentativstapler, Sündenfallobst*, auch Adjektive wie *mozärtlich, jaguartig, kaviartistisch* usw.

Im Sinnbereich bilden hauptsächlich die verschiedenen Bedeutungsmöglichkeiten von Wörtern den Ansatzpunkt: gezielte Mehrdeutigkeit, die ein anderes als das gewohnte Verständnis aufblitzen lässt. Es fällt auf, aber verwundert nicht, dass namentlich Sprachkritiker einen Hang zu solcherart Wortspielen an den Tag legen. In der Vorrede seines Antiwörterbuchs ‹Die Leiden der jungen Wörter› begründet Hans Weigel den tieferen Sinn dieses Titels:[156] «Dies ist ein Nachschlagewerk. Es wird nach Wörtern schlagen. Dies ist ein Stichwörterbuch. Es will Wörter stechen.» Bemerkenswert übereinstimmend, sozusagen in sprachkritischem Schulterschluss, heißt es bei Ernst Röhl: «Dies ist das lexikalische Material der Zukunft. Stichwörter, die stechen. Schlagwörter, die uns umhauen.» Jedenfalls braucht nur an die Stelle der konkret-buchstäblichen Bedeutung die übertragen-bildhafte zu treten oder umgekehrt, und schon stellt sich mit der Überraschung die geistreich-witzige Wirkung ein. Noch einmal Finck, der harmlos berichtet, bereits der große Cäsar habe eine Art Tageszeitung (*acta diurna*) herausgegeben: «Die acta diurna war ein öffentlicher Anschlag, und es ist eine Ironie des klassischen Schicksals, daß gerade Cäsar, der Erfinder der öffentlichen Anschläge, eines Tages einem solchen zum Opfer fiel.» So eindeutig hier der Doppelsinn, so mehrdeutig – und damit eine echte Amphibolie – das folgende Kompliment, wenn es denn eines ist, nach dem Auftritt einer Sängerin: «Verehrteste, Sie haben noch nie besser gesungen als heute!»

Die Kunst der Verfremdung liegt darin, um es mit den Worten Friedrich Nietzsches zusammenzufassen,[157] «daß ihr das Alltäglichste völlig neu und anziehend, ja wie durch die Macht einer Verzauberung als eben geboren und jetzt zum ersten Mal erlebt erscheint». Mit etwas Darstellungsgeschick, das auch einfachen, oft unscheinbaren Dingen noch eine Besonderheit abzuringen vermag, lässt sich nicht nur persönliche Teilnahme oder allgemeines Interesse wecken, sondern zugleich auch Aufmerksamkeit und Textattraktivität erreichen. Etwa, indem wir in stehende Redewendungen eingreifen, wie das Eduard Engel seinerzeit beschrieben hat: «*Man verschiebe nie auf morgen, was man ebenso gut* – (gelinde Spannung, da wir das Folgende zu wissen glauben) – *auf übermorgen verschieben kann*, eine die Spannung überreich lohnende humorvolle Überraschung» – übrigens ein in mehrfacher Hinsicht «englisches» Beispiel, nämlich ein witziges Diktum Mark Twains, was Engel uns dezent auf Deutsch verschweigt. Oder auch indem eingebürgerte Konventionen verfremdet werden: So sind uns Formeln wie «Guten Appetit!» oder «Gesegnete Mahlzeit!» bis zur festen Erwartung geläufig; wenn nun jemand in harmloser Abänderung «Gute Esslust!» wünschen würde oder gar «Gesegnete Nahrungsaufnahme!», wie es der Hofrat Behrens in Thomas Manns ‹Zauberberg› tut, dann ist das Staunen groß – dorten auch bei Hans Castorp, der diese Äußerung vehement kritisiert: «Gesegnete Nahrungsaufnahme! Was für ein Kauderwelsch...» Verblüffung auch, wenn man Formulierungen oder Situationen buchstäblich beim Wort nimmt: «Es klingelt, ‹Ostern steht vor der Tür›.»

Verfremdung bedeutet, trotz des spektakulären «V-Effekts», keineswegs kuriose Effekthascherei. Dass Sprachkapriolen artistischen Zuschnitts zu vermeiden sind, wird schnell an einigen Beispielen deutlich:[158] Kurt Schwitters, als Künstler so vielseitig wie experimentierfreudig in der Sprache, hat in einem Gedicht zum Ruhme Basels die dort wirkenden Maler Böcklin, Holbein, Grünewald und Konrad Witz verewigt: «Dort lint es Böck, | dort beint es Hol, | es waldet grün und witzt.» Ähnlichen «Zerreißproben», wie sie hier an Namen praktiziert werden, unterziehen andere Schriftsteller auch allgemeines Wortgut: «Doch eines Tages sprang sie | aus ihrem Stuhl und – zer!» (Christian Morgenstern), «das gibt den Muskeln die Latur» (Joachim Ringelnatz) oder «... traut selbst ein Frosch der Sache miß» (Fred Endrikat). Dieser letzten Form der Verbzerstückelung hat sich mittlerweile die journalistische Sprache bemächtigt: man *artikelt leit, streikt warn* oder *landet zwischen*, und auch in der Alltagssprache heißt es schon einmal: «Verstehen Sie mich bitte nicht miss!» Scherzhaft, versteht sich, wie ja oft bei Wortspielen eine humoristische Ausdrucksabsicht zugrunde liegt. Je verblüffender, desto wirkungsvoller: «Sein Respectus vor dem Lehrer | – Leider Gottes – ist kein sehrer.» Indes zeigt die Versform es an: mehr Sonntags- als Alltagsstil und der «kunstgeübten Hand» des Literaten wie auch bestimmten Textarten vorbehalten.

Es gibt eine Stilfigur, die alles, was in diesem Kapitel vorgetragen worden ist, gewissermaßen *in nuce* enthält: von der «Rhetorik des Verschweigens» bis zur kunstvollen Überspitzung, vor allem aber Verfremdung in vielen Formen der Anspielung oder «Verrätselung», des Wortspiels oder versteckten Hintersinns, überhaupt aller stilistisch wirkungsvollen Kunstmittel – die Rede ist vom ‹Aphorismus›. Frankreich, das Land geistvollen Esprits und geschliffener Bonmots oder Aperçus, war auch die Heimat dieser literarischen Kleinform der Neuzeit, gefolgt von England. In Deutschland fasste das neue Genre Fuß mit dem schon mehrfach zitierten Georg Christoph Lichtenberg (erste Eintragung in seine ‹Sudelbücher› aus dem Jahre 1766), und viele namhafte «Aphoristiker» reihen sich bis auf den heutigen Tag an. Als Hauptvertreter der Moderne gilt der bereits kurz erwähnte polnische Sprachspötter und Satiriker Stanislaw Jerzy Lec, der «sowohl die durchschnittlich kürzesten als auch insgesamt brillantesten Aphorismen der Gattungsgeschichte verfaßt haben dürfte», wie der Literaturwissenschaftler Harald Fricke urteilt.[159] Da im Grunde bei Lec jeder Satz zitierwürdig wäre, hier nur wenige Kostproben seiner Aphorismen, deren beziehungsreiche Thematik den schon angedeuteten politisch-historischen Sinnhintergrund nicht verleugnet (S. 127f.):

Säge nicht an dem Ast, auf dem du sitzt, es sei denn, man wollte dich daran hängen.

«Kopf hoch», sagte der Henker und warf ihm die Schlinge um den Hals.

Aus einer Reihe von Nullen macht man leicht eine Kette.

Wie hat doch Karl Kraus, selbst ein Aphoristiker von Rang, dessen Wesen aphoristisch einzufangen versucht: «Der Aphorismus deckt sich nie mit der Wahrheit: er ist entweder eine halbe Wahrheit oder eine anderthalbe.»

Der Aphorismus stellt einen originellen Einfall, einen «Geistesblitz», in sprachlicher Knappheit und geistreicher Pointiertheit dar, um dem anspruchsvollen, denkenden Leser bewusst eine Ausfüllung der nur skizzierten Konturen zu überlassen. Hat eine solch exquisite Kunstform überhaupt im normalen Schreiben Platz? Zwar wird uns ein guter Gedanke, in die richtigen Worte gefasst, nur als eine gelungene Formulierung erscheinen, aber falls diese sich verallgemeinert anwenden lässt, ist sie nichts anderes als ein Aphorismus. Versuchen Sie es doch einmal!

Wenn Denkanstöße Anstoß erregen, liegt der Stein des Anstoßes zweifellos im Kopf.

Wer ein Einsehen hat, übt Nachsicht; wer dann das Nachsehen hat, kommt logischerweise zu der Einsicht: Wer Nachsicht übt, hat oft das Nachsehen.

Wissen und Erfahrung muss sich jeder mühsam im Laufe seines Lebens erwerben – Dummheit ist eine natürliche Begabung: man hat sie einfach.

Und angesichts dieser grandiosen Fehleinschätzung der Geistesarmut doppelt Karl Kraus aphoristisch nach: «Die Dummheit ist ein Elementarereignis, mit dem es kein Erdbeben aufnimmt.»

Halten wir einen Augenblick inne: Der Gesichtspunkt sprachlicher Attraktivität, der Verdichtung durch stilistische Kunstmittel, ist keineswegs neu, wie ein Blick in die Geschichte der Rhetorik und Poetik lehrt. Schon seit Antike und Mittelalter haben diese einen Katalog von ebenso redewirksamen wie kunstvollen Sprachmustern erstellt, die unter dem Namen der ‹rhetorischen Figuren› fortleben. Zweieinhalb Jahrtausende lang haben sie unsere abendländische Sprachkultur geprägt, und als ‹Stilfiguren›, universale Gestaltungsformen aller Art von Sprache, dienen sie auch weiterhin als unsere modernen «Attraktivmacher».

4. Die hohe Schule der Stilkunst

Anschaulich schreiben, dazu gehört dreierlei. Erstens: die sichtbaren Dinge muß man
so schildern, daß der Leser sie wirklich
sieht. Zweitens: den Dingen, die eine anschauliche und begriffliche Seite haben,
muß man die anschauliche Seite abgewin-
nen. Drittens: rein begriffliche Dinge muß
man durch Bilder, Metaphern und Vergleiche lebendig machen.

Ludwig Reiners[160]

In Lewis Carrolls nicht nur als Kinderbuch berühmtem Werk
‹Alice im Wunderland› (1865) stoßen wir auf eine altkluge Bemerkung der kleinen Heldin: «Und was für einen Nutzen hat ein Buch
ohne Bilder oder Gespräche?» dachte Alice. Tatsächlich ist das direkte Gespräch sowohl die verbreitetste Form des persönlichen
Sprachumgangs wie auch im literarischen Dialog ein quer durch
alle Gattungen geübtes Kunstmittel. Und Bilder? Wahrscheinlich
meinte Alice bildliche Darstellungen wörtlichen Sinns, Abbildungen und Illustrationen im Buch also, wohingegen der Stilist es mit
bildlicher Sprache und Sprachbildern zu tun hat. Unbestritten för-
dert nichts die Eingängigkeit eines Textes und seine Stileleganz
mehr als die Überzeugungskraft eines sinnfälligen Bildes. Doch je
höherrangig das Stilmittel, desto größer auch die Gefahr von Miss-
griffen: «Das schönste, aber auch das gefährlichste Mittel, der
Sprache Glanz und Profil zu geben, ist das Bild», warnt der Stillehrer Lutz Mackensen.

Dass verständliche, attraktive Sprache vorzugsweise bildhaft-an-
schaulich sei, hat den Wert einer Binsenwahrheit, wie in allen Stillehren nachzulesen ist: Wirklich Gesehenes soll für den Leser so
dargestellt sein, dass auch er es im geistigen Nachvollzug gewissermaßen vor Augen hat. Solange es dabei um leibhaftige Menschen,
unserer Wahrnehmung zugängliche Dinge oder Geschehnisse,
auch wirklichkeitsgetreue Gesprächssituationen geht, bedarf ihre
Wiedergabe nur der natürlichen Bildkraft lebendig-sinnenhafter
Sprache. Aber was tun, wenn es sich – und das ist weit häufiger der
Fall – um abstrakte Sachverhalte handelt, die schon deswegen, weil

sie an sich schwerer verständlich sind, umso dringlicher geeignete Möglichkeiten veranschaulichender Darstellung erfordern? Als solche gleichsam illustrierenden Mittel gelten, nicht nur in literarischen Texten, vor allem Beispiele, Vergleiche und Bilder. Zumal ein gut gesetztes, treffendes Sprachbild, das ganze Seiten langatmiger Umschreibung oder Erklärung unnötig macht, wird als stilistisches Meisterstück angesehen. Wie viel an geballter Aussagekraft steckt doch in dem Drei-Worte-Bild Schopenhauers, das die Presse als «Sekundenzeiger der Geschichte» apostrophiert,[161] oder an poetischem Wortzauber in Ernst Jüngers Sprachbild: «Ein Kennzeichen höchsten Stiles ist die geschliffene Dunkelheit. Man gleitet über die Rätsel der Tiefe dahin wie auf Schlittschuhen über einen gefrorenen See.»

Wann immer uns ein Sachverhalt nicht leicht begreiflich für den Leser oder allzu trocken dargestellt erscheint, bietet sich eine analogische Verdeutlichung an: Wir übertragen unsere Aussage in einen anderen Sinnbereich, der eine unmittelbare Einsicht und Verlebendigung ermöglicht. Der erste Schritt auf dem Weg zur bildlichen Ausdrucksweise ist der Vergleich, der sich meist klar mittels eines *wie, als ob, gleichsam* usw., auch verbal *gleichen* oder *ähneln,* kennzeichnet. Eine einfache *so – wie*-Struktur also: «Der Fortschritt ist (langsam) wie eine Schnecke», heißt es sinngemäß bei Günter Grass. Fortschritt und Schnecke – beider Hauptmerkmal ist ihre Langsamkeit: die «Schneckenlangsamkeit» des jungen Nietzsche, womit er den Vergleichspunkt benannt hat, in dem sich Vergleich und Verglichenes zusammenfinden (das allbekannte ‹Tertium comparationis›, wörtlich «Drittes im Vergleich»). Wie üblich, zunächst einige Beispiele von Sprachkönnern:[162]

Er bewegte sich so langsam wie ein Stundenzeiger unter einem Haufen von Sekundenzeigern (Georg Christoph Lichtenberg).

Die Frau läßt die Werbung des Mannes passiv über sich ergehen – so passiv wie die Spinne, die im Netz auf die Fliege wartet (George Bernard Shaw).

In dem endlosen Strom der Wörter wird unsere Sprache abgeschliffen wie Kieselsteine in einem Gebirgsbach. Der Unterschied ist nur, dass die Kieselsteine durch das Abschleifen schöner werden (Erhard Eppler).

Nicht alle Vergleiche gelingen, und der Kenner weiß nur zu gut: Jeder Vergleich ist ein Tausendfüßler, der auf vielen Beinen hinken kann. Vergleiche geben sich auch nicht immer so offen zu erkennen, wie es die angeführten Beispiele vermuten lassen könnten. Etwa Heinrich Heines bildhafte Umschreibung der Unwissenheit: «Konnt ich das vorauswissen? Bin ich Aristoteles? Bin ich bei der Vorsehung angestellt?» Selbst bei sorgfältigstem Lesen, gleichsam mit gespitzten Augen, wird kein *wie* oder ein anderes Vergleichswort sichtbar: ein «verkürzter Vergleich» sozusagen?

Es ist an der Zeit einzugestehen, dass auch jenes Ausgangsbeispiel von Grass denselben Schönheitsfehler aufweist. Dort heißt es nämlich exakt: «Der Fortschritt, das ist eine Schnecke»[163] – ohne *wie*, kein *gleicht*, nichts. In dem Augenblick aber, da eine solche Kennzeichnung fehlt, wird aus dem Vergleich ein echtes Bild: Der Vergleichsgegenstand rückt stillschweigend – in unserem Fall, weil es eine «Schnecke» ist, auch langsam – an die Stelle der verglichenen Sache, hier des «Fortschritts». Insofern die Gleichsetzung auf einer anderen, übertragenen Ebene erfolgt, wird die Formulierung zur bildlichen «Übertragung» – zur ‹Metapher›. Diese stellt, im Gegensatz zur unmittelbaren, eigentlichen Bildhaftigkeit anschaulicher Beschreibung, eine mittelbare, uneigentliche Bildlichkeit dar, die Denkinhalte nicht nur visualisiert, sondern im Bild verdichtet. Sie ist über alle Zeiten, Länder und Sprachen hinweg die verbreitetste aller Stilfiguren und Inbegriff des Poetischen. Aber, erläutert Friedrich Nietzsche: «Die Metapher ist für den echten Dichter nicht eine rhetorische Figur, sondern ein stellvertretendes Bild, das ihm wirklich, an Stelle eines Begriffs, vorschwebt.» Als bewusste Sprachabweichung vollzieht sie, die Metapher, den überraschenden Sprung in andere Welten, so dass der spanische Dichter Garcìa Lorca sie – metaphorisch – den «Reitersprung der Phantasie» genannt hat.

Neben dem kühnen *Sprung* der Metapher, um dies kurz einzuflechten, vollführt die ‹Metonymie› (wörtlich «Umbenennung») nur einen eher bescheidenen Seiten*schritt*. Sie bleibt sozusagen auf dem Boden der Tatsachen und tauscht lediglich ein Wort gegen ein anderes aus, das zu dem ersten aber in realer Beziehung steht und sich aufgrund sachlich-logischer Abhängigkeiten erklären lässt. Vielfältig sind die Möglichkeiten solchen Ausdruckswechsels, zum Beispiel die Nennung eines Teils für das Ganze (in der Redensart «keinen *Finger* rühren»), des Autors statt seiner Werke («*Goethe* in- und auswendig kennen»), des Materials an Stelle der daraus gefertigten Gegenstände («das ganze *Blech*» als Bezeichnung aller Metallblasinstrumente eines Orchesters) usw. Um die Techniken der Metonymie zu durchschauen, braucht man – durchaus metonymisch – nur ein wenig «Köpfchen»!

Wirkungsvolle Sprachbilder gelten als Glanzlichter der Formulierungskunst. Auch dem Sprachmeister fliegen sie nicht von selbst zu, wie uns Heinrich Heines Ausruf verrät, mit dem er einmal seinen metaphorischen Ausdrucksnöten Luft verschafft hat:[164] «Ein Bild! Ein Bild! Mein Pferd für'n gutes Bild!» Unter unseren Dichtern finden sich große Metaphern-Schmiede, allen voran Lessing und Goethe, der Bilderreiche, oder Gottfried Keller mit seinem Malerauge. Manch bildkräftige Formulierung finden wir auch bei Nietzsche, etwa sein höchst poetischer «Flügelstaub des Schmetterlings Augenblick» oder der Journalist als «der papierne Sklave des Tages». Aber nicht allein die Schriftsteller, ihren vorbildhaft kreativen Umgang mit der Sprache in Ehren, haben das «Bildern» für sich gepachtet – moderne Werbetexter und Zeitungsleute tun es ihnen nach und gleich: «Der Likör, in dem das Herz des Cognacs schlägt» (Werbeslogan) oder als Zeitungsüberschrift: «Und der Lungenkrebs reibt sich vergnügt die Scheren.» Das erste Beispiel nutzt übrigens die in aller Dichtung verbreitete und geradezu universelle Form der Genitiv-Metapher, deren Übermaß – *Stein des Anstoßes* oder *Quell der Freude* ? – kürzlich Anlass zu amüsant-kritischer Klage bot: «Kein Springquell der Formulierungen lässt sich hindern, im Garten vollplastischer Vergleiche weiterhin das Pfauenrad der Verbildlichung zu schlagen.»

Bemerkenswerterweise wimmelt es auch im Alltag von solchen genitivischen Formeln: der *Boden der Tatsachen*, das *Auge des Gesetzes,* die *Krone der Schöpfung* usw., wie überhaupt von sprachlichen Bildern jeder Art. Nur nehmen wir diese vielfach gar nicht bewusst wahr, weil sie ihre ursprüngliche Bildkraft längst eingebüßt haben, so das *Haupt* der Familie, der *Bergrücken, Meerbusen, Flaschenhals* usw. Andere erscheinen uns als ganz gewöhnliche Wörter unseres Normalwortschatzes. Wer weiß schon, dass *Anstrengung* nach den *Strängen* heißt, an die das Zugvieh gespannt wurde, oder die Redewendung *leeres Stroh dreschen* sinnfällig aus dem bäuerlichen Erntevorgang übernommen ist? Von «toten» Metaphern spricht die Fachwissenschaft dann, und mit Recht hat Jean Paul in einem oft angeführten Bild gefolgert, die Sprache sei «ein Wörterbuch erblasseter Metaphern».

Wer selbst im Rahmen seiner persönlichen Ausdrucksfähigkeiten gut «im Bilde sein» will, sollte als Faustregel beherzigen: einfache, nicht gesuchte Vergleiche oder Sprachbilder, diese in möglichst knapper, geschliffener Formulierung – eine deutliche Warnung ist das «schiefe Bild» der Redensart. Aber es droht noch eine weitere Gefahr, die weniger von den toten als den lebenden Metaphern ausgeht, den Bildern also, die noch in vollem Gebrauch stehen. Just dieser lebendige, ja übermäßige Gebrauch in unbedachter, formelhafter Routine ist es, der ihre Bedenklichkeit ausmacht. Ein Sprachkritiker hat es vor Jahren auf den Punkt gebracht:[165] «Doch immer noch heilt der Zahn der Zeit alle Wunden, und immer wieder springt der springende Punkt, zieht sich endlos der rote Faden.» Mit solchen schon tausendmal abgenagten Knochen, so bildert er selbst weiter, könne niemand mehr einen Hund hinter dem Ofen hervorlocken. Soll man deshalb ganz auf solche allzu geläufigen Zitate verzichten? Sicher nicht. Jedes Sprachbild, jede Redensart, jede feste Formel, und seien diese noch so abgenutzt, lässt sich durch eine kleine, verfremdende Umformulierung zu neuem Leben «reaktivieren». Wer wird da sein Sprachgericht schon aus der wohlfeilen Konservenbüchse abgestandener Formelhaftigkeiten anrichten wollen, wenn sich mit den gleichen Zutaten, durch eine kleine Abwandlung gewürzt, echte Stil-Delikatessen zubereiten lassen? Zum Beispiel «er kam, sah und siechte» – schon ist aus Cäsars patiniertem Edelzitat eine Persiflage moderner Managerkrankheit geworden.

In der Literatur stoßen wir immer wieder auf Beispiele für diesen Kunstgriff. Nehmen wir William Shakespeares berühmten, permanent nagenden «Zahn der Zeit» (in ‹Maß für Maß› V,1): unstreitig ein glänzendes Sprachbild, das seither aber in seiner millionenfachen Abgegriffenheit jenes von ihm beschriebene Schicksal selbst über sich ergehen lassen musste. Wohltuend also, wenn Heinrich Heine von einem schönen Frauenzimmer spricht, «woran der Zahn der Zeit schon seit zwanzig Jahren kaut» – Wolf Schneider kommentiert: «des Nagens müde, wie wir alle», *kaut* er! Ein anderes Shakespeare-Wort, kaum weniger zitiert, ist das von den Dingen zwischen Himmel und Erde, die unsere Schulweisheit sich nicht träumen lässt (S. 135). Karl Kraus hat es in die schlichte Schulrealität heruntergeholt, indem er die nicht gewussten Dinge «zwischen Quinta und Sexta» ansiedelt. Nietzsche andrerseits unterlegt ihm den Sinn poetischer Fiktion: «Ach, es gibt so viele Dinge zwischen Himmel und Erde, von denen sich nur die Dichter etwas haben träumen lassen!» Schon früher hatte Georg Christoph Lichtenberg jenen Satz mit einer neuen, verblüffenden Umkehrpointe versehen. Es gebe wirklich viele Dinge zwischen Himmel und Erde, von denen nichts in unseren Lehrbüchern stünde – «Gut, dafür stehen auch wieder eine Menge von Dingen in unseren Kompendien, wovon weder im Himmel noch auf der Erde etwas vorkommt.»

Zum Stilbruch. Im Allgemeinen beruht dieser auf Gedankenlosigkeit, mangelnder Logik oder Realitätswidersprüchen, doch stets hat auch die Sprache ihre Finger mit im Spiel (natürlich ein schiefes Bild). Ungenauigkeit des Ausdrucks, falsche Grammatik, Mehrdeutigkeit usw. können jederzeit zu unbeabsichtigten Sinnverschiebungen führen: «Glücklicherweise trug der Ermordete keine Wertgegenstände bei sich, so dass er mit dem Verlust seines Lebens davonkam» (aus einer Zeitungsmeldung). Die geläufigste Form des Stilbruchs ist jedoch die Bildvermengung, in der sich Bilder aus verschiedenen Gegenstandsbereichen und damit unverträgliche Vorstellungen überlagern: «Der Zahn der Zeit, der schon so manche Träne getrocknet hat, wird auch über diese Wunde Gras wachsen lassen» – eine wieder und wieder zum allgemeinen Gaudium rezitierte Stilblüte aus Immergrün.

Dem Stilbruch ergeht es wie vielen stilistischen Phänomenen: Falls ungewollt und stümperhaft, ist er ein schlimmer Stilfehler; aber gekonnt gehandhabt, wird vor allem der gezielte Bildbruch zur raffinierten, wirkungsvollen Stilfigur, die unter dem Fachbegriff der ‹Katachrese› (eigentlich «Missbrauch») bekannt und in Form von Stilblüten weitum verbreitet ist. Eine von Professor Galettis unsterblichen Geschichtsdeutungen:[166] «Maximilian, der letzte Ritter, stand noch mit einem Fuß im Mittelalter, während er mit dem andren in die Neuzeit zeigt.» Besagter Maximilian, wiewohl als Ritter der Letzte, so doch als Kaiser der Erste, hat später auch Kurt Tucholsky – im Anschluss an Galetti – zur Parodie herausgefordert: «‹Maximilian der Erste hatte die Hoffnung, den Thron auf seinem Haupte zu sehen.› Er wollte natürlich sagen: sich auf die Krone zu setzen; aber man kann sich irren.»

Vor Jahren hat der elsässische Schriftsteller René Schickele sich über die Zitierwut seiner Zeitgenossen erbost, die ungeniert drauflos zitierten, «als sei es die Sendung der deutschen Dichter, Zitate zu liefern, wie die Hühner die Eier».[167] Dichterisch gelegte Zitat-Eier – ein köstliches Bild, das uns den reibungslosen Übergang vom Bild zum Zitat als einem weiteren Attraktivmacher allen Schreibens ermöglicht. Zitieren hat etwas ungemein Verlockendes. Im Zitaten-Lexikon bieten sich uns Tausende landläufiger Redewendungen, gedankenreicher Sinnsprüche und nicht zuletzt «geflügelter» Dichterworte zur geflissentlichen Benutzung an, und die meisten kennen wir sogar auswendig – wer machte da wohl nicht hin und wieder gerne von ihnen Gebrauch? Zitate sind zunächst einmal alle fremden Sprachäußerungen, die im Wortlaut angeführt werden (weshalb sie meist auch, wie wörtliche Rede, in Anführungszeichen stehen). Dann aber, und in erster Linie, all jene wohlbekannten, glanzvollen Aussprüche großer Geister, mit denen sich die eigenen Formulierungskünste gewissermaßen vergolden lassen – ein Schmücken, wortwörtlich, mit fremden Federn? Im Französischen wird das Zitat denn auch elegant umschrieben als der «Geist der Andern» (*l'esprit des autres*).

Auch über das Zitat lässt sich alles in Zitaten sagen: «so ein paar grundgelehrte Zitate zieren den ganzen Menschen», meinte einst Heinrich Heine – meinte er das etwa, wie so vieles, ironisch? Gleichwohl macht sich, erstens, sein Ausspruch an dieser Stelle recht gut und hilft, zweitens, über den sprichwörtlich schweren Anfang hinweg; drittens zeugt es von Wissen und eben auch Bildung, wenn einem die Spruchweisheiten unserer Dichter und Denker locker von der Zunge gehen: «Wie sagte doch Arthur Schopenhauer, der große Philosoph, so trefflich …» (dies natürlich eine zutiefst museale Zitateinführung und daher ironisch gemeint). Aber da sein Name schon gefallen ist: Schopenhauer hat sich gleichfalls, halb billigend, halb tadelnd, zum Zitieren geäußert: «Durch viele Zitate vermehrt man seinen Anspruch auf Gelehrsamkeit, vermindert aber den auf Originalität.» Mit anderen Worten: Wie alles hat auch das Zitat seine zwei Seiten, Vorzüge und Nachteile, was wiederum Wilhelm Busch in einer seiner volkstümlich-tiefgründigen Lebensweisheiten verewigt hat: «Mit dem Zitat ist's so im Leben: | Mal geht es gut, mal geht's daneben...» Über alles auf der Welt lässt sich alles in Zitaten sagen – nur, ist es damit stilistisch gut oder schlecht gesagt?

Grundsätzlich muss zwischen zwei verschiedenen Funktionsweisen des Zitats unterschieden werden, seiner Belegfunktion und seiner Schmuckfunktion: Dokumentation und Illustration also. In Sachtexten, besonders wissenschaftlichen, gehört es zur zünftigen Zitierpraxis, Belegstellen aus dem verarbeiteten Schrifttum exakt anzuführen, und das sollte sinnvollerweise auch sonst überall geschehen, wo es auf den authentischen Wortlaut ankommt. Weit häufiger machen wir uns jedoch allgemein das Zitat als – buchstäblich – erlesenen Textschmuck zunutze: gedankentiefe, brillant formulierte Aussprüche aus berufenem Munde, vor allem jene berühmten Worte unserer Geistestradition, die im Laufe der Zeit «geflügelt» und als solche von Georg Büchmann seligen Angedenkens kundig registriert worden sind:[168] «Sie bekommen Flügel, flattern aus den Büchern heraus und fügen sich zwanglos in den redensartlichen Schatz des Volkes ein.» Aber Vorsicht: wer seine Belesenheit zu auffällig hervorkehrt, dem kreidet man dies als Bildungsdünkel, modern ausgedrückt, als «Imponiergehabe» an (S. 108). Und wer in jedem zweiten Satz ein Zitat anbringt, der wird unweigerlich zum «Zitateles», jener von Eduard Engel denkmalreif erfundenen Verkörperung eines Menschen, der übermäßig mit «geborgtem Geist» wuchert.

Eine eher noch größere Gefahr bildet indes, wie schon beim Bildgebrauch, der hohe Bekanntheitsgrad von Sprichwörtern, witzigen Bemerkungen oder auch vieler Dichterworte: «Ja, der Zahn der Zeit...» – wer wundert sich da noch, wenn die Zuhörer im Chor einfallen: «der schon so manche Träne getrocknet hat» usw. Vers-ierte Regel: «O meide, streng, weil abgedroschen, | Die ausgelatschten Sprachgaloschen!» Nun besteht ein normales Zitat aus seinem Text im genauen Wortlaut samt dem Verfassernamen. Gesetzt den Fall, man kann beim Publikum, ob Hörer oder Leser, unbedenklich die Bekanntheit dieses Verfassers voraussetzen, wäre es dann nicht unsinnig, ihn dennoch zu nennen? Und bedeutet das Bekanntsein des Verfassers nicht zugleich auch Kenntnis des Zitats, so dass es mehr als unelegant erscheinen müsste, dieses trotzdem Wort für Wort anzuführen? In solchen Fällen empfiehlt sich die Anspielung als nur andeutendes Zitieren: Das biblische «Perlen vor die Säue werfen» oder Goethes «kannibalisches Wohlsein» («als wie fünfhundert Säuen», darum) erfüllen auch in dieser Kürze durchaus ihren Zweck, und wer gegen «Windmühlenflügel» anrennt, sollte wissen, dass er wie weiland Don Quichotte ein hoffnungslos idealistischer Träumer ist.

Anspielung (in stilistischer Nomenklatur ‹Allusion›) heißt, ein Zitat gekürzt oder verändert in seine eigene Formulierung einzubeziehen und von seinem ursprünglichen Wortlaut allenfalls so viel beizubehalten, dass es erkennbar bleibt. Erich Kästners Gedichtanfang:[169] «Kennst Du das Land, wo die Kanonen blühn?» ist beinahe Wort für Wort Goethe und tauscht lediglich dessen *Zitronen*, natürlich umso wirkungsvoller, gegen *Kanonen* aus. Ganz anders, aber nicht weniger meisterlich Heines schon bekanntes Shakespeare-Imitat (S. 151): «Ein Bild! Ein Bild! Mein Pferd für'n gutes Bild!», wo außer dem *Pferd* an falscher Stelle kein Wort des Originals geblieben ist, und doch macht die Wort- und Versstruktur unverkennbar die Tatsache der Kontrafaktur klar. In jedem Fall ist die Anspielung ein stilistisches Feinmittel: anspruchsvoll sowohl für den Schreiber, der ein als bekannt vorausgesetztes Zitat sinnvoll verkürzt, verändert, letztlich verfremdet, wie auch für den gebildeten Leser, der beides erkennt. Die Zusammenhänge können sehr raffiniert, sehr kunstvoll sein: Wenn es – nochmals Kästner – heißt: «der Mensch, das Millimetermaß der Dinge», so werden wir darin nicht ohne weiteres die nacheinsteinsche Relativierung jenes fast zweieinhalb Jahrtausende alten Satzes des Protagoras sehen, der Mensch sei das Maß aller Dinge. Und welch sprachlichen Glanz, von dem verblüffenden neuen Sinn zu schweigen, erhält das gute, alte Sprichwort durch Schüttelreim und Wortspiel in seiner fast unmerklichen, aphoristischen Umformung: «Was lange gärt, wird endlich Wut» – der Aphorismus, wir wissen es schon, als das treffsicher pointierte, «zugespitzte» Diktum.

Der im 18. Jahrhundert aus der französischen Sprache übernommene Begriff ‹Pointe› bedeutet «Spitze», und als Fachausdruck meint er den überraschenden Schlusseffekt, insbesondere den Höhepunkt des Witzes, in dem sich die angestaute Spannung löst. Pointe, Pointierung, Pointiertheit bezeichnen in einem allgemeineren Sinn jede nachdrückliche Hervorhebung sachlicher, gedanklicher oder sprachlicher Art, speziell die den Text steigernde oder der Textabrundung an Schlüssen dienende «Zuspitzung».

Ausgesprochene Pointen verbieten sich in Werken der Sprach-kunst, ernsten Romanen, Theaterstücken oder Gedichten, wie auch in wissenschaftlichen Texten, deren Sachlichkeitsgebot sie verletzen würden; nur auf der «literarischen Kurzstrecke», zum Beispiel in Glossen oder heiteren Versen, feiert die Schlusspointe fröhliche Urständ. So endet eine Sprachglosse Kurt Tucholskys, die Modewörter seiner Zeit aufs Korn nimmt, mit deren gebündel-ter Zusammenfassung:[170] «Modewörter? ... Meine Einstellung ist rein menschlich irgendwie die, daß das Wort ‹hundertprozentig› eine hundertundeinprozentige Sprachdummheit ist.» Oder das witzige Resümee Eugen Roths, dessen «Mensch» sich kühn, doch jeglicher Fremdsprachenkenntnis bar einem holden, engelhaften Wesen genähert hat: «Was nützt – Moral von der Geschicht – | Ein Engel, wenn er englisch spricht!»

In der Alltagssprache gehören Pointe und Witz zusammen. Und wirklich heißt «pointiert schreiben» nichts anderes als mit Stil-*Witz* schreiben: dies – im alten Sinne des mit *Wissen* verwandten Wortes zu verstehen – als eine probate Mixtur aus Sprachverstand, Scharfsinn und Geistreichtum. Der heutige ‹Witz› als halb popu-läre, halb literarische Kleinform fällt nicht in die Zuständigkeit der Stillehre, und allen gedruckten Witzbüchern, Zeitungs-Witzecken oder Witz-Zeichnungen zum Trotz hat er seinen eigentlichen Ort in der Mündlichkeit, im spontan erzählten Witz. Pointiertes Schreiben, wie es im Mittelpunkt dieses ganzen Kapitels steht, be-deutet konkret, dem Text einen Schuss Stil-Pfiff mitzugeben, ihm Attraktivität zu verleihen mit Hilfe bestimmter Stilfiguren. Aller-dings ergibt es noch längst keinen guten Stil, wenn man sie nur in artifizieller Manier gleich einem Mosaik zusammenfügt: hier ein Alliteratiönchen, da ein Hyperbelchen, dort ein Katachreschen. Sie wirken vielmehr wie stilistische Würzmittel, mit denen es die gleiche Bewandtnis wie beim normalen Würzen hat: Zu viel schar-fer Pfeffer verdirbt das Gericht, ganz ohne Pfeffer geht es jedoch auch nicht, so wie es uns Fritz Reuter, der große mecklenburgi-sche Plattdeutsch-Erzähler, anschaulich bekräftigt:[171] «Tau jeden richtigen Honigkauken hürt en lütt Beting Peper» – selbst zum Honigkuchen, wenn er richtig gemacht ist, gehört eine kleine Prise Pfeffer!

Aber nicht der Pfeffer allein tut's, vielmehr muss es eine Würz-mischung sein: Ein guter Koch würzt ja auch mit den verschiedensten Ingredienzien, die er fein dosiert und aufeinander abgestimmt mixt. Ebenso sind es im Text gar nicht einzelne Stilfiguren, mit denen wir «würzen», sondern diese müssen sich in den Dienst einer einheitlichen Geisteshaltung stellen, die den ganzen Text durchdringt wie ein Gewürz die Speise. Eine derart geschlossene, harmonische Gestaltungseinheit kommt zustande durch stetig wiederkehrende, darum für den Leser erwartbare Gestaltungsmuster, und das heißt, durch ein Zusammenwirken ausgewählter, in Einklang stehender Stilmittel, die sich durch den ganzen Text ziehen und dessen Zusammenhang gewährleisten (S. 44f.). Die Fachwissenschaft spricht dann von ‹Stilzügen›, die den stilistischen Gesamteindruck eines Textes derart prägen, dass wir zum Beispiel sagen: ein humoristischer Text. Solch sprachlicher Humor wird sich im Einzelnen geistreich-aphoristischer oder witzig-scherzhafter Kunstmittel bedienen, die im einen Fall mehr den Intellekt ansprechen und wir, das lesende Publikum, werden vielleicht nur innerlich goutierend lächeln; im anderen Fall steht es jeder Frohnatur frei, herzhaft zu lachen oder wenigstens zu schmunzeln. Aber Geistreichtum als Denkart bedeutet nie gekünsteltes Geistreichtun, Humor als Geisteshaltung nicht oberflächliche Witzelei. Wohl dem, der es mit Geist und Witz versteht, in seinem Text eine frische Brise goldenen Humors mitschwingen zu lassen!

Bleibt letztens noch die Ironie, das hohe C der Stilkunst. Aber, wir wissen es ja schon, die höchstrangigen Kunstmittel sind auch die schwierigsten und gefährlichsten. Das zeigt sich an keiner Stilfigur mehr als an der ‹Ironie›, bei der nach landläufiger Definition das Gegenteil dessen gemeint ist, was in Worten gesagt wird – nicht verwunderlich, bedeutete das zugrunde liegende griechische *eironeia* doch so viel wie «Verstellung». Als ein Grundmuster der Ironie gilt, durch Lob zu tadeln und durch Tadel zu loben, doch können auch Texte anderer, ja aller Art ironisch sein. Seit der Antike berühmt ist die sokratische Ironie der vorgetäuschten Unwissenheit («Ich weiß, daß ich nichts weiß»), und die tragische Ironie der klassischen Dramen hat mit der oft beschworenen «Ironie des Schicksals» den sprachlichen Alltag erreicht. In neuerer Zeit diente die Ironie Dichtern wie Heinrich Heine oder Thomas Mann als illusionszerstörendes oder daseinsdistanzierendes Darstellungsmittel, und Sprachsatiriker haben sie in hintergründig-witziger Weise genutzt: Christian Morgenstern, Joachim Ringelnatz, Erich Kästner und viele andere. Ironie ist immer kritisch, zuweilen spöttisch-angriffig, oft boshaft – umgekehrt kann sie aber auch von hinreißendem Witz sein und damit unser Schreiben attraktiv machen: So ist das eben mit dem Stil.

Wenn von journalistischer Seite geraten wird, «um die Ironie einen großen Bogen» zu machen, und sogar versierte Stilisten sie nur mit höchster Vorsicht handhaben, hat das nicht den Grund, dass sie zu kunstvoll wäre oder in der Alltagssprache nicht vorkäme. Im Gegenteil: mindestens zehn Prozent alles Gesprochenen und Geschriebenen, so wird vermutet, sei ironisch gedacht. Die Schwierigkeit liegt darin, dass Ironie sich im Allgemeinen nur an Begleiterscheinungen des gesprochenen Wortes wie Tonfall, Gesichtsausdruck, Handbewegungen usw. oder in Kenntnis außersprachlicher Verstehenshintergründe erkennen lässt – schriftlich vollends ist es kaum möglich, sie in entsprechender Weise zum Ausdruck zu bringen. Weil sich das so verhält, hat Jean Paul allen Ernstes die Einführung eines «Ironiezeichens» vorgeschlagen:[172] Es fehle «uns Deutschen, die wir doch Frag- und Ausrufzeichen haben, noch ganz an allgemein angenommenen Ironiezeichen in der Druckerei, an einem gleichsam nach Art der Musik-Schlüssel vorgesetzten Ironie-Schlüssel, zu welchem man ein unbedeutendes, leicht in Blei zu gießendes Zeichen wählen könnte, das immer... stets so vor die ironische Figur gestellt würde, daß es jeden Zweifel über das umgekehrte Verständnis derselben auf der Schwelle abweise.»

Des Dichters Meinung, knapp 200 Jahre alt, trifft sich in bemerkenswerter Weise mit derjenigen der modernen Linguistik, die ebenfalls wenn schon kein eigenes Zeichen, so doch «Ironiesignale» fordert: Wer sich ironisch verstellt und dies nicht deutlich genug anzeigt, sei es durch Anführungszeichen, bombastische Ausdrücke, gewagte Metaphern und dergleichen, der lüge, schreibt Harald Weinrich: «Zur Ironie gehört das Ironiesignal.»

Wissen Sie nun, was Ironie ist – oder? Falls nicht, so liegt das keineswegs an Ihnen, sondern lediglich daran, dass Ironie sich weniger mittels langer theoretischer Erklärungen als vielmehr durch praktische Exemplifizierung erschließt. Wie dem auch sei, versuchen wir abschließend – als Gegenstück zur Einführung – eine ebenso kurz gefasste «Ausführung». Einem feinfühligen Ratschlag Kurt Tucholskys folgend, wird vorher ausdrücklich angekündigt, damit die Hörer oder Leser nicht vor Freude einen Schlaganfall bekämen, sagt Tucholsky: wir nähern uns forsch dem Ende des Buches.

Zum guten Schluss

> Meine philologischen Studien haben mich
> davon überzeugt, daß ein begabter Mensch
> Englisch (ausgenommen Rechtschreibung
> und Aussprache) in dreißig Stunden lernen
> kann, Französisch in dreißig Tagen und
> Deutsch in dreißig Jahren.
>
> *Mark Twain*[173]

Die Schwierigkeit der deutschen Sprache hat sich weltweit herumgesprochen. Darüber hinaus auch noch ihren Stil einigermaßen zu beherrschen, gilt vollends als ein «Ding der Unmöglichkeit», wie der Volksmund es mit der ihm eigenen Prägnanz umschreibt. Wenn Sie, verehrte Leserin, lieber Leser, sich die wissenschaftlich verifizierte Prognose des sachverständigen Fachexperten Mark Twain ernsthaft vergegenwärtigen – haben Sie so viel Zeit? Falls nicht, dann sei alles, was die vorangehenden Kapitel an geballten Informationen über Stil und Stilistik enthalten, noch einmal für Sie rekapituliert – in zusammenfassender Kürze und Bündigkeit, wie sich versteht.

Für eine Zusammenfassung empfiehlt es sich stets, in sprachphilosophischer Weite auszuholen. Die Sprache sei dem Menschen gegeben, um seine Gedanken zu verbergen, wird der französische Staatsmann Talleyrand zitiert – in dieser Äußerung hundertprozentiger Diplomat. Offenbar hat er dabei eine Sprache der raffinierten Formulierung im Auge; aber man kann natürlich noch viel raffinierter formulieren, und der Leser wird erst gar nicht auf die Idee kommen, man hätte überhaupt Gedanken zu verbergen gehabt. Das sah im 19. Jahrhundert der dänische Philosoph Sören Kierkegaard ganz ähnlich: «Die Menschen haben, wie es scheint, die Sprache nicht empfangen, um die Gedanken zu verbergen, sondern um es zu verbergen, daß sie keine Gedanken haben.» Dies kann seither wohl als die *communis opinio* gelten, als die allgemeine und anerkannte Forschungsmeinung, der auch Kurt Tucholsky als unser Gewährsmann für die Moderne vorbehaltlos zustimmt: «Die Sprache dient nur in seltenen Fällen dazu, die Gedanken zu verbergen – denn dies setzte voraus, daß jeder Sprechende auch Gedanken hat... Die Sprache hat vielmehr die Aufgabe, die Leere auszufüllen, Leben anzuzeigen; sie ist häufig um ihrer selbst willen da.» *L'art pour l'art,* heißt es im Französischen, so also auch Sprache um der Sprache willen!

1. Wissensfülle, Fremdwortreiz, Sprachbrillanz

> Achten Sie vor allem auf Ihren Stil, sagt er, guter Stil ist die Hauptsache. Schreiben Sie gewichtig, Schmock, sagt er, schreiben Sie tief... brillant müssen Sie sein, Schmock, es ist jetzt Mode, daß alles angenehm sein soll für die Leser.
>
> *Gustav Freytag*[174]

Wenn wir reden und vor allem schreiben, dann ist vorweg – und das bedeutet konkret, noch vor der ersten Zeile, die wir zu Papier bringen – mit aller Eindringlichkeit zweierlei zu bedenken. Als Erstes: Ihr Leser ist Ihnen ausgeliefert! Nehmen Sie zum Beispiel dieses Buch, das Sie gerade in der Hand halten, oder ein anderes aus dem Bücherschrank. Sie haben es für Ihr gutes Geld erstanden – was liegt da näher, als dass Sie auch auf Ihre Rechnung kommen wollen und es folglich mit an hundertprozentiger Wahrscheinlichkeit grenzender Sicherheit lesen werden. Solchermaßen werden alle Menschen lesen, die sich irgendetwas Lesbares gekauft haben – wenn Sie also schreiben, so nutzen Sie unerbittlich diese Chance! Das Zweite und noch wichtiger ist: Wer etwas schreibt, muss zuallererst und mit größtmöglichstem Nachdruck zeigen, dass er rundum gebildet und als Autor absolut ernst zu nehmen ist. Wie sich das am besten bewerkstelligen lässt? – nichts einfacher als das. Bildung beweist man vorzugsweise durch Wissen, Fremdwörter sowie einen brillanten Stil, und ernst genommen wird nur, wer es versteht, in einem restlos überzeugenden Sprachhabitus aufzutreten.

Breiten Sie also, erstens, die ganze Fülle Ihrer erschöpfenden Kenntnisse und Erkenntnisse aus. Das macht nicht nur Eindruck, sondern der Leser wird es Ihnen auch danken: Nicht jeder besitzt ja zu Hause ein Lexikon, in dem er alles leicht nachschlagen könnte. Verbreiten Sie sich gründlich – das erwartet man von Ihnen, denn nichts geht über die altbewährte deutsche Gründlichkeit – und ergehen Sie sich in allen irgendwie erwähnenswerten Einzelheiten, diese gewissenhaft vom Hundertsten ins Tausendste ausbreitend, über das Thema, das Sie nach allen Regeln der Kunst kenntnisreich abhandeln. Als spezieller Insider-Tipp: Leser schätzen besonders die weitläufige Erklärung historischer Hintergründe und Verstehenszusammenhänge. Deshalb scheint es in jedem Fall zweckdienlich, wenn nicht bei Adam und Eva (seit der Bibel ziemlich abgegriffen), so doch wenigstens mit den alten Mesopotamiern oder Ägyptern einzusetzen.

Letzteres enthebt Sie zugleich aller Schwierigkeiten des Anfangs: «Die Nase der Kleopatra, wäre sie kürzer gewesen, so würde das Antlitz der Erde ganz anders aussehen», macht der französische Denker Blaise Pascal es Ihnen vor.[175] Und dann können Sie sich unbeschwert in geschichts- und gedankenträchtigen Reflexionen ergehen ... Die Berechtigung dieses methodischen Verfahrens, ja seine unverzichtbare Notwendigkeit wird durch neuere geisteswissenschaftliche Forschungsergebnisse untermauert: «Hintergründe sind wichtiger als Gründe. Nur Naturwissenschaftler suchen nach Gründen. Es beweist den tieferen Sinn unserer Wissenschaft, ihren Hintersinn sozusagen, nach den Hintergründen zu fragen, vielmehr die Hintergründe zu hinterfragen.»

Sagen Sie alles, was Ihnen vor die Zunge kommt. Aber sagen Sie es nicht nur ein- oder zweimal – Sie glauben ja gar nicht, wie schwer sich manche Menschen mit dem Verstehen tun. Laut Tucholsky, der es wohl wissen muss, hat als oberstes Gesetz zu gelten: «Der Gesprächspartner ist schwerhörig und etwas schwachsinnig – daher ist es gut, alles sechsmal zu sagen.» Sechsmal, das wird gelinde übertrieben sein; gleichwohl lässt diese Regel sich praktischerweise auch fürs Schreiben zur Nutzanwendung bringen: Erst einmal alles darlegen, sicherheitshalber wiederholen, dann mit anderen Worten umschreiben, nochmals ausführlich erklären und schließlich resümierend zusammenfassen. Zusätzlich vom Gegenteil ausgehend auch noch alles negativ zu formulieren (womit man übrigens besonders wirkungsvoll anfangen kann), wäre die ganz raffinierte Version. Eine Stilkapazität wie Ludwig Reiners betrachtet jedenfalls vornehme Länge und wohl abgewogene Unentschiedenheit als «die beiden Hauptkennzeichen eines guten Stils»; diese aber ließen sich, rät er, am besten durch eine verneinende Ausdrucksweise erzielen. Ohne Reiners widersprechen zu wollen, versteht sich selbstredend, dass selbiges in tunlichster Kürze zu geschehen hat – nicht umsonst heißt es ja sprichwörtlich so zutreffend (man vergleiche S. 50): «In der Beschränktheit zeigt sich erst der Meister.»

Ein kluger Schreiber wird sodann bedenken, dass es auf die Dauer langweilig ist, immer nur von ein und demselben Gegenstand zu lesen. Um das geistige Wohl und Wehe seiner Leser besorgt, sollte er es deshalb nicht verabsäumen, von Zeit zu Zeit auflockernde, ebenso abwechslungsreiche wie interessante Exkurse, Einschübe und Abschweifungen einzuflechten. Nichts einfacher als das, existiert doch im Deutschen ein Wunderwort, und zwar das harmlos erscheinende Wörtchen *bekanntlich*, das uns jederzeit und an beliebiger Stelle den eleganten Anschluss ermöglicht. Sofern Sie beispielsweise schreiben, es sei schwer – oder hieße es da wohl richtiger: schwierig…? Das müssen Sie, Ihrem Leser zuliebe, der sonst in höchster Unsicherheit bliebe, sofort klären! Bekanntlich sagt man *schwer* von Gewicht: Wieviel Kilo sollte ungefähr ein «schwerer Junge» wiegen? Hingegen bedeutet *schwierig* soviel wie «mühsam, verwickelt», und so lautet denn ja auch das Sprichwort: «Aller Anfang ist schwierig.» Trotz gegenteiliger Beispiele zielt *schwer* mehr auf Quantität, *schwierig* eher auf Qualität. Aber solche Überlegungen sind müßig und brauchen Sie überhaupt nicht zu kümmern: Wer mit «bekanntlich» anfängt, erklärt sein derart als allgemein bekannt vorausgesetztes Wissen nicht; kein Leser würde es wagen – da Bekanntliches immer Selbstverständliches ist – auch nur im Geringsten zu zweifeln. Wie Eduard Engel zu berichten weiß, befinden wir uns damit, gestützt auf gelehrte Autorität, in bester, sozusagen über jeden Zweifel erhabener Gesellschaft:[176] «Wenn wir Professoren unsicher sind, beginnen wir unseren Satz mit Bekanntlich.»

Der beste Weg, etwas präzise und zugleich effektvoll auszudrücken, ist ein imponierendes Fremdwort: Sie können sich kaum vorstellen, wie sehr – ich vergaß: zweitens – gerade Fremdwörter Ihrer Sprache in den staunenden Augen der Leser Glanz und Glorie verleihen. Finden Sie demzufolge alles *interessant, relevant, brillant* und so fort. Wer seine polyglotten Fähigkeiten vollends unter Beweis stellen will, dem steht es selbstverständlich frei, solche Vokabeln des intellektuellen Dekors zu erläutern. Da gibt es äußerst effiziente Erklärungstechniken, im vorliegenden Fall etwa: «Interessant ist, wenn Relevantes brillant formuliert wird.» Noch augenfälliger zeigt seine sichere Sprachkompetenz und Überlegenheit, wer im gleichen Atemzug die deutsche Wiedergabe anfügt, also nicht nur Verdeutlichung, sondern Verdeutschung: «relevant beziehungsweise belangvoll» – womit, um «im Klartext» zu reden (eine schöne modische Formel), dem Leser ein möglicherweise richtiges Verständnis von vornherein abgesprochen wird. Jenes *beziehungsweise*, meist in handlicher Abkürzung *bzw.*, amtsdeutsch auch *beziehentlich*, ist eine der beziehungsvollsten deutschen Konjunktionen: «stilistisch unschön», rümpft der Stil-Duden zwar die Nase, aber wen kümmert das schon? Glauben Sie keinem Menschen, der Ihnen weismachen will, *und* als sprachlicher Alleskleber täte doch die gleichen Dienste. Folgen Sie vielmehr den Sprachkritikern, die schon längst mit ka(n)tegorischem Imperativ eine Ersetzung des Wortes fordern: Ersetzen Sie es also flugs durch das ohnehin präzisere, effektvollere *respektive* bzw. abgekürzt *resp.*

Im Ernst, die ‹Wörter aus der Fremde›, wie Theodor W. Adorno blumig getitelt hat, können so schön sein:[177] «Grippe klingt volkstümlich, Influenza hat so etwas von einem italienischen Badeort», schwärmt Werner Finck, der gar nicht weiter verwundert wäre, wenn ihm jemand schriebe: «gestern Abend bin ich in Influenza angekommen». Und wirklich klingt fremdwörtlich alles viel angenehmer, eleganter, nicht so plump deutsch. Lügen haben bekanntlich kurze Beine, «unzutreffende Informationen dagegen verfügen über Extremitäten von minimalem Aktionsradius». In seltenen Fällen besteht allerdings die Gefahr, dass wir uns mit einem Fremdwort nicht richtig, das heißt also, *schief* ausdrücken ... oder *schräg*? Bekanntlich bezeichnen beide Adjektive eine Abweichung vom Geraden bzw. Normalen, und am besten merkt man sich einfach: Jeder darf ruhig *schräg* schreiben, sollte sich aber nie *schief* ausdrücken; genauso wie abgelaufene Absätze schief sind, Jazzmusik jedoch schräg sein kann und merkwürdigerweise als «schräger Vogel» gilt, wer «auf die schiefe Bahn» geraten ist.

Doch um mit der möglicherweise falschen Anwendung von Fremdwörtern fortzufahren: Gott sei Dank gebe es da, versichert uns Karl Kraus, nutzbringende Hilfsmittel: «Ein Kopf, ein

Schreibzeug und ein Fremdwörterbuch – wer mehr braucht, hat den Kopf nicht nötig.» Letztlich spielt es ja auch keine so große Rolle, wenn aus dem *Toxikologen* schon einmal ein biederer «Taxikollege» wird oder der philosophische *Eklektiker* unversehens zum profanen «Elektriker» mutiert – richtig oder falsch, wen irritiert das schon in einer Zeit, da die Berufsbilder ohnehin im Wandel begriffen sind? Und dies erst recht, wenn es um Fremdwörtlichkeit geht: Auf gut Deutsch kräht der Hahn *kikeriki*, wie wir alle wissen, auf Französisch *cocorico* und im Englischen gar *cock-a-doodle-doo* – Quizfrage: «Wo kräht der Hahn nun richtig?»

Die letzte, wichtigste und in diesem Buch verständlicherweise zentrale Möglichkeit, Wissen und Bildung ins rechte Licht zu setzen, das ist – drittens – der im Sinne obiger Ausführungen brillante, allseits imponierende Stil, wozu Ihnen ebenfalls einige treffsichere Ratschläge versetzt seien. Als exzellente Sprachkennerinnen und Sprachkenner, deren Blick längst über die Tiefebenen schlichter Grammatikkenntnisse hinweg zu den alpinen Höhen stilistischer Formulierungskünste schweift, sollten Sie sich nie dem Irrglauben hingeben, man müsse einfache Dinge auch unkompliziert ausdrücken. Wer scharf reflektiert bzw. nachdenkt, wird das keineswegs für erstrebenswert halten: Den meisten Lesern erscheint doch alles, was auf schlichte Art und Weise gesagt ist, als etwas völlig (oder vollkommen?) Unbedeutendes. Bekanntlich liegt, obwohl dieses Wortpaar im Sprachumgang *völlig*, aber beileibe nicht *vollkommen* vermischt wird, doch eine ähnliche, wenn nicht sogar die *gleiche* (oder *dieselbe*?) Unterschiedlichkeit vor wie schon bei *schwer* und *schwierig* ... Schwer zu sagen, warum Ausländer die deutsche Sprache schwierig finden! – oder umgekehrt.

2. Vermeiden Sie Simplizität des Ausdrucks

> Je einfacher, desto simpler.
> *Eduard Engel*[178]

Keine biedere Einfachheit im Ausdruck, bitte! Das fängt schon bei den Wörtern an: Wer einfache Wörter verwendet, so ein fundamentales Grundprinzip des Stils, gerät unwiderruflich in den Verruf sprachlicher Simplizität! Nehmen wir beispielsweise einige unserer schlichten Verben (S. 97f.) und hören Sie, was ein so erfahrener Stillehrer wie Ludwig Reiners da an Verbesserungsvorschlägen zu machen hat: «Es heißt nicht *sein,* sondern *sich befinden*; nicht *haben,* sondern *über etwas verfügen*; nicht *können,* sondern *sich in der Lage sehen* ... Jedermann weiß: *die Summe aller guten Dinge beziffert sich auf drei.* Und: *ein gutes Gewissen stellt sich als ein gutes Ruhekissen dar.*» Nichts geht doch über unsere schönen, griffig formulierten Sprichwörter, aber selbst der Glanz des Sprichworts verblasst gegen die Markanz (eine, wie mir scheint, selten gute Neubildung) des folgenden Satzes: «Eine Vielzahl von Hunden sind des Hasen Exitus.» Entsprechendes gilt auch für manche biblischen Sprüche, die es verdient hätten, eine zeitgerechtere Fassung zu finden, etwa: «Die Gebe ist seliger als die Nehme» oder: «Durch die Suchung ergibt sich die Findung.» Jedoch genügt es nicht, dass Sie auf solch ebenso moderne wie aparte Art *formulieren,* vielmehr muss man es gekonnt *verbalisieren,* sich *artikulieren,* alles *thematisieren,* auch *interpretieren, spezifizieren, problematisieren* etc. – dann fliegen Ihnen die Herzen Ihrer Leser im Nu zu. «Es *-iert* der Mensch, solang er strebt», soll bekanntlich schon der Herrgott gesagt haben (in Goethes ‹Faust›, Prolog im Himmel).

Nicht nur einfache Wörter und Ausdrucksweisen, auch einfache Sätze beleidigen ein verwöhntes Stil-Ohr. Sätze geben nur als sprachliche Form wieder, was an innerster Gedanklichkeit zur Äußerung gebracht werden soll. Jeder inhalts- und beziehungsreich gestaltete Satz ist mithin ein getreuliches Spiegelbild unserer tiefgründenden bzw. hochfliegenden Gedankenfülle. «Baue lange Sätze! Da bekommt der Leser Respekt», rät nochmals Reiners, stilsicher wie immer. «Möglichst je Seite ein Satz!» Denn was hat die deutsche Sprache Imposanteres zu bieten als eine sich weit, weit spannende, sowohl ideen- als auch nebensatzreiche Periode? Beispielhaft der zu seiner Zeit hochgeschätzte Poet Christian Fürchtegott Gellert: «Lebe, wie du, wenn du, was du, da du, wie du ja weißt, nur ein Mensch bist, einst mußt, stirbst, wünschen wirst, gelebt zu haben.» Grandios!

Höchste Stilkunst bedeutet es nicht minder, seinen Formulierungen mit Hilfe jener «Würzwörter» der deutschen Sprache (wie *ja, aber, nun, doch, wohl, etwa, gerade* usw., S. 90f.) die in diesem

Sinne geschmackvolle, meisterliche Abrundung zu verleihen. Vielleicht so: «Ja, aber nun doch wohl nicht etwa gerade jetzt?» Vor allem die Kunst liebenswürdigster Höflichkeit lebt fast ausschließlich nur allein vom hinreißenden Charme solcher Kleinwörter. Auf eines von ihnen, ein wahres Zauberwort, hat seinerzeit Mark Twain, nicht zuletzt in Kleinigkeiten ein umso schärferer Sprachbeobachter, unsere Aufmerksamkeit gelenkt:[179] «Jedesmal, wenn ein Deutscher den Mund öffnet, fällt ein ‹also› heraus; und jedesmal, wenn er ihn schließt, beißt er eines entzwei ... Nichts verleiht einer deutschen Unterhaltung soviel Anmut und ungezwungene Eleganz wie das ausgiebige Beträufeln mit ‹also›.» Ausgerechnet ein Philosoph wie Friedrich Nietzsche, der zudem einer unserer erstklassigsten Stilisten war, scheint sich diese feine Beobachtung des wackeren Yankees zunutze gemacht zu haben: ‹»Also», sprach Zarathustra›.

Wer möchte sich nicht gern des ungeteilten Beifalls seiner Leser versichern, indem er sie auf das Kunstfertigste an ihren stilistischen Geschmacksnerven kitzelt? Vorausgesetzt, unser Ausdruck schwelge in jenen «ellenlangen Wörtern», wie sie schon der römische Dichter Horaz gerühmt hat (*sesquipedalia verba,* in seiner ‹Ars poetica› 97), und unser Satzbau zeuge von höchster komplexkomplizierter Formulierungsfähigkeit – stört es da den feinnervigen Geist nicht allenfalls, wenn der Sinn von geradezu aufdringlicher Klarheit ist? Gilt doch, so im 18. Jahrhundert der große französische Aphoristiker Vauvenargues, als Höhepunkt aller Sprachkunst: «Wer es versteht, an sich Zweideutiges so auszudrücken, daß es nur eindeutig ausgelegt werden kann, ist ein Meister des Stils.» Aus der Schatztruhe jener geistreichen Spitzfindigkeiten, die wir der Feder wahrer Artisten des geschliffenen Wortes zu verdanken haben, nur wenige Meister- und Musterstücke:

Der Umgang mit Menschen verdirbt den Charakter, sonderlich wenn man keinen hat (Friedrich Nietzsche).

Leute, die sich die Finger verbrennen, verstehen nichts vom Spiel mit dem Feuer (Oscar Wilde).

Ein Gentleman ist ein Mann, der einer Frau gegenüber nicht aus dem Rahmen fällt, auch wenn er über sie im Bilde ist (Werner Finck).

Es müsste schon Professor Galetti sein, der sich da die Bemerkung zu erlauben vermöchte: «Das kann ich noch nicht fassen, das ist mir noch nicht dunkel genug.»

Und, wie soeben in exemplarischen Beispielen geschehen, zitieren Sie fleißig! Zitate stellen Ihre exorbitante bzw. durchaus ungewöhnliche Belesenheit und Geistesbildung glänzend unter Beweis. Was ziert schon mehr als ein schmuckes Dichterwort an passender Stelle! Das könnte dem Anschein Ihrer Originalität Abbruch tun, wenden Sie ein? Nehmen Sie das und sich nicht so ernst: «Originalität ist die Kunst, sich zu merken, was man gehört hat, und zu vergessen, von wem man es gehört hat» – wundert es Sie, wenn ich nicht mehr weiß, von wem dieses Zitat stammt? Im Übrigen ist das auch gar nicht so wichtig, da es ja gerade von Unabhängigkeit des Denkens zeugt, wenn Ihr Wortlaut nicht immer bis auf Punkt und Komma demjenigen des zitierten Autors entspricht. Doch selbst für den Fall, dass Ihre eigene Formulierung weitaus besser als das Original sein sollte: Unterlassen Sie es trotzdem niemals, Ihre Zitate als solche zu kennzeichnen, fein säuberlich in Gänsefüßchen eingekerkert und vor allem mit der gebührenden Einführung: «Wie das schon der weltberühmte Freiherr Johann Wolfgang von und zu Goethe einmal kundgetan hat...» oder so ähnlich. Diese Einführung ist, unter uns gesagt, Gold wert, weil sie uns eine doppelte Genugtuung verschafft: Einerseits zeigen wir damit unsere profunde bzw. tiefstschürfende literarische Beschlagenheit, andrerseits aber dem Leser, dass ihm eine selbstständige Identifizierung des Zitats keinesfalls zuzutrauen ist. Wer in diesem Sinne darauf Wert legt, dass die von ihm vorgetragenen Brillanten der Zitierkunst dem Publikum nicht schon bekannt sind, sollte bedenken, dass dann natürlich Goethe, die Bibel, Shakespeare und vieles andere aus unserem abendländischen Zitatenschatz von vornherein nicht in Frage kommt. Ein Fachmann rät daher, die beste Lösung sei es, gar keine dem Zuhörer oder Leser vertraute Sprache zu wählen:[180] «Warum sagen Sie ein Zitat in einer Allerweltssprache wie Ungarisch oder Portugiesisch, wenn Sie es ebensogut in Gälisch oder Urdu sagen könnten?»

Es wäre freilich zu simpel, die Gänsefüßchen, unser trefflichstes An-Zeichensetzungsmittel, nur zum Zitieren zu verwenden – das können und machen schließlich alle. Setzen Sie auch sonst möglichst viele Wörter in selbige, eben als Ihr Anzeichen dafür, dass Sie sich bei derlei «Eingehäkeltem» etwas Besonderes, wenn nicht gar Exzeptionelles bzw. Außergewöhnliches gedacht haben. Lassen Sie weiterhin, um gekonnt die gleiche oder dieselbe Wirkung zu erzielen, mindestens jeden zweiten Satz mit drei Pünktchen enden... Womit Sie den Leser sozusagen auffordern, selbstständig weiterdenkend ähnliche Geistesanstrengungen zu vollbringen, wie Sie das an der betreffenden Stelle augenscheinlich getan haben... Auch dies mit dem insgeheimen Hintersinn, dass solche Bemühungen wahrscheinlich nicht vom Geiste tieferen Verstehens geprägt sein werden – wenn überhaupt von Geist. Übrigens, der weise Lichtenberg wünschte lieber zu lesen, was ein berühmter Mann weggestrichen als was er stehen gelassen habe...

In diesen letzten Abschnitten ist viel die Rede gewesen von jener auf Wissen, Geschmack und erlesenem Stilgefühl beruhenden Überlegenheit, die Sie, verehrte Leserin, lieber Leser, nach der Lektüre dieses Buches als Sprachkönner von hohen Graden auszeichnet. Es gibt schlechterdings kein exzellenteres Kunstmittel, dies anderen Menschen – auf, wie gesagt, überlegene Weise – vor Augen zu führen, als die Ironie. Also, seien Sie hemmungslos ironisch! Wenn Sie sich noch erinnern sollten, gelesen zu haben, es gebe kein Ironiezeichen, so stimmt das nicht ganz. Als eines der hintergründigsten Stilgeheimnisse sei Ihnen vielmehr verraten: es gibt doch eines, nämlich die Verkleinerungssilbe -*chen*! Heinrich Heine, wiederholt schon unser «Vormacher vom Dienst», demonstriert dies auf seine unnachahmliche Manier:[181] «Jeder von den übrigen Herren (der Göttinger juristischen Fakultät)... hatte etwas hin zu bemerken und hin zu lächeln, etwa ein neuergrübeltes Systemchen, Hypotheschen oder ähnliches Mißgebürtchen des eigenen Köpfchens» – Ironie, pur wie ein destilliertes Wässerchen.

3. Ausblick

> Sprachanweisungen müßten unleserlich
> geschrieben sein, um dem Sprecher an-
> nähernd den Respekt einzuflößen wie
> das Rezept dem Patienten.
>
> *Karl Kraus*[182]

Sprachbücher haben es bekanntermaßen schwer, zumal dann, wenn sie auch noch mit dem Anspruch stilistischer Belehrung auftreten. Unmittelbar vor dem Schlusspunkt wird sich ein Autor, dem seine Leserschaft am Herzen liegt, daher die Frage nach dem Nutzen seines Buches stellen, insbesondere seiner Brauchbarkeit und praktischen Verwendungsmöglichkeiten. Da trifft es sich glücklich, dass auch der große Philosoph Arthur Schopenhauer am Anfang seines Hauptwerks ‹Die Welt als Wille und Vorstellung›, das immerhin als endgültige Lösung aller Welträtsel jedes weitere philosophische Denken überflüssig machen sollte, dieselbe Überlegung angestellt hat. Darum sei, mit Verlaub, seinem autoritativen Munde die Beantwortung jener Frage überlassen: «Der bis zur Vorrede... gelangte Leser hat das Buch für bares Geld gekauft und frägt, was ihn schadlos hält? Meine letzte Zuflucht ist jetzt, ihn zu erinnern, daß er ein Buch, auch ohne es gerade zu lesen, doch auf mancherlei Art zu benutzen weiß. Es kann, so gut wie viele andere, eine Lücke seiner Bibliothek ausfüllen, wo es sich, sauber gebunden, gewiß gut ausnehmen wird.»

Ach ja, der gute, alte Schopenhauer – wie hat er in seinen Tagen gegen die «Verhunzung der deutschen Sprache» gewettert, und da seitdem der allgemeine Sprachverfall unentwegt fortgeschritten ist, wie uns die Sprachkritiker glaubhaft versichern, würde er sich heutzutage wohl erst recht vor Ärger im Grabe herumdrehen, wenn er noch lebte.

Anmerkungen und Literatur

* Herzlich gedankt für eine kritische Durchsicht des Manuskripts sei Hermann Furthmoser, Professor an der Musik-Hochschule Wien, der sich als solcher nicht zuletzt mit Nietzsches «drittem Ohr» für stilistische Feinheiten ausgestattet zeigte.

Zur Einführung

1 Lehrer Lämpel in «Max und Moritz» (statt *des Stiles* dort «der Weisheit»), in: W. Busch: Das Gesamtwerk in zwei Bänden (hrsg. von R. Hochhuth) I, Gütersloh o.J., 39.

2 U. Abraham: StilGestalten. Geschichte und Systematik der Rede vom Stil in der Deutschdidaktik, Tübingen 1996, 255.

3 B. Asmuth: Stilprinzipien, alte und neue. Zur Entwicklung der Stilistik aus der Rhetorik, in: E. Neuland / H. Bleckwenn (1991), 23–38, das Zitat 36f.

4 Vgl. W. Sanders: Sprachkritikastereien (und was der «Fachler» dazu sagt), Darmstadt 1992, 2. Aufl. 1998.

5 Th. Stemmler (1994), 56; dann K. Bertau: Aus meinem Erfahrungsschatz, in: Die Germanistik am Ende des 20. Jahrhunderts, Lausanne 2000, 5–21, hier 15; A. Behrmann (1992), 110, 114.

6 B. Asmuth und Th. Stemmler wie oben; G. Ueding (1991), 87.

7 H.-M. Gauger: Wort und Sprache. Sprachwissenschaftliche Grundfragen, Tübingen 1970, VIII.

8 M. Twain: Bummel durch Europa, München 1967, mit einem Anhang: Die schreckliche deutsche Sprache, 236–255, hier 145.

9 Th. Stemmler (1994), 23; Chr. Morgenstern: Alle Galgenlieder, Frankfurt a.M. 1973, 122: Die Wissenschaft; G. Antos: Laien-Linguistik (1996).

10 H.-M. Gauger (1995), 34f.; vgl. R. Geier / H. Huth / U. Wittich: Verständlich und wirksam schreiben, Leipzig 1982, 33.

11 K. Bausinger, in: Die Zeit Nr. 28, 1992; dann K. Tucholsky: Sprache ist eine Waffe. Sprachglossen (hrsg. von W. Hering), Reinbek 1989, 136; die Klammernotiz von Th. Ickler, in: Muttersprache 98 (1988), 299; U. Püschel, in: E. Neuland / H. Bleckwenn (1991), 66.

12 J.W. Goethe: Maximen und Reflexionen (auch fortan), in: Goethes Werke XII, Hamburg 1953, hier 428; anschließend U. Püschel, in: Deutsche Sprache 19 (1991), 54.

13 K. Daniels (1966), XIII; vgl. W. Sanders: Gutes Deutsch – besseres Deutsch (1996), und: Was die Wörter uns verraten, München 2000, 124f.

14 W. Schneider (1987), 325f.; H.J. Heringer: Grammatik und Stil. Prakti-

sche Grammatik des Deutschen, Frankfurt a.M. 1989, 10ff.; D.E. Zimmer: Redens Arten. Über Trends und Tollheiten im neudeutschen Sprachgebrauch, Zürich 1986, 148; W. Fleischer / G. Michel / G. Starcke (1996), 291.

15 E.A. Rauter (1996), 31; K. Tucholsky [wie Anm.11], 83; F. Nietzsche: Werke (hrsg. von K. Schlechta) I–III mit Indexband, Darmstadt 1997 (fortan: Werke), hier III, 486; dann H.-M. Gauger (1995), 229–246: Nietzsches kleine Stillehre, das Zitat 333.

16 M. Twain: Gesammelte Werke in fünf Bänden (hrsg. von K.J. Popp) I, München 1965, 23.

W. Sanders: Stil und Stilistik (1995). – H.-M. Gauger: Über Sprache und Stil (1995). – A. Behrmann: Was ist Stil? (1992). – B. Sowinski: Stilistik (1991). – Th. Stemmler: Stemmlers kleine Stil-Lehre (1994). – W. Sanders: Gutes Deutsch – besseres Deutsch (1996). – K. Ahlke / J. Hinkel: Sprache und Stil. Ein Handbuch für Journalisten, Konstanz 1999. – J. Kurz / D. Müller / J. Pötschke / H. Pöttker: Stilistik für Journalisten, Wiesbaden 2000. – H. Kasper: Schule der Autoren. Ein Handbuch der Dicht- und Schreibkunst, Leipzig 2000. – U. Fix / H. Poethe / G. Yos: Textlinguistik und Stilistik für Einsteiger (2001).

G. Antos: Laien-Linguistik (1996). – H.L. Kretzenbacher: Wissenschaftssprache. Studienbibliographien Sprachwissenschaft, Heidelberg 1992. – Ders. / H. Weinrich (Hrsg.): Linguistik der Wissenschaftssprache, Berlin / New York 1995. – J. Niederhauser: Wissenschaftssprache und populärwissenschaftliche Vermittlung, Tübingen 1999. – F. Debus / F.G. Kollmann (Hrsg.): Deutsch als Wissenschaftssprache im 20. Jahrhundert. Vorträge des Internationalen Symposions vom 18./19. Januar 2000, Stuttgart 2000.

Zum ersten Kapitel

17 A. Behrmann (1992), 97. Vgl. folgend Horaz, ‹Ars poetica› 333: *Aut prodesse volunt aut delectare poetae* – «Entweder verfolgen die Dichter einen nützlichen Zweck oder wollen unterhalten»; K. Tucholsky [11], 82.

18 A. Behrmann (1992), 100; dann S. Krahl / J. Kurz: Kleines Wörterbuch der Stilkunde, Leipzig 6. Aufl. 1984, 74f.

19 D. Crystal: Die Cambridge Enzyklopädie der Sprache, Frankfurt a.M. und Darmstadt 1993, 66; vgl. H.U. Gumbrecht / K.L. Pfeiffer (1986), darin das Zitat von J. Assmann, 519f.

20 D. Faulseit / G. Kühn (1969), 17.

21 E. Straßner: Deutsche Sprachkultur. Von der Barbarensprache zur Weltsprache, Tübingen 1995, VIII; U. Püschel: Sprachkultur – eine Aufgabe für uns alle, in: H. Bickes / A. Trabold: Förderung der sprachlichen Kultur in der Bundesrepublik Deutschland, Stuttgart 1994, 117–134; stilistisch W. Fleischer: Aspekte der Sprachkultur, in: W. Fleischer / G. Michel / G. Starke (1996), 289–307.

22 Nach E. Engel (1922), 49; vgl. H.-M. Gauger: Graf Buffon über den Stil oder ‹Stil ist der Mensch selbst?›, in: H.-M. Gauger (1995), 203–207; H. Weinrich: Der Stil, das ist der Mensch, das ist der Teufel, in: U. Fix / H. Wellmann (1997), 27–40.

23 Th. Stemmler (1994), 22, vgl. auch die Kapitel-Überschrift, 18; dann A. Behrmann (1992), 18, 48, 118; E. Cassirer: Philosophie der symbolischen Formen I. Die Sprache, Darmstadt 1964, 72.

24 K. Tucholsky nach U. Eichelberger: Zitatenlexikon, Leipzig 1981, 330; E. Engel (1922), 476, auch 5; L. Reiners (1991), 49.

25 M. Horowitz: Karl Kraus. Bildbiographie, Wien 1986, 11f.; F. Nietzsche: Werke III, 976; dazu H. Bleckwenn: «Der Stil soll leben»: Nietzsches Lehre vom Stil – aus didaktischer Sicht interpretiert, in: W. Erzgräber / H.-M. Gauger (1992), 42–58, hier 50; das Börne-Zitat nach O. von Greyerz: Deutsche Sprachschule für Schweizer Mittelschulen, Bern 8. Aufl. 1946, 256.

26 Vgl. O. von Greyerz (wie oben), 255f.; *sensibilisieren* nach A. Gleiss: Unwörterbuch. Sprachsünden und wie man sie vermeidet, Frankfurt a. M. 1981, 128.

27 W. Schneider (1994), 163ff.; H. Weigel: Die Leiden der jungen Wörter, Zürich / Wien 1974, letzter Satz.

28 L. Reiners (1991), 51; zur Bibel-Kontrafaktur W. Sanders (1996), 55, 68f.

29 Die Beispiele nach H. Lobentanzer (1986), 99, 143, 47; Th. Stemmler (1994), 18f.; A. Behrmann (1992), 200.

30 W. Sanders (1996), 65.

31 H.J. Heringer [14], 9.

32 Vgl. W. Sanders: Was die Wörter uns verraten [13], 80f.; dann W. Schneider (1987), 90.

33 E. Roth: Ein Mensch. Heitere Verse, München 1952, 62; K. Kraus: Beim Wort genommen (hrsg. von H. Fischer), München 2. Aufl. 1965, 152.

34 H. Weinrich: Wege der Sprachkultur, Stuttgart 2. Aufl. 1988, 285.

W. G. Müller: Topik des Stilbegriffs (1981). – W. Sauerländer: From *stilus* to *style*. Reflections on the fate of a notion, in: Art History 6 (1983), 253–270. – H.-M. Gauger: Stil. Kleine Geschichte eines großen Worts, in: H.-M. Gauger (1995), 187–202. – Ders.: Was ist eigentlich Stil?, in: G. Stickel (1995), 7–26. – B. Sandig: Tendenzen der linguistischen Stilforschung, an gleicher Stelle 27–61. – R. Rosenberg: Literarischer Stil. Komplikationen des Stilbegriffs in der Literaturwissenschaft, in: Zeitschrift für Germanistik NF. 3 (1997), 487–509.

W. Sanders: Stil im Wandel. Anmerkungen zur stilgeschichtlichen Forschungsperspektive, in: U. Fix / G. Lerchner (Hrsg.): Stil und Stilwandel. B. Sowinski zum 65. Geburtstag, Frankfurt a.M. usw. 1996, 345–357. – B. Asmuth: Stilprinzipien, alte und neue. Zur Entwicklung der Stilistik aus der Rhetorik, in: E. Neuland / H. Bleckwenn (1991), 23–38. – U. Abraham: StilGestalten. Geschichte und Systematik der Rede vom Stil in der Deutschdidaktik, Tübingen 1996. – H.U. Gumbrecht / K.L. Pfeiffer: Stil (1986). – B. Weiss: «Stil». Eine vereinheitlichende Kategorie in Kunst, Naturwissenschaft und Technik?, in: E. Knobloch (Hrsg.): Wissenschaft, Technik, Kunst, Wiesbaden 1997, 147–164.

H.-M. Gauger und *W. Oesterreicher* / *H. Henne* / *M. Geier* / *W. Müller:* Sprachgefühl? Vier Antworten auf eine Preisfrage, Heidelberg 1982. – U. Förster: Formulieren – wer lehrt es wie?, in: Muttersprache 90 (1980), 245–262. – W. Sanders: Die Faszination schwarzweißer Unkompliziertheit. Zur Tradition deutscher Stillehre im 20. Jahrhundert, in: Wirkendes Wort 38 (1988), 376–394. – U. Püschel: Praktische Stilistiken – Ratgeber für gutes Deutsch?, in: E. Neuland / H. Bleckwenn (1991), 55–68. – G. Antos: Warum gibt es normative Stilistiken?, in: G. Stickel (1995), 355–377. – A. Greule: «Deutsch fürs Leben». Fünfhundert Jahre Sprachratgeber, in: K.M. Eichhoff-Cyrus / R. Hoberg (Hrsg.): Die deutsche Sprache zur Jahrtausendwende. Sprachkultur oder Sprachverfall, Mannheim usw. 2000, 317–329.

Zum zweiten Kapitel

35 K. Ehlich: Zum Textbegriff, in: A. Rothkegel / B. Sandig (Hrsg.): Text – Textsorten – Semantik, Hamburg 1984, 9–25, das Zitat 10.

36 H. Hesse, in: K. Daniels (1966), 380.

37 H. Rupp, in: Sprachnormen in der Diskussion. Beiträge vorgelegt von Sprachfreunden, Berlin / New York 1986, 102–115, hier 108ff., 113; B. Asmuth / L. Berg-Ehlers (1978), 67f.; E. Riesel /E. Schendels (1975), 11f.; U. Püschel, in: E. Neuland /H. Bleckwenn (1991), 64.

38 W. von Humboldt, in: H. Ludwig (1988), 148.

39 Nach F. Mauthner: Beiträge zu einer Kritik der Sprache II, (Nachdr.) Hildesheim 1969, 85.

40 Cato der Ältere (234–149 vor Christus): *rem tene, verba sequentur* – sein berühmter Ausspruch, von Montesquieu, Schopenhauer sowie vielen anderen aufgegriffen und seither ein Gemeinplatz aller Stillehren.

41 A. Behrmann (1992), 118.

42 Vgl. B. Sandig (1986), 19, 24ff.

43 H.-M. Gauger (1995), 238f.

44 Ph. Aronstein, in: Germanisch-romanische Monatsschrift 31 (1933), 439; dann H. Rychener: Freude am Wort. Gutes Deutsch – guter Stil, Bern / Frankfurt a.M. 1982,8; H. von Hofmannsthal, in: K. Daniels (1966), 116.

45 R. Neumann: Die Parodien, (Gesamtausg.) Wien usw. 1962, 31, beide Zitate sind Titel von Parodien-Sammlungen; allgemein zur Parodie 553–563, das Zitat 556.

46 Th. Stemmler (1994), 15; auch H.-M. Gauger (1995), 125.

47 H. Reimann: Hinter den Kulissen unserer Sprache. Eine Plauderei, München 1951, 136; W.E. Süskind: Dagegen hab' ich was. Sprachstolpereien, Stuttgart 1969, 178.

48 B. Christiansen: Eine Prosaschule. Die Kunst des Schreibens, Stuttgart
   1966, 135; zum Ton als «Quasi-Synonym» von Stil U. Abraham [2], 185,
   295ff.
49 W. Schneider: Deutsch für Profis (1982), und: Deutsch für Kenner
   (1987), das Zitat 251; W. Raith (1988), 135.
50 K. Daniels (1966), XIII.
51 K. Kraus: Aphorismen und Gedichte. Auswahl 1903–1933 (hrsg. von
   D. Simon), Wien usw. 1985, 141; grundsätzlich sein Essay ‹Heine und
   die Folgen› (1910).
52 E. Penzoldt, abgedruckt in: K. Daniels (1966), 384–388.
53 M. Claudius nach W. Sanders (1996), 218f.
54 H. Hesse brieflich an die ‹Neue Zürcher Zeitung› (1946), in: W. Heuer:
   Richtiges Deutsch. Eine Sprachschule für jedermann (neu bearb. von
   M. Flückiger / P. Gallmann), Zürich 20. Aufl. 1990, 228; F. Nietzsche:
   Werke II, 713f., vgl. III, 273.
55 W. Schneider (1994), 201f., an gleicher Stelle das spätere Goldwyn-Zitat;
   A. Behrmann (1992), 117.
56 K. O. Erdmann: Die Bedeutung des Wortes. Aufsätze aus dem Grenz-
   gebiet der Sprachpsychologie und Logik, Darmstadt 4. Aufl. 1966, 44;
   folgend K. von Welser: Die Sprache des Aphorismus, Frankfurt a. M.
   1986, 283 Anm.; vgl. R. Thieberger (1988), 13ff.: Aktiver und passiver
   Stil (‹Rezeptionsstilistik›).
57 Abbildung aus M. C. Escher: Graphik und Zeichnungen mit einer Ein-
   leitung und Bilderläuterungen des Künstlers, München 14. Aufl. 1980,
   hier Nr. 11: «Tag und Nacht» (1938).
58 K. Tucholsky: Gesammelte Werke (hrsg. von M. Gerold-Tucholsky /
   F. J. Raddatz) I–III, Reinbek 1960 (fortan: Werke); hier III, 320.
59 Vgl. W. Schneider (1994), 163ff.; dann W. Scherer: Poetik (hrsg. von
   G. Reiß), Tübingen 1977, 128ff.; A. Schopenhauer nach E. Engel (1922),
   374.
60 F. Nietzsche: Werke I, 1279 und II, 1125.

W. Sanders: Vorläufer der Textlinguistik: die Stilistik, in: K. Brinker / G. Antos / W. Heinemann / S. F. Sager (Hrsg.): Text- und Gesprächslinguistik. Ein
internationales Handbuch zeitgenössischer Forschung I, Berlin / New York
2000, 17–28. – A. Schöne (Hrsg.): Textlinguistik contra Stilistik?, in: Kon-
troversen, alte und neue. Akten des VII. Internationalen Germanisten-Kon-
gresses Göttingen 1985, III, Tübingen 1986, 1–129. – N. E. Enkvist: Sty-
listics and Text Linguistics, in: W.U. Dressler (Hrsg.): Current Trends in
Linguistics, Berlin / New York 1978, 174–190. – U. Püschel: Stilistik: Nicht
Goldmarie – nicht Pechmarie. Ein Sammelbericht, in: Deutsche Sprache 19
(1991), 50–67. – U. Fix / H. Poethe / G. Yos: Textlinguistik und Stilistik für
Einsteiger (2001).

E. Riesel / E. Schendels: Einige Probleme der Makrostilistik, in: E. Riesel / E. Schendels (1975), 264–299. – B. Sowinski: Kategorien der Makrostilistik – eine Überblicksskizze, in: Germanistische Linguistik H. 3–4/81 (1983), 77–95. – Ders.: Makrostilistik und Mikrostilistik. Makrostilistische Einheiten (Elemente), in: B. Sowinski (1991), 72–91.

H. Gipper: Sprachstil und Individualstil, in: W. Kühlwein / A. Raasch (Hrsg.): Stil: Komponenten – Wirkungen. Kongressberichte der 12. Jahrestagung der Gesellschaft für angewandte Linguistik Mainz 1981, I, Tübingen 1982, 9–24. – H.-M. Gauger: Der Autor und sein Stil (1988). – G. Lerchner: Individualstil und gesellschaftliche Sprachtätigkeit, in: Zeitschrift für Phonetik, Sprachwissenschaft und Kommunikationsforschung 33 (1980), 48–55. – U. Fix: Unikalität von Texten und Relativität von Stilmustern, in: Beiträge zur Erforschung der deutschen Sprache 10 (1991), 51–60.

B. Asmuth: Angemessenheit, in: G. Ueding (Hrsg.): Historisches Wörterbuch der Rhetorik I, Tübingen 1992, 575–604. – B. Sandig: Einheitlichkeit und Stilwechsel, in: B. Sandig (1986), 114–122. – W. Sanders: Stileinheit, Stilebenen, Stilbrüche, in: W. Sanders (1996), 215–234.

Zum dritten Kapitel

61 A. Schopenhauer: Werke in fünf Bänden (hrsg. von L. Lütkehaus) V, Zürich 1988, 445–479: Ueber Schriftstellerei und Stil, hier 476. Vgl. H.-U. Gumbrecht / K. L. Pfeiffer (1986), 116; E. Engel (1922), 364 (das Goethe-Zitat), 373; dann E. Zopfi, im Schul-Sprachbuch: Welt der Wörter I, Zürich 1983, 29.

62 E. Hallwass (1979), 44; F. Thierfelder: Wege zu besserem Stil, München 2. Aufl. 1955, 133; E. Engel (1922), 295.

63 W. Sanders (1996), 142. Die Abschnitts-Überschrift nach H. Hörmann: Was tun die Wörter im Satz..., Göttingen usw. 1983.

64 F. Th. Vischer (1807–1887), kommentiert bei E. Engel (1922), 65f.; K. Groth: Briefe über Hochdeutsch und Plattdeutsch, Kiel 1858, 118f.

65 R. Ibel: Kurzweiliges Glossarium der deutschen Sprache, München 1965, 95f.; B. Engelmann: So deutsch wie möglich – möglichst deutsch, München 1984, 64; kritisch auch schon O. Schroeder: Vom papiernen Stil, Berlin 1889, 33–72.

66 A. Schopenhauer (wie oben), 492; vgl. O. Schroeder, 28f.; G. Wustmann: Allerhand Sprachdummheiten, Straßburg 5. Aufl. 1911, 223ff.; die Beispiele H.-M. Gauger (1995), 39, und C. Spitteler, in: K. Daniels (1966), 104.

67 Nach K. Kraus: Über die Sprache. Glossen, Aphorismen und Gedichte (hrsg. von H. Fischer), München 1962, 47; G. Chr. Lichtenberg: Aphorismen (hrsg. von M. Rychner), Zürich 1958, 170; folgend K. Tucholsky [11], 78.

68 Th. Stemmler (1994), 153.

69 K. Kraus: Die Sprache (hrsg. von Ph. Berger), Wien 1937, 399; K. Tu-

cholsky (wie oben), Vorwort 7; dann N. Benckiser, in: Kritik aus dem Glashaus. Neue Glossen der FAZ über gutes und schlechtes Deutsch, Frankfurt a.M. 1961, 76; das Beispiel nach H. Reimann: Vergnügliches Handbuch der deutschen Sprache A–Z, (Neuaufl.) Düsseldorf / Wien 1964, 155.

70 R. Neumann [45], 553.

71 St.J. Lec: Das große Buch der unfrisierten Gedanken (hrsg. von K. Dedecius), München 1971, 127; A. Schopenhauer: Ueber die, seit einigen Jahren, methodisch betriebene Verhunzung der Deutschen Sprache (hrsg. von L. Lütkehaus), Freiburg i.B. 1997, 104 als Variante; E. Engel (1922), 353f.; H. von Kleist: Werke in einem Band (hrsg. von H. Sembdner), München o.J., 659.

72 E. Kästner: Gesammelte Schriften für Erwachsene I, München / Zürich 1969, 324 und 140; W. Jens: Gutes Deutsch, in: H.-M. Gauger (Hrsg.): Sprach-Störungen. Beiträge zur Sprachkritik, München / Wien 1986, 38–40, das Zitat 38.

73 H.J. Heringer [14], 140.

74 Vgl. L. Reiners (1991), 111ff., hier 113; anschließend E. Hallwass (1979), 438.

75 W. Seibicke (1969), 79.

76 K. Tucholsky [11], 134f. und ‹Ratschläge für einen guten Redner›, 136; auch: Werke III, 200f., 202; A. Schopenhauer [61], 476; H. Sommer (1979), 146; L. Reiners (1951), 80ff. (82, 89); W. Schneider (1987), 196.

77 A. Kerr, in: K. Daniels (1966), 188; E. Engel (1922), 435; Th. Stemmler (1994), 137(ff.); K. Tucholsky: Schloß Gripsholm, Hamburg 1950, 26.

78 E. Hallwass (1979), 191; W. Schneider (1987), 215.

79 L. Reiners (1991), 139f.; W. Schneider (1987), 86; ablehnend Th. Stemmler (1994), 218f.; H. Heißenbüttel: Ich gehe davon aus ..., in: H.-M. Gauger [72], 63–66; abschließend R.W. Leonhardt: Auf gut deutsch gesagt. Ein Sprachbrevier für Fortgeschrittene, Berlin 1983, 98.

80 B. Stolt, in: Deutsche Sprache 16 (1988), 1–16.

81 Chr. Morgenstern nach L. Reiners (1991), 87; M. Twain [8], 238, 254.

82 Th. Stemmler (1994), 13; E. Drach: Grundgedanken der deutschen Satzlehre, Darmstadt 4. Aufl. 1963, 41ff.; E. Hallwass (1979), 402.

83 M. Twain: Ein Yankee am Hofe des Königs Artus (hrsg. von F.H. Link), Frankfurt a.M. 1981, 226.

84 G. Möller: Warum formuliert man so? Formulierungsantriebe in der Sachprosa, Leipzig 1983, 101. Folgend L. Reiners (1991), 93ff., dort auch W. von Scholz zitiert; G. Storz (1984), 76f.; J. Wassermann, in: K. Daniels (1966), 287; E. Langgässer nach E. Straßner [21], 329.

85 H. von Kleist, in: Werke [71], 604f.

86 W. Schneider (1994), 69; G. Link: Montague-Grammatik, München 1979, 16; Großes Buch der Anekdoten und Witze, München 1986, 834; F. Nietzsche: Werke II, 947; dann E.A. Rauter: Vom Umgang mit Wörtern, München 1978, 73.

87 Nach H. Weis: Spiel mit Worten, München / Düsseldorf 3. Aufl. 1954,

155; H. Lobentanzer (1986), 69; A. Kemmerling, in: G. Grewendorf (Hrsg.): Sprechakttheorie und Semantik, Frankfurt a.M. 1979, 89.

88 H. Miehlke, in: E. Hallwass (1979), 437; Duden. Stilwörterbuch, unter *Tücke*; W. Schneider (1987), 211; der Beispielsatz in: Großes Buch (wie oben), 148f. umformuliert; G.E. Lessing nach W. Schneider (1987), 165; auch bei dem Schriftsteller Josef Roth «Sätze labyrinthisch gebaute», W. Sanders (1996), 180.

89 G.Chr. Lichtenberg [67], 126; H. von Kleist [71], 810; Th. Mann: Sämtliche Erzählungen, Frankfurt a.M. 1963, 361f.; dazu U. Eichelberger [24], 733.

90 Vgl. F. Thierfelder [62], 5; A. Behrmann (1992), 208.

91 W.E. Süskind (1955), 129f.; in gedruckter Fassung R. Ruprecht: Die Syntax als Metrik der Prosa. Zur Rolle der Syntax für die Textinterpretation, Bern usw. 1993, hier 191; K.Ph. Moritz: Werke (hrsg. von H. Günther) III, Frankfurt a.M. 1981, 592.

92 Vgl. Chr. Küper: Sprache und Metrum. Semiotik und Linguistik des Verses, Tübingen 1988; M. Lichnowsky: Worte über Wörter, Reinbek 1964, 95; zum Schluss W. Besch: Vers oder Prosa?, in: Festschrift für H. Eggers (hrsg. von H. Backes), Tübingen 1972, 745–766.

93 Eine Zusammenstellung von Zitaten bei E. Engel (1922), 14ff.; zu Goethe vgl. R. Ruprecht (wie oben), 12, 19; F. Nietzsche: Werke II, 99, vgl. 713f.

94 A. Zweig, in: W. Schneider (1922), 133; W.E. Süskind (1955), 155ff.; J. Wassermann, in: K. Daniels (1966), 288. Sätze «von langem Atem» nach F. Nietzsche: Werke II, 714, und in: H.-M. Gauger (1995), 232.

95 W. Schneider (1994), 15 und öfter; dann R. Flesch: Besser schreiben, sprechen, denken, Düsseldorf / Wien 1973, 31.

96 F. Nietzsche: Werke I, 918; K. Tucholsky [11], 31; zur Sprachverfallsklage W. Sanders [4], 76ff. Abschließend L. Mackensen (1988), 136.

W. Schneider: Stilistische deutsche Grammatik. Die Stilwerte der Wortarten, der Wortstellung und des Satzes, Basel usw. 5. Aufl. 1969. – H. Eggers: Grammatik und Stil, Mannheim usw. 1972. – H.J. Heringer: Grammatik und Stil. Praktische Grammatik des Deutschen, Frankfurt a.M. 1989. – H. Weinrich: Textgrammatik der deutschen Sprache, Mannheim usw. 1993.

R. Pfeiffer-Rupp: Graphostilistik, in: B. Spillner (Hrsg.): Methoden der Stilanalyse, Tübingen 1984, 101–119. – W. Schneider: Die richtigen Lesehilfen, in: W. Schneider (1994), 137–150. – Th. Stemmler: Punkt, Komma, Strich: Anmerkungen zu einigen Satzzeichen, in: Th. Stemmler (1994), 153–156.

H. Eggers: Deutsche Sprache im 20. Jahrhundert, München 3. Aufl. 1978. – P. von Polenz: Entwicklungstendenzen des deutschen Satzbaus, in: Die deutsche Sprache der Gegenwart, Göttingen 1984, 29–42. – Ders.: Funktionsverben, Funktionsverbgefüge und Verwandtes, in: Zeitschrift für germanistische Linguistik 15 (1987), 169–189. – S. Wichter: Vagheit: die List der Toleranz, in: Sprachwissenschaft 14 (1989), 296–317. – E. Beneš: Ausklammerung im Deutschen als grammatische Norm und als stilistischer Effekt, in: P. Braun (Hrsg.): Deutsche Gegenwartssprache, München 1979, 321–338.

K. Daniels: Substantivierungstendenzen in der deutschen Gegenwartssprache. Nominaler Ausbau des verbalen Denkkreises, Düsseldorf 1963. – K.-R. Bausch: Der Nominalstil in der Sicht der vergleichenden Stilistik, in: Muttersprache 74 (1964), 223–236. – M. Punkki-Roscher: Nominalstil in populärwissenschaftlichen Texten. Zur Syntax und Semantik der komplexen Nominalphrasen, Frankfurt a. M. usw. 1995. – K. Adamzik: Syntax und Textgliederung. Hypotaktischer Stil, Nominalstil, graphischer Stil, in: G. Hindelang / E. Rolf / W. Zillig (Hrsg.): Gebrauch der Sprache. Festschrift für F. Hundschnurcher, Münster 1995, 15–41. – W. Sanders: Nominalstil / Verbalstil, in: G. Ueding (Hrsg.): Historisches Wörterbuch der Rhetorik VI, Tübingen (im Druck).

Zum vierten Kapitel

97 W. Schneider: Wörter machen Leute. Magie und Macht der Sprache, München / Zürich 1976, 343; vgl. folgend W. Sanders: Was die Wörter uns verraten [13], 80.

98 W. Finck: Finckenschläge. Gesammeltes aus 25 Lenzen, Berlin-Grunewald 1953, 74.

99 W. Schneider (1987), 80f.; vgl. auch U. Abraham [2], 351.

100 Vgl. F. Kleemann: Der Gebrauch der Interjektionen bei Wilhelm Busch, in: Sprachpflege 29 (1980), 8–11; D.E. Zimmer [14], 39f.

101 L. Reiners (1991), 241f.; eine Negativliste solcher «Füll- und Flickwörter» bei W. Schneider (1982), 120ff.; E. Engel (1922), 335; E. Hentschel / H. Weydt: Handbuch der deutschen Grammatik, Berlin / New York 1990, 287.

102 W. Seibicke (1969), 122ff.; J. Niederhauser, in: LiLi. Zeitschrift für Literaturwissenschaft und Linguistik 22, H. 87/88 (1992), 249–254; G. Keller: Sämtliche Werke und ausgewählte Briefe (hrsg. von Cl. Heselhaus) III, München 4. Aufl. 1979, 741.

103 W. Schneider in all seinen Stilbüchern, hier (1994), 40f.; vgl. E. Engel (1922), 307ff.; W. Schneider (1987), 79; abschließend B. Pascal nach St. Ullmann, in: S. Chatman (Ed.): Literary Style. A Symposium, London / New York 1971, 146.

104 A. Schopenhauer: Werke [67], 165; M. Twain [8], 247f., mit Beispielen.

105 M. Walser, in: K. Daniels (1966), 498f.; dann D. Sternberger, in: N. Benckiser (Hrsg.): Sprache – Spiegel der Zeit. Dritte Folge der Glossen der FAZ über gutes und schlechtes Deutsch, Frankfurt a.M. 1964, 122.

106 Th. Stemmler (1994), 27f.; J. Paul nach E. Engel (1922), 91f.

107 W. Finck [98], 79.

108 K. Tucholsky: Werke III, 882f.: Der Mensch (Anfang).

109 F. Kürnberger: Feuilletons (hrsg. von K. Riha), Frankfurt a.M. 1967, 143f.;
C. G. Jochmann: Ueber die Sprache (hrsg. von Chr.J. Wagenknecht), Göttingen 1968, 181; W. Schneider: Ehrfurcht vor dem deutschen Wort, Freiburg i. B. 1938, 85ff., dort auch die Zitate Friedrichs des Großen.

110 *Quamvis sint sub aqua, sub aqua maledicere tentant* – G. Büchmann:
Geflügelte Worte. Der Zitatenschatz des deutschen Volkes, Berlin
31. Aufl. 1964, 542; vorher H. Weis [87], 147.

111 M. Twain, oft zitiert: E. Hallwass (1979), 169; H. Ludwig (1983), 177;
W. Schneider (1987), 75 als Motto, usw.

112 Vgl. E. Engel (1922), 137f.; L. Reiners (1951), 75ff.; K. Hirschbold: Achtung! Sprachpolizei. Ein Lachkabinett für jedermann, Wien 1956, 31f.;
H. Lobentanzer (1986), 79f.; E. Hallwass (1979), 438.

113 W. von Humboldt: Werke in fünf Bänden (hrsg. von A. Flitner /
K. Giel) III, Stuttgart 1963, 439; F. Nietzsche: Werke I, 1106; *Laster*
nach E. Hallwass (1979), 549; A. Gleiss [26], 26, umformulierter Aphorismus von K. Kraus.

114 H. Reimann [69], 300; dann H. Sitta, in: D. Cherubim (Hrsg.): Fehlerlinguistik, Tübingen 1980, 223.

115 J. Swift in Übersetzung nach H. Suhamy: Stylistique anglaise, Paris
1994, 36.

116 E. Besch: Wiederholung und Variation. Untersuchung ihrer stilistischen Funktion in der deutschen Gegenwartssprache, Frankfurt a. M.
usw. 1989, 160; folgend B. Engelmann [65], 84; die weiteren Beispiele
nach H. Lobentanzer (1986), 16; W. Busch: Das Gesamtwerk [1] II, 292;
G. Wustmann [66], 290 Anm.; E. Engel (1922), 390f.

117 Vgl. E. Engel (1922), 383ff.: Kurz und bündig, darin das Schopenhauer-Zitat.

118 F. Nietzsche: Werke I, 1199, ferner III, 206f., 211; der Sprachkritiker
H. Ruelius, in: N. Benckiser [105], 118; W. Killy: Deutscher Kitsch,
Göttingen 8. Aufl. 1978, 9f.; K. Tucholsky [11], 30, 32.

119 M. Lichnowsky [92], 61, 87, 133 und 182.

120 Die Beispiele nach M. Lichnowsky (wie oben), 73f.; E. Engel (1922),
385f.; H. Reimann [69], 341; L. Reiners (1991), 107; vgl. W. Sanders
(1996), 154f.

121 H. Weinrich: Einige Maximen heutiger Sprachkultur, in: M. Meyer
(Hrsg.): Wo wie stehen. Dreißig Beiträge zur Kultur der Moderne,
München 1988, 105.

122 G. E. Lessing nach A. Rothe: Der literarische Titel, Frankfurt a. M.
1986, 107, 84; dann K. Tucholsky: Titelmoden, in: Werke III, 323–325,
und: Die Überschrift, I, 156f.; in der Sprachglossen-Sammlung [11],
137–139, 121f.

123 J. Stave: Wie die Leute reden, Lüneburg 1964, 45f., 50.

124 Th. Fontane: Werke in drei Bänden (hrsg. von K. Schreinert) I, München 1968, 837; F. Senn, in: NZZ-Folio, Oktober 1994, 10; nochmals

Th. Fontane II, 501, 465; vgl. zum Sprachbewußtsein in Fontanes ‹Stechlin› auch H.-M. Gauger (1988), 111–128.

125 F. Senn (wie oben), 9; W. Raveling: Englisch, Englisch über alles?, in: MUT. Forum für Kultur, Politik und Geschichte 385 (1999), 6–21; F. Debus: Überfremdung der deutschen Sprache? Zur Frage des eng-lisch-amerikanischen Einflusses, in: Deutsch als Fremdsprache 38 (2001), 195–204.

126 K. Tucholsky: Werke II, 418–421, und als Glosse [11], 113–117; dann K. Kraus, 38, und G. Chr. Lichtenberg, 140, beide wie [67]; vgl. U. Förster: Das Fremdwort als Stilträger, in: Der Sprachdienst 28 (1984), 97–107.

127 P. Ernst, in: K. Daniels (1966), 409; anschließend L. Reiners: Vom deut-schen Stil, in: Duden. Stilwörterbuch, Mannheim 4. Aufl. 1956, 9–25, hier 12; W. Schneider, in: NZZ-Folio, Dezember 1996, 67, sowie (1987), 43 und (1994), 19.

128 Vgl. H. Prakke: Die Lasswell-Formel und ihre rhetorischen Ahnen, in: Publizistik 10 (1965), 285–291; auch B. Stolt: Pragmatische Stilanalyse, in: B. Spillner (Hrsg.): Methoden der Stilanalyse, Tübingen 1984, 163–173; L. Carroll: Alice's Adventures in Wonderland…, London usw. 1971, 149 (übersetzt).

129 R. Römer, in: Linguistische Berichte 18 (1972), 25; dann G. Büchmann [110], 596; K. Bartels: Veni, vidi, vici. Geflügelte Worte aus dem Grie-chischen und Lateinischen, Darmstadt 9. Aufl. 1992, 53.

130 K. Tucholsky, titelgebend für die Sammlung: Sprache ist eine Waffe [11], 130; L. Wienbarg: Ästhetische Feldzüge (hrsg. von W. Dietze), Berlin / Weimar 1964, 90; Tucholskys Äußerung (in einem Brief, 1923) bei K.-P. Schulz: Tucholsky, Hamburg 1959, 95; dann K. Kraus [69], 393–396; abschließend K. Tucholsky: Zwischen gestern und morgen (hrsg. von M. Gerold-Tucholsky), Hamburg 1952, 33.

B. U. Biere: Textverstehen und Textverständlichkeit. Studienbibliographien Sprachwissenschaft, Heidelberg 1991. – I. Langer / F. Schulz von Thun / R. Tausch: Sich verständlich ausdrücken, München / Basel 3. Aufl. 1987. – W. Sanders: Ein stilistisches «Drei-Sekunden-Gesetz»?, in: Was die Wörter uns verraten. Kleine Geschichten rund um die Sprache, München 2000, 80–91. – E. Hentschel / H. Weydt: Partikeln im weiteren Sinne, in: Hand-buch der deutschen Grammatik, Berlin / New York 1990, 245–296. – K. Eh-lich: Interjektionen, Tübingen 1987.

B. Spillner: Grundlagen der Phonostilistik und Phonästhetik, in: Methoden der Stilanalyse, Tübingen 1984, 69–99. – B. Malmberg: Die expressiven und ästhetischen Ausdrucksmöglichkeiten der Sprache, in: LiLi. Zeitschrift für Literaturwissenschaft und Linguistik 1, H. 3 (1971), 9–38.

E. Besch: Wiederholung und Variation. Untersuchung ihrer stilistischen Funktionen in der deutschen Gegenwartssprache, Frankfurt a.M. usw. 1989. – D. Cherubim: Variatio delectat. Oder: Dabeisein ist alles, in: W. P. Klein /

I. Paul (Hrsg.): Sprachliche Aufmerksamkeit. Glossen und Marginalien zur Sprache der Gegenwart, Heidelberg 1993, 29–34. – G. Starke: Die Wiederholung als Mittel wirkungsvoller Sprachgestaltung, in: Sprachpflege und Sprachkultur 39 (1990), 1–5.

W. Barton: Denn sie wollen gelesen sein. Kleine Stilfibel des deutschen Buchtitels, Hamburg 1968. – H. J. Wulff: Zur Geschichte des Buchtitels. Texte, Themen, Titel, in: Zur Textsemiotik des Titels (hrsg. vom Münsteraner Arbeitskreis für Textsemiotik), Münster 2. Aufl. 1986, 129–156, 199–239. – P. Hellwig: TITULUS oder Über den Zusammenhang von Titeln und Texten, in: Zeitschrift für germanistische Linguistik 12 (1984), 1–26. – W. Schneider / D. Esslinger: Die Überschrift. Sachzwänge, Fallstricke, Versuchungen, Rezepte, München / Leipzig 1993. – A. Rothe: Der literarische Titel. Funktionen, Formen, Geschichte, Frankfurt a. M. 1986.

G. Wustmann: Modewörter, in: Allerhand Sprachdummheiten, Straßburg 5. Aufl. 1911, 365–392. – J. Stave: Modewörter – Lieblinge oder Stiefkinder der Sprache?, in: Wie die Leute reden. Betrachtungen über 15 Jahre Deutsch in der Bundesrepublik, Lüneburg 1964, 44–51. – P. Braun: Schlagwörter – Modewörter, in: Tendenzen in der deutschen Gegenwartssprache, Stuttgart usw. 3. Aufl. 1994, 207–213. – W. Sanders: Chice Modewörter und Wendungen, in: Sprachkritikastereien, Darmstadt 2. Aufl. 1998, 59–70.

G. F. Meier: Wirksamkeit der Sprache, in: Zeitschrift für Phonetik, Sprachwissenschaft und Kommunikationsforschung 22 (1969), 474–492. – R. Römer: Pragmatische Dimension und sprachliche Wirkungen, in: Linguistische Berichte 18 (1972), 19–26. – Dies.: Weißer Schnee – rote Matrosen. Klassifizierung sprachlicher Wirkungen, in: M. W. Hellmann (Hrsg.): Zum öffentlichen Sprachgebrauch in der Bundesrepublik Deutschland und in der DDR, Düsseldorf 1973, 46–89. – B. Sandig: Stilwirkung, in: B. Sandig (1986), 64–94. – W. Sanders: Stil und Spracheffizienz, in: Rhetorik 7 (1988), 63–77.

Zum fünften Kapitel

131 W. Schneider [97], 87; dann E. Hallwass (1979), 392; J.B. Shaw nach M. M. Rohner: Die treffende Pointe, Thun 2. Aufl. 1975, 63.

132 E. Hemingway, zitiert in: Muttersprache 75 (1965), 310; Jean Paul in G. Fieguth (Hrsg.): Deutsche Aphorismen, Stuttgart 1978, 300; L. Feuerbach nach B. Christiansen [48], 111.

133 G. Storz (1984), 70–78; G. Chr. Lichtenberg, vollständig bei L. Reiners (1991), 150f.

134 Chr. Morgenstern nach W. Schneider [109], 376; dann W. Finck [98], 1f.; vgl. P. von Matt: ... fertig ist das Angesicht. Zur Literaturgeschichte des menschlichen Gesichts, München 2000.

135 E. Engel (1922), 493, 383f.; F. Schiller in den ‹Votivtafeln›.

136 F. Nietzsche in ‹Menschliches, Allzumenschliches›: Werke I, 562, 566.

137 Zum Folgenden M. Twain, in: Großes Buch [86], 525, dann 746;
W. Betz: Auf's Maul geschaut. Deutsch – wie es wurde und wirkt, Zürich 1975, vgl. 32ff. (45); St. J. Lec [71], 34.

138 W. Schneider (1987), 94ff.; H. Weinrich [34], 233f., 236; L. Wittgenstein: Philosophische Untersuchungen, in: Werke I, Frankfurt a. M. 4. Aufl. 1980, 107.

139 W. Sanders (1996), 244, 246; dann H. Weinrich (wie oben), 234ff., 236.

140 W. Überzwerch (Hrsg.): Aus dem Ärmel geschüttelt. Zehn Schock Schüttelreime, Weinfelden 2. Aufl. 1955, 40; folgend vgl. W. Schneider / D. Esslinger: Die Überschrift, München / Leipzig 1993, 54f.; «Dummdeutsch» im Titel zweier sprachkritischer Werke (1985 / 1986).

141 Vgl. zu «Formeln des alltäglichen Gebrauchs» F. Coulmas: Routine im Gespräch, Wiesbaden 1991, hier 165.

142 Viele Beispiele bei E. Engel (1922), 380f.; das von dort übernommene Nietzsche-Zitat ist nicht korrekt (vgl. Werke II, 524f.).

143 G. Chr. Lichtenberg, in: K. von Welser [56], 123; dann F. Nietzsche: Werke II, 1222; Großes Buch [86], 864; Roda Roda / Th. Ebel (Hrsg.): Welthumor II, München 1925, 110; G. E. Lessing nach E. Engel (1922), 381.

144 F. Nietzsche: Werke I, 790; R. Hagelstange: Altherrensommer, Hamburg 1969, 5; das Goethe-Beispiel nach Duden. Fremdwörterbuch: Stichwort *Gradation*; F. Dürrenmatt: Grieche sucht Griechin, Zürich 1980, 5; B. Brechts «Karthago-Gleichnis» in: D. Faulseit / G. Kühn (1969), 205; H. Mann: Der Untertan, München 1964, 355.

145 Th. Fontane: Werke [124] III, 709; L. Reiners: Der deutsche Stil [127], 9–25, hier 17; J. Chr. Adelung: Ueber den deutschen Styl I, Berlin 1785, 462; F. Nietzsche: Werke I, 386; J. Gotthelf nach H. Sommer (1979), 77; A. Ruoff: Grundlagen und Methoden der Untersuchung gesprochener Sprache, Tübingen 1973, 40.

146 W. Schneider (1982), 147f. und (1987), 151ff.; M. Lichnowsky [92], 112; E. Jünger, in: M. M. Rohner [132], 215.

147 J. W. Goethe: Faust I, Szene «Nacht»; F. Schiller: Wallensteins Tod II, 2; Th. Mann nach U. Eichelberger [89], 683; dann W. Busch: Du weißt Bescheid. Ich weiß Bescheid (hrsg. von H. Balzer), Gütersloh o. J., 84; dazu H.-M. Gauger (1995), 10; A. Behrmann (1992), 105, 107.

148 G. B. Shaw, in: Großes Zitatenbuch, München 1986, 903.

149 W. Finck [98], 93, 41, 95f.; dann E. Hallwass (1979), 158; M. Twain [8], 846.

150 B. Asmuth / L. Berg-Ehlers (1978), 121; U. Abraham [2], 71.

151 H. Weinrich [34], 239, unter Zitierung V. Sklovskijs. Zu ‹Konterdetermination› vgl. E. Riesel / E. Schendels (1975), 214, 219; anschließend B. Brecht, zitiert nach: Schriftwerke deutscher Sprache III (hrsg. von W. Oberle / H. Thomke), Zürich 1981, 396.

152 Th. Mann: Erzählungen [89], 642; das Zeitungsbeispiel nach E. Hallwass (1979), 158; W. Schneider (1982), 41.

153 R. Musil: Der Mann ohne Eigenschaften, Hamburg 1952, 727; J. P. Hebel: Werke in einem Band, München o. J., 252–255: Unverhofftes Wie-
dersehen.

154 H. Sommer (1979), 51; C. F. Meyer nach R. Ris, in: 59. Jahresbericht
1990 der Gottfried-Keller-Gesellschaft, Zürich 1991, 8; P. Rühmkorf,
in: K. Müller-Richter / A. Larcati (Hrsg.): Der Streit um die Metapher.
Poetologische Texte von Nietzsche bis Handke, Darmstadt 1998, 212f.;
dann Chr. J. Wagenknecht: Das Wortspiel bei Karl Kraus, Göttingen
1965 (2. Aufl. 1975), 59f., 124.

155 F. Nietzsche: Werke I, 858 (auch II, 1098), 854, 897; St. Zweig: Schachno-
velle, Frankfurt a.M. 1993, 25. Folgend K. Kraus [69], 151; F. Nietzsche:
Werke II, 451; J. Ringelnatz und W. Finck nach M. M. Rohner [132], 37,
159; die Hellmesberger-Anekdote [86], 935; H. Heine: Werke in drei
Bänden (hrsg. von J. Perfahl) II, München o. J. (fortan: Werke), 263.

156 H. Weigel [27], 7; E. Röhl: Wörtliche Betäubung, Berlin 3. Aufl. 1989,
126; W. Finck [98], 43.

157 F. Nietzsche: Werke III, 159; E. Engel (1922), 377; Th. Mann: Der Zauberberg, Frankfurt a. M. 1952, 198; vgl. auch H. Ludwig (1983), 112f.;
E. A. Rauter (1996), 138.

158 K. Schwitters und weitere Beispiele bei M. Bierwisch: Poetik und Linguistik, in: J. Ihwe (Hrsg.): Literaturwissenschaft und Linguistik II/2,
Frankfurt a. M. 1970/71, 568–586; J. Ringelnatz [86], 891; Chr. Morgenstern [9], 269; F. Endrikat: Endrikat. Auswahl seiner moralischen
und ‹unmoralischen› Verse, Berlin 1960, 113; H. Weis [87], 145.

159 H. Fricke, in: G. Ueding (Hrsg.): Historisches Wörterbuch der Rhetorik I, Tübingen 1992, 787; St. J. Lec [71], 50, 63, 116; K. Kraus [51], 49;
dann H. Zohn: Karl Kraus, Frankfurt a. M. 1990, 58.

160 L. Reiners (1991), 213; anschließend L. Carroll [128], 9; L. Mackensen
(1988), 97.

161 A. Schopenhauer, als Motto und interpretiert von E. Engel (1922), 494;
E. Jünger: Werke VII, Stuttgart o. J., 652.

162 F. Nietzsche: Werke III, 10; G. Chr. Lichtenberg [67], 104; G.B. Shaw
nach M.M. Rohner [132], 227; E. Eppler: Kavalleriepferde beim Horn-
signal. Die Krise der Politik im Spiegel der Sprache, Frankfurt a. M.
1992, 84; H. Heine: Werke II, 276.

163 G. Grass: Aus dem Tagebuch einer Schnecke, Neuwied / Darmstadt
1972, 9; F. Nietzsche: Werke I, 51; G. Lorca nach St. Ullmann: Sprache
und Stil, Tübingen 1972, 195 («Bildvorstellungskraft»).

164 H. Heine: Werke und Briefe (hrsg. von E. Erler), Berlin / Weimar 3. Aufl.
1980, 270; F. Nietzsche: Werke II, 91 und I, 112; D. Flader, in: D. Wun-
derlich (Hrsg.): Linguistische Pragmatik, Frankfurt a.M. 1972, 364;
G. Lange, in: H. Geißner: Rhetorik, München 1973, 46; U. Holbein: Im
Garten der Genitivmetaphern, in: NZZ-Folio Oktober 1994, 28–30.

165 H. Ruelius, in: N. Benckiser [105], 77; R. Boller, in: M. M. Rohner [132],
262; H. Heine und W. Schneider (1987), 237; K. Kraus [33], 140; G. Chr.
Lichtenberg [150], 998.

166 H. Minkowski (Hrsg.): Das größte Insekt ist der Elefant. Professor Galettis sämtliche Kathederblüten, München 2. Aufl. 1966, 64; K. Tucholsky: Werke I, 1024.

167 R. Schickele, in: W. Schneider (1922), 110f.; A. Schopenhauer und weitere Beispiele bei E. Engel (1922), 8, 429ff.; H. Heine: Werke II, 136.

168 H. Balzer [149], 122f. im Nachwort; die «Regel» nach E. Riesel / E. Schendels (1975), 262f.

169 E. Kästner [72], 70, 334; H.H. Kersten, in: M.M. Rohner [132], 100.

170 K. Tucholsky [11], 33; E. Roth [33], 57.

171 F. Reuter nach E. Engel (1922), 417.

172 Jean Paul: Sämtliche Werke (hrsg. von N. Miller) II/3, München 1978, 476f. Anm.; dann H. Weinrich: Linguistik der Lüge, Heidelberg 1966, 60f. Abschließend K. Tucholsky [11], 136.

H. Lausberg: Elemente der literarischen Rhetorik, München 4. Aufl. 1971. – J. Dubois u. a.: Allgemeine Rhetorik, München 1974. – H. F. Plett: Die Rhetorik der Figuren, in: Rhetorik. Kritische Positionen zum Stand der Forschung, München 1977, 125–165; auch in: J. Kopperschmidt (Hrsg.): Rhetorik als Texttheorie I, Darmstadt 1990, 129–154. – G. Starke: Stilfiguren, in: W. Fleischer / G. Michel / G. Starke (1996), 247–288. – E. Schüttpelz: Figuren der Rede. Zur Theorie der rhetorischen Figur, Berlin 1996. – J. D. Harjunk: Lexikon der Sprachkunst. Die rhetorischen Stilformen, München 2000.

W. Berg: Uneigentliches Sprechen. Zur Pragmatik und Semantik von Metapher, Metonymie, Ironie, Litotes und rhetorischer Frage, Tübingen 1978. – St. Ullmann: Das Wesen der Bildlichkeit, in: Sprache und Stil (deutsche Fassung von S. Koopmann), Tübingen 1972, 195–225. – B. Asmuth: Seit wann gilt die Metapher als Bild? Zur Geschichte der Begriffe «Bild» und «Bildlichkeit» und ihrer gattungspoetischen Verwendung, in: G. Ueding (Hrsg.): Rhetorik zwischen den Wissenschaften, Tübingen 1991, 299–309. – A. Haverkamp (Hrsg.): Theorie der Metapher, Darmstadt 2. Aufl. 1996. – R. Drux: Metapher und Metonymie, in: B. Sandig (Hrsg.): Stilistisch-rhetorische Diskursanalyse, Tübingen 1988, 63–74.

H. Weinrich: Wege der Sprachkultur, Stuttgart 2. Aufl. 1988. – P. Blumenthal: Semantische Dichte. Assoziativität in Poesie und Werbesprache, Tübingen 1983. – Chr. J. Wagenknecht: Das Wortspiel bei Karl Kraus, Göttingen 2. Aufl. 1975. – F. J. Hausmann: Studien zu einer Linguistik des Wortspiels, Tübingen 1974. – O. Käge: Motivation. Probleme des persuasiven Sprachgebrauchs, der Metapher und des Wortspiels, Göppingen 1980. – W. Wills: Anspielungen. Zur Manifestation von Kreativität und Routine in der Sprachverwendung, Tübingen 1989. – A. M. Dittgen: Regeln für Abweichungen. Funktionale sprachspielerische Abweichungen in Zeitungsüberschriften, Werbeslogans, Wandsprüchen und Titeln, Frankfurt a. M. usw. 1989. – H. Fricke: Norm und Abweichung. Eine Philosophie der Literatur, München 1981.

H. Fricke: Der Aphorismus, Stuttgart 1984. – K. von Welser: Die Sprache des Aphorismus (hrsg. von H. Schumacher), Frankfurt a. M. 1986. – St. Fedler: Der Aphorismus. Begriffsspiel zwischen Philosophie und Poesie, Stuttgart 1992. – H. Fricke: Aphorismus, in: G. Ueding (Hrsg.): Historisches Wörterbuch der Rhetorik I, Tübingen 1992, 773–790.

H. F. Plett: Ironie als stilrhetorisches Paradigma, in: Kodikas / Code 4 (1982), 75–79. – W. G. Müller: Ironie, Lüge, Simulation, Dissimulation und verwandte rhetorische Termini, in: Chr. J. Wagenknecht (Hrsg.): Zur Terminologie der Wissenschaft, Stuttgart 1988, 189–208. – E. Lapp: Linguistik der Ironie, Tübingen 2. Aufl. 1996. – N. Groeben / B. Scheele: Produktion und Rezeption von Ironie. Pragmalinguistische Beschreibung und psycholinguistische Erklärungshypothesen, Tübingen 1985.

Zum Schluss

173 M. Twain [8], 253; dann Ch. M. Duc de Talleyrand-Périgord und S. Kierkegaard [150], 910; K. Tucholsky [11], 68.

174 G. Freytag: Die Journalisten, in: Gesammelte Werke. Erste Serie VI, Leipzig / Berlin-Grunewald (1844), 97f.

175 B. Pascal, in Übersetzung nach M. Wandruszka: Der Mensch und seine Sprache, Frankfurt a.M. usw. 1979, 8f.; E. Menz, in: Forschung und Lehre 6/95 (1995), 353f.; dann K. Tucholsky (wie oben), 65; L. Reiners (1991), 149.

176 E. Engel (1922), 487.

177 Th. W. Adorno, in: P. Braun (Hrsg.): Fremdwortdiskussion, München 1979, 198–211; W. Finck [98], 87; E. Röhl [160], 126; K. Kraus [33], 249; schließlich E. Hallwass: Deutsch müßte man können! Ein Sprachquiz für jedermann, Bad Wörishofen 3. Aufl. 1983, 107.

178 E. Engel (1922), 396; dann L. Reiners (1991), 148f.; W. Kirkam: Das liebe Deutsch. Von einem Spötter heiter betrachtet, Berlin 1961, 76, 91f., 201; Chr. F. Gellert nach H. U. Rentsch: Sprachglossen, Bern 1982, 136 – zur Ehrenrettung Gellerts die Original-Verse: «Lebe, wie du, wenn du stirbst, | Wünschen wirst, gelebt zu haben.»

179 M. Twain [8], 246f. Folgend Marquis de Vauvenargues [150], 913; F. Nietzsche: Werke I, 324; M.M. Rohner [132], 71, 115, und: Neue treffende Pointen, Thun 1979, 81; H. Minkowski [170], 117.

180 W. Leydhecker, in: Conceptus 20 (1986), 111; dann G. Chr. Lichtenberg [150], 516.

181 H. Heine: Die Harzreise, in: Werke II, 13.

182 K. Kraus [69], 6; zum Schluss A. Schopenhauer: Werke [61] II, Vorrede.

K. Tucholsky: Ratschläge für einen schlechten Redner, in: Gesammelte Werke (hrsg. von M. Gerold-Tucholsky / F.J. Raddatz) III, Reinbek 1960, 200f.; auch in: Sprache ist eine Waffe. Sprachglossen (hrsg. von W. Hering), Reinbek 1989, 134f. – L. Reiners: Die 18 Regeln des Papierstils, in: L. Reiners (1991), 148–151, auch 488f. – E. Menz: Ratschläge zum Abfassen eines schlechten Referats, in: Forschung und Lehre 6/95 (1995), 353f. – W. Leydhecker: Wie mache ich einen wissenschaftlichen Vortrag unerträglich?, in: Conceptus 20 (1986), 109–115.

Literatur zur neueren Stillehre

Asmuth, Bernhard / Berg-Ehlers, Luise: Stilistik, Opladen 3. Aufl. 1978.

Antos, Gerd: Laien-Linguistik. Studien zu Sprach- und Kommunikationsproblemen im Alltag. Am Beispiel von Sprachratgebern und Kommunikationstrainings, Tübingen 1996.

Behrmann, Alfred: Was ist Stil? Zehn Unterhaltungen über Kunst und Konvention, Stuttgart / Weimar 1992.

Bremerich-Vos, Albert: Populäre rhetorische Ratgeber. Historisch-systematische Untersuchungen, Tübingen 1991.

Daniels, Karlheinz (Hrsg.): Über die Sprache. Erfahrungen und Erkenntnisse deutscher Dichter und Schriftsteller des 20. Jahrhunderts, Bremen 1966.

Engel, Eduard: Deutsche Stilkunst, Wien / Leipzig 30. Aufl. 1922.

Erzgräber, Willi / Gauger, Hans-Martin (Hrsg.): Stilfragen, Tübingen 1992.

Faulseit, Dieter / Kühn, Gudrun: Stilistische Mittel und Möglichkeiten der deutschen Sprache, Leipzig 4. Aufl. 1969.

Fix, Ulla / Nalewski, Horst (Hrsg.): Sprichwenndukannst. Schriftsteller über Sprache, Leipzig /Weimar 1989.

Fix, Ulla / Wellmann, Hans (Hrsg.): Stil, Stilprägungen, Stilgeschichte. Über Epochen-, Gattungs- und Autorenstile..., Heidelberg 1997.

Fix, Ulla / Poethe, Hannelore / Yos, Gabriele: Textlinguistik und Stilistik für Einsteiger. Ein Lehr- und Arbeitsbuch, Frankfurt a. M. usw. 2001.

Fleischer, Wolfgang / Michel, Georg / Starke, Günter: Stilistik der deutschen Gegenwartssprache, Frankfurt a. M. usw. 2. Aufl. 1996.

Gauger, Hans-Martin: Der Autor und sein Stil. Zwölf Essays, Stuttgart 1988.

Gauger, Hans-Martin: Über Sprache und Stil, München 1995.

Gumbrecht, Hans Ulrich / Pfeiffer, Karl Ludwig (Hrsg.): Stil. Geschichten und Funktionen eines kulturwissenschaftlichen Diskurselements, Frankfurt a. M. 1986.

Hallwass, Edith: Mehr Erfolg mit gutem Deutsch, Stuttgart usw. 3. Aufl. 1979.

Lobentanzer, Hans: Deutsch muß nicht schwer sein. Eine vergnügliche Sprach- und Stilkunde, München 1986.

Ludwig, Helmut: Gepflegtes Deutsch. Unterhaltsame Sprach- und Stillektionen für die Alltagspraxis, Leipzig 1983.

Mackensen, Lutz (Hrsg.): Gutes Deutsch in Schrift und Rede, (Neubearb.) München 1988.

Möller, Georg: Praktische Stillehre (bearb. von U. Fix), Leipzig 5. Aufl. 1985.

Müller, Wolfgang G.: Topik des Stilbegriffs. Zur Geschichte des Stilverständnisses von der Antike bis zur Gegenwart, Darmstadt 1981.

Neuland, Eva /Bleckwenn, Helga (Hrsg.): Stil – Stilistik – Stilisierung. Linguistische, literaturwissenschaftliche und didaktische Beiträge zur Stilforschung, Frankfurt a. M. 1991.

Nickisch, Reinhard M.G.: Gutes Deutsch? Kritische Studien zu den maßgeblichen Stillehren der deutschen Gegenwartssprache, Göttingen 1975.

Raith, Werner: Gut schreiben. Ein Leitfaden, Frankfurt a. M. / New York 1988.

Rauter, Ernst A.: Die neue Schule des Schreibens. Von der Gewalt der Wörter, Düsseldorf 1996.

Reiners, Ludwig: Stilkunst. Ein Lehrbuch deutscher Prosa (Neubearb. von St. Meyer / J. Schiewe), München 1991.

Reiners, Ludwig: Stilfibel. Der sichere Weg zum guten Deutsch, München 16. Aufl. 1979; auch dtv, München 26. Aufl. 1993.

Riesel, Elise / Schendels, Eugenia: Deutsche Stilistik, Moskau 1975.

Sanders, Willy: Stil und Stilistik. Studienbibliographien Sprachwissenschaft, Heidelberg 1995.

Sanders, Willy: Gutes Deutsch – besseres Deutsch. Praktische Stillehre der deutschen Gegenwartssprache, Darmstadt 3. Aufl. 1996.

Sandig, Barbara: Stilistik der deutschen Sprache, Berlin / New York 1986.

Schneider, Wilhelm (Hrsg.): Meister des Stils über Sprach- und Stillehre. Beiträge zeitgenössischer Dichter und Schriftsteller zur Erneuerung des Aufsatzunterrichts, Leipzig / Berlin 1922.

Schneider, Wolf: Deutsch für Profis. Handbuch der Journalistensprache – wie sie ist und wie sie sein könnte, Hamburg 1982 (und weitere Aufl.).

Schneider, Wolf: Deutsch für Kenner. Die neue Stilkunde, Hamburg 1987 (und weitere Aufl.).

Schneider, Wolf: Deutsch fürs Leben. Was die Schule zu lehren vergaß, Reinbek 1994.

Seibicke, Wilfried: Wie schreibt man gutes Deutsch? Eine Stilfibel, Mannheim usw. 1969.

Seidler, Herbert: Grundfragen einer Wissenschaft von der Sprachkunst, München 1978.

Seiffert, Helmut: Stil heute. Eine Einführung in die Stilistik, München 1977.

Sommer, Hans: Treffend schreiben. Ein stilistisches ABC, Thun 1979.

Sowinski, Bernhard: Deutsche Stilistik. Beobachtungen zur Sprachverwendung und Sprachgestaltung im Deutschen, Frankfurt a. M. 3. Aufl. 1978.

Sowinski, Bernhard: Stilistik. Stiltheorien und Stilanalysen, Stuttgart 1991.

Stemmler, Theo: Stemmlers kleine Stil-Lehre. Vom richtigen und falschen Sprachgebrauch, Frankfurt a. M. / Leipzig 1994.

Stickel, Gerhard (Hrsg.): Stilfragen. Jahrbuch 1994 des Instituts für deutsche Sprache, Berlin / New York 1995.

Storz, Gerhard: Deutsch als Aufgabe und Vergnügen, Stuttgart 1984.

Süskind, Wilhelm Emanuel: Vom ABC zum Sprachkunstwerk, Stuttgart o. J. (1955); jetzt Neubearb. von Th. Schlachter, Zürich 1996.

Thieberger, Richard: Stilkunde, Bern usw. 1988.

Ueding, Gert: Rhetorik des Schreibens. Eine Einführung, Frankfurt a. M. 3. Aufl. 1991.

Sprache und Literatur

Verlag C. H. Beck München

Sprache und Literatur

Eike Christian Hirsch
Der Witzableiter
oder die Schule des Lachens
2001. 344 Seiten. Paperback
Beck'sche Reihe Band 1434

Peter Koch/Thomas Krefeld/Wulf Oesterreicher (Hrsg.)
Neues aus Sankt Eiermark
Das kleine Buch der Sprachwitze
2. Auflage. 1997. 128 Seiten mit 4 Abbildungen. Paperback
Beck'sche Reihe Band 1187

Peter Köhler
Basar der Bildungslücken
Kleines Handbuch des entbehrlichen Wissens
2. Auflage. 2001. 160 Seiten. Paperback
Beck'sche Reihe Band 1360

Willy Sanders
Was die Wörter uns verraten
Kleine Geschichten rund um die Sprache
2000. 143 Seiten mit 7 Abbildungen. Paperback
Beck'sche Reihe Band 1367

Harald Weinrich
Linguistik der Lüge
6., durch ein Nachwort erweiterte Auflage.
2000. 90 Seiten. Paperback
Beck'sche Reihe Band 1372

Jürgen Wertheimer
Don Juan und Blaubart
Erotische Serientäter in der Literatur
1999. 174 Seiten mit 15 Abbildungen. Paperback
Beck'sche Reihe Band 1316

Verlag C. H. Beck München